雲裳之夢

南通服装工业巡礼

南通市服装协会 编

東華大学出版社·上海

总顾问
谢 明　杨晓东　陈华汝　张克诚　朱 萍

总策划
蔡建华

总监制
（按姓氏笔画为序）
王建华　刘 建　刘继东　邰卫国　李 强　张华伟
陆 彪　周 新　徐 凯　黄继石　景爱梅

总编辑
宋 捷

总创意
林 毅

撰 稿
鲍冬和　梁天明　吴雪琪　云 墅

统 筹
李 强　刘美华

封面题词
丘 石

装帧设计
顾小建　岳招军

序 一

在坚守与变革中勇毅前行

中国纺织工业联合会副会长、中国服装协会会长 陈大鹏

一部系统讲述改革开放以来南通服装人栉风沐雨、砥砺前行故事的报告文学集《云裳之梦》即将付梓。应邀为这本书作序,与大家一起回顾南通服装业的历史变迁和春华秋实,见证南通服装人的辛勤努力和智慧创造,透视改革开放以来中国服装产业的沧海桑田和华丽蝶变,我倍感荣幸,同时也感觉极具意义。

熟悉中国近现代史的朋友都知道,南通是中国近代民族纺织工业的发源地,也是中国现代服装产业的先行地。1895年,被习近平总书记称赞为"民营企业家的先贤和楷模"的张謇,在南通唐家闸创办了大生纱厂,构建了以棉纺织为核心的产业链条,中国近代纺织工业在南通启航。此后不久,中国第一所纺织高等学校——南通纺织染传习所、中国第一所刺绣学校——南通女工传习所等也相继在南通创立。张謇的恩师翁同龢为大生纱厂开工撰写的对联"枢机之发动乎天地,衣被所及遍我东南",寄托了对中国民族纺织服装业发展的美好愿景。"衣被天下"曾是张謇那一代人孜孜以求的梦想。

百余年来,得益于棉纺织工业的雄厚基础,以及先贤们"强毅力行,实业报国"的强大基因,南通服装业不断发展。特别是中国改革开放45年来,凭借独特的地理优势和雄厚的产业基础,南通服装业更是取得了长足的进步。20世纪80年代初,江苏第一家外商投资企业——中日合资南通力王有限公司横空出世,极大地推动了南

通各行各业,尤其是服装鞋帽业外向型经济的发展。从此,南通服装业驶入新发展的快车道。通过引进外资,吸收国外先进技术和管理经验,提高了服装业的整体素质和生产水平。在持续的对外合作和对内转型过程中,南通构建起富有特色、协同融合的服装产业体系,成为中国重要的优质服装制造基地和出口基地。

同时,南通服装业立足城市人文优势,强化品牌创新和价值创造,成长起一批具有影响力的知名企业和品牌,涌现出一大批敢为人先的优秀企业家。充分利用国内外两个市场、两种资源,积极开展全球化布局,不断提升产业的国际化素质和能力,南通服装业的发展空间不断拓展。特别是进入新时代,面对新一轮科技革命和商业消费变革,南通服装业在多年积淀的产业基础上,持续加快智能化改造、设计创意提升、模式创新和品牌建设的步伐,不断积累产业创新发展的新势能,在中国服装行业的强国建设以及区域经济发展等方面,发挥着积极而重要的作用。

因工作关系,我曾多次到访南通,并接触过很多南通服装界的杰出企业家,他们的格局、境界、担当、作为令我心生敬佩,捧读《云裳之梦》书稿,深入了解他们的奋斗历程后,我更是由衷地为他们点赞!这是一群有胆识、能吃苦、善经营、敢拼搏的优秀企业家。他们精心打造的不仅仅是高质量的服装,更是传承了"强毅力行、通达天下"的通商精神。南通服装业的每一次飞跃,都离不开这些大工匠们的殚精竭虑和辛勤付出。每一步都历尽艰辛,披荆斩棘;而他们的每一页故事,都精彩纷呈,鼓舞人心。

日月经天,江河行地。今天,面对全新的发展环境,在中国式现代化建设的宏大背景下,中国服装行业已踏上现代化产业体系建设的新征程。衷心祝愿南通服装人继续以无惧挑战的姿态和坚韧不

序 一

拔的毅力，不断开拓创新，以建设时尚强国为目标，紧紧围绕科技、时尚、绿色的产业定位，紧跟时代发展，引领时尚潮流，不断提升产品的附加值和竞争力；在产业转型升级、高质量发展的道路中，持续追求卓越，发挥示范和引领作用。

致敬奔跑者，致敬奋斗者，致敬追梦者。中国服装协会将一如既往地支持南通服装业的发展，并衷心祝愿南通服装业拥有更加美好的明天！

以梦想引领未来

江苏省服装协会会长 龚慧娟

"天地之大德曰生。"百余年前,先贤张謇创建大生纱厂,由此织就了南通"纺织之乡"生生不息的锦绣华章。

这一路走来,历经艰辛曲折。从一根纱到一件成衣,凝聚了几代南通服装人的心血与汗水。新中国成立以来,纺织服装业一直是南通的传统产业、支柱产业和重要的民生产业,其经济规模曾占全市工业经济总量的三分之一,吸纳了最多的就业人数,被誉为"百万产业大军"。改革开放以后,纺织服装业更是成为南通外贸的主力军,其出口额在南通出口总量中占据了重要份额。南通也由此成为国家认定的全国12个纺织品出口基地和10大服装出口基地之一。

在传承中不断创新,在创新中持续发展。进入21世纪,南通服装业作为中国传统纺织服装工业高速发展的重要一环,不断推动传统产业转型升级,在资本市场、跨国跨区域办厂、供应链协同、产业链整合、现代营销等诸多领域贡献出智慧和力量。

从"衣被天下"的宏愿到"衣锦天下"的成就,从贴牌加工到自创品牌的跨越,从"服装制造"到"服装智造"的转型,南通正以其"云裳之梦"阔步走向未来。据江苏省统计局数据显示,近几年来,南通服装行业规上企业营业收入均位居全省第三。在2022年度江苏省服装协会发布的"江苏服装行业五十强企业"中,南通有10家企业上榜,其中8家更是跻身"2022年中国服装行业百强企业"。

序 二

南通已然成为江苏省重要的服装产业基地，拥有完整的服装生产产业链。

从历史走向未来，南通服装人以梦想引领未来。《云裳之梦》一书中介绍的几十位南通服装界优秀企业家，我大多都熟悉。通过阅读《云裳之梦》，我进一步了解了他们企业的发展历程，并深受感动，我为他们感到自豪！服装行业作为中国改革开放和市场化的先行产业，南通服装人继承了张謇先生敢为人先、实干担当的创业精神。他们一路承压负重、迎难上行，正是这群优秀企业家的开拓、拼搏和智慧铸就了南通企业的发展，《云裳之梦》不仅记录了南通服装行业的历史轨迹，更弘扬了南通服装人的创业和奋斗精神，全面展示了南通服装行业的整体风貌和巨大潜力。南通服装行业优秀企业家的奋斗史，也成为江苏省服装行业优秀企业家的一个缩影。

近5年来，在蔡建华会长的带领下，南通市服装协会充分发挥政府和企业间的桥梁和纽带作用，积极服务政府、为行业发声、为企业排忧解难，有力地推动了南通服装行业的高质量发展。此次采编的《云裳之梦》体现了南通市服装协会对行业的深厚责任和担当，也彰显了其使命和情怀，值得服装界同仁们学习和敬佩。

"路漫漫其修远兮，吾将上下而求索。"在未来的新征程上，江苏省服装协会将继续坚定地支持南通服装行业的发展。我们衷心祝愿南通服装企业能够积极实施智能化改造、数字化转型、网络化连接，深入贯彻江苏省新型工业化推进会议的精神，加快服装产业链供应链生态体系建设。同时，紧紧围绕科技、时尚、绿色的产业定位，推动服装产业向高端化、智能化、绿色化方向发展，我们相信"强毅力行、通达天下"的南通服装人将不畏艰难、奋发进取、勇毅前行，必将谱写出南通服装产业高质量发展的华丽篇章。

致敬过往 致敬未来

江苏省服装协会副会长、南通市服装协会会长 蔡建华

我在写下这段文字的时候,正好是 2023 年感恩节。虽然这是个西方的节日,但它恰好符合我现在的心情。在这个美好的时节里,南通历史上首部全面描绘南通服装业发展历程,特别是展现南通服装界精英群体奋发有为的报告文学集《云裳之梦》即将圆满收官。作为这本书的总策划,我终于实现了多年的梦想,也圆满完成了本届服装协会在年初会长会议上确定的一项重要任务。这个项目汇集了集体的智慧,从中国服装协会到江苏省服装协会,都给予了全程的指导。南通各相关方面也提供了许多关心和支持。我一路上要感谢的人真的很多很多。

19 世纪末,中国的近代纺织工业在南通起步。从那时算起,南通的近代服装工业已经历了两个波澜壮阔的甲子。而南通服装业真正走上工业化生产之路,是在新中国成立以后。1956 年,南通服装行业的第一家大型集体企业——南通市友谊服装厂成立,这标志着南通服装业开始大步发展,走向繁荣。取名"友谊",是因为当时中苏关系正处于友好时期,所生产的服装全部出口到苏联、东德等国家以及中国香港地区。二十世纪六七十年代,在省市各有关部门的部署下,南通市友谊服装厂先后帮助当时南通地区所辖的六个县培养了生产出口服装的技术骨干,从而确保了南通服装业近 70 年来在服装出口领域的领先地位。20 世纪 90 年代初,南通服装出口更

序 三

是一跃跻身全国地级市前十强。

余生也晚，没有经历友谊厂20世纪50年代的艰苦创业、60年代的难中求进，以及70年代前6年的负重前行。然而，在1977年4月，也就是"文革"结束半年后，我有幸被政府分配到令人羡慕的南通市友谊服装厂工作，踏入了南通服装界的"黄埔军校"。我十分珍视这个工作机会，勤奋学习，踏实做事。在友谊厂工作的11年里，我从一名普通工人成长为厂团总支书记、保卫科长、技术开发部部长、厂长办公室主任等中层岗位。这些岗位的历练为我后半生的发展奠定了坚实的基础。

1987年，全国服装企业由轻工业部划归纺织工业部管理后，恰逢国内外服装业迎来诸多利好。1988年12月，南通市纺织工业局决定重点发展友谊、大来、唐闸服装厂和服装研究所这"三厂一所"。我临危受命，出任了唐闸服装厂的厂长。

转眼间30多年过去了。我先后在南通多家服装企业担任高管或投资人。在这10000多个日日夜夜里，我几乎每天都与上游或下游的服装从业者打交道。我入行的46年，也是中国服装业风云变幻的46年，包括南通纺织业在内。尤其是担任江苏省服装协会副会长、南通市服装协会会长以来，我亲身经历了服装界的每一个重要时刻，每一个辉煌的瞬间。我感慨万千，亲眼见证并亲身参与了这一行业的发展。

如果从1978年算起，中国改革开放已经走过了45个年头。由于南通独特的地理位置和雄厚的纺织业基础，南通服装业取得了长足的发展。20世纪80年代初，江苏第一家外商投资企业中国南通力王有限公司在南通落户，推动了南通各行各业，尤其是服装鞋帽业的外向型经济发展。从此，南通服装业驶入了高质量发展的快车道。

通过引进外资和国外的先进技术与管理经验，南通服装业的整体素质和生产水平得到了进一步提高。中日合资的南通时装有限公司在国家级开发区诞生后，吸引了更多的外资企业入驻南通，推动了南通服装业的链条式发展。在随后的几年里，"三资"企业在南通如雨后春笋般涌现，个体、合资、独资、全资企业层出不穷。20世纪90年代初，南通成为中国12个服装基地之一，有24家服装企业的出口创汇突破了千万美元大关。南通服装工业展现出了万紫千红的繁荣景象。

南通服装业曾经的辉煌历史广为人知，而即使在今天，它也有许多值得称道、却鲜为人知的故事。

您知道吗？在全球服装业中，"南通制造"一直是一个响亮的品牌。几乎世界上所有知名的服装品牌都曾在南通服装工厂下过订单。在日本东京、大阪、名古屋等城市，从事纤维行业的株式会社都知道中国南通的服装制造业有多么出色。

您知道吗？进入21世纪以来，南通服装业突破了企业发展瓶颈，实施了产业梯度转移战略。它跨省发展到河南、安徽、陕西、云南、新疆以及东北地区等地，并先后创办了40多家规模以上企业。在河南地区，仅来自南通的阿尔本一家企业就为中原大地解决了1万多个就业岗位。该企业的董事长吴丽霞在当地被选为全国人大代表和全国三八红旗手。

您知道吗？南通服装界的企业家们不仅跨省发展，还成为了跨国办厂的先驱。由于企业面临的土地、建筑、劳动力及原辅料等成本上升，以及劳动力短缺的问题，南通服装企业纷纷将目光投向了东南亚的缅甸、柬埔寨、越南等国家和地区。仅在东南亚地区，南通服装业就创办了近50家实体工厂，拥有近5万名产业工人。其中，

序 三

江苏新林一家企业在缅甸就办了7个工厂，在越南投资了2个工厂，为万余名外国人提供了就业机会。南通惟久、东润实业、江苏三润等服装企业在境外都拥有超过3个服装工厂和超过万名员工。而世纪燎原在缅甸创办了一个拥有6000名员工的工厂。

您知道吗？直到今天，南通服装产值在"江苏十三太保"中排名仍然稳居第三；在江苏服装行业50强中，南通每年都保持11—13个席位；在中国服装百强中，南通每年有8—10家企业入选；同时有9家南通服装企业被列入"江苏省品牌服装产业链重点跟踪培育企业"名单。此外，南通还有多家服装企业成功叩开了资本市场的大门，包括江苏综艺、金飞达、江苏三友、罗莱家纺、联发股份以及泰慕士等。

作为一名地地道道的南通人，我一生只从事过一个行业——那就是服装业，至今已经46年。虽然我曾经创办过多家服装企业，出口创汇也一度名列南通前茅，但这些成绩只能代表过去和个人努力。作为南通市服装协会的现任会长，我一直觉得有责任把南通服装业的前世今生和辉煌业绩以文字形式记录下来，以此向过去致敬并展望未来。

这就是我竭尽全力组织编辑出版《云裳之梦》的初衷。

是为序。

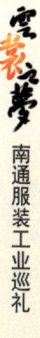

从"衣被天下"到"衣锦天下"
——南通服装业的前世今生

宋 捷

2023年12月7日，业界期待已久的南通服装创新发展大会隆重开幕，中国纺织工业联合会副会长、中国服装协会会长陈大鹏等服装界重量级嘉宾专程赴南通参会。大会以"衣品天下，质造南通"为主题，聚焦南通服装品质制造区域品牌，促进南通服装产业高质量融入国内国际双循环。

作为中国服装界的一支劲旅，南通服装业已从过去的简单模仿、贴牌加工阶段，逐步过渡到主张原创设计、凸显中国特色的自主创新阶段，品质化、年轻化、个性化、小众化、本土化的创新倾向愈加显著，为中国服装产业的高质量发展作出"南通贡献"。

重点把脉和面向国内消费市场，南通服装业在风格设计、文化叙事、商业表现等方面"渐入佳境"。这里的一针一线、一技一艺、一衣一事，构成一个服装大市的全部世界。

从5000年前青墩时代一路走来，经历百年来近现代工业文明的洗礼，特别是改革开放40多年来服装工业的蓬勃发展，南通服装业无论是整体规模还是海内外影响力，在国内、省内都有一定的地位。2023年7月31日，在中国服装协会公布的2022年度"中国服装业百强"榜单上，江苏泰慕士针纺科技股份有限公司、江苏三润服装集团股份有限公司、江苏世纪燎原针织有限公司、南通富士美帽

前 言

业有限公司、南通东润实业有限公司、鑫缘茧丝绸集团股份有限公司、南通冠洲国际贸易有限公司、江苏业勤服饰有限公司8家公司榜上有名，跻身中国服装业"营业收入利润率"百强企业。在2022年度江苏省服装企业五十强中，南通也有10家服装企业入围。

溯源到青墩时代

用历史的眼光看，南通是我们中华民族的母亲河长江所孕育的一块新生土地。从远古走来，南通的纺织服装可以追溯到5000年前的青墩时代。

现在还无法考证在远古混沌时代，这个地处欧亚大陆东缘地域的崛起和沉沦。但可以肯定的是，当北京猿人在周口店一带茂密的丛林和黄土洞穴里劳动生息、繁衍子孙时，现今的长江三角洲一带还是一片汪洋。那时，群山末梢的宁镇丘陵是大海的前哨，而清澈的长江则一泻千里，最终在这里奔腾入海。

南通的原始纺织和服装业，是与南通最早的人类活动相伴而生的。距今五六千年前，大致相当于新石器时代晚期的青墩文化，是江海文明史上最早的一缕曙光，灿烂的江海文明正是在这里发轫的。在此出土的陶纺轮，不仅显示了青墩人已经开始了原始的纺织活动，同时也与其他出土文物和考古成果共同见证了南通远古的文明。

南通作为中国四大"土布之乡"之一，其手工棉纺织历史已经绵延了数百年。宋末元初，江南松江一带逐渐成为长江流域手工棉纺织业的中心，"布业始祖"黄道婆摸索出的一套棉纺织加工技术，也传到仅一江之隔的南通。彼时，海岸的东移虽然渐渐带走了海盐业，却留下了大片宜于种植棉花的疏松盐碱土。数百年来，江海儿女男耕女织、种棉采棉，"家家习为恒业"，史有"木棉花布之乡甲诸郡"

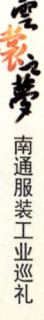

的美誉。通州棉花"力韧丝长,冠绝五州",不仅畅销徐淮和山东一带,粤商和闽商在秋收季节也雇海船到南通购买棉花,形成"巨艘千百,皆装布囊"的蔚为大观场面。

植棉业的发展和家庭手工土布业的兴盛,给通州城带来了繁荣和生机。在那个悠悠岁月,家家纺纱,户户织布,机杼之声不绝于耳。在土布的经纬交织中,不仅织进了时光,更融入了那个时代女性绵柔的大爱。她们不仅自纺、自织、自染、自穿,还勇于尝试将土布以商品的形式在市场上流通。于是,土布纺织逐渐成为南通农村的一项主要副业。得益于便捷的水运交通,通州城成了大宗棉花、土布的集散中心。

鸦片战争以后,随着上海、营口等地的相继开埠,南通土布的生产经营开始向商品化转变,进而形成了近代闻名的"关庄"布业及"县庄""京庄""杭庄"等各路布业。精湛的手工织造技艺、独特的工艺印染,加之土布粗厚坚牢、精洗耐劳的特性,使通海地区成为近代中国首屈一指的土布产销区,为南通工业化纺织的兴起奠定了基础。

衣被所及遍我东南

19世纪末,中国的近代纺织工业在南通起航。而服装和纺织是密不可分的上下游产业。如果从那时算起,南通的现代服装工业也走过波澜壮阔的100年。

1899年5月23日,经历重重挫折的大生纱厂机响纱出。张謇的恩师翁同龢特意送来的一副对联,用16个字精准概括了大生帝国的美好愿景:"枢机之发动乎天地,衣被所及遍我东南。"

大生纱厂没有让父老乡亲失望:16支机纱一经问世,就深受织

前 言

户喜爱。从出纱那天起，以大尺布为主的关庄布产量与日俱增，经营土布的布庄大量涌现。土布业与机器纺纱业之间产生强大的联动效应，一批批棉纱和南通大尺布从偏居一隅的唐闸源源不断地发往全国各地。大尺布一匹恰好可做两套短衫裤，或做一件长袍，这种布料既耐穿又保温，特别符合北方劳动人民的生活和劳动需求，因此逐渐打开了在东北的销路。据统计，从1899年至1925年这26年间，南通每年仅销往东北地区的布就在10万件以上，有些年份甚至多达20万件。

布业的繁荣，让南通服装业近水楼台先得月。彼时，南通的裁缝纷纷用本地布匹缝制衣服。2023年清明节，张謇的嫡孙张绪武在《写在清明》一文中记述，1926年8月，他的祖父张謇去世，殓服里衣是用大生纱厂所织的南通大尺布做的。

衣被天下，曾是百年前张謇那一代民族企业家孜孜以求的梦想。他醉心实业30年，穷尽毕生心血创办的中国第一家民营企业大生纱厂，曾是中国最大的民族资本企业。在其辉煌之时，纱厂产量一度占全国纱锭总数的11.9%。张謇去世3年后，比他小38岁的胡适先生在《南通张季直先生传记》一书的序言中写道："他独立开辟了无数新路，养活了几百万人，造福于一方，而影响及于全国，终于因为开辟的路子太多，负担的事业过于伟大，他不能不抱着许多未完的志愿而死。"最终，"大生帝国"在日本、美国、英国等发达国家的商品倾销冲击中功亏一篑，陷于困境。

衰微的手工业遗产

大生纱厂是南通动力机器纺织工业的发端。纱厂建立后，实施土产土销的经营方针，与当地棉业、土布业相辅相成，因而连年获

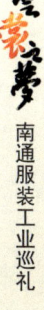

利。至 1924 年，大生系统 4 家纱厂共有纱锭 16 万枚、布机 1342 台，分别占全国华商纱厂总数的 7.4% 和 9.8%，成为当时全国最大的"纺织帝国"。

纺织业的勃兴催化了南通早期服装业的发展。1914 年，张謇资助的二吾照相馆开馆，张謇亲自取名的"二吾"，为那个时代留下一系列珍贵影像。从这些老照片上看，无论是张謇本人还是他的家人、朋友，穿着都比较讲究，其中有部分可能是在上海等地定制，大部分服饰应该是在南通本土裁缝的店铺里制作的。

据文史学者程太和研究，清末民初，南通城内三门大街、寺街都曾有多处销售服装、布匹、丝绸的店铺。各种成衣铺少说也有几十家，他们多提供上门服务或来料加工制作，服务对象一般为官商富户，为他们精制长袍、马褂、旗袍、大氅等中式服装。为了与专制西式服装的"红帮裁缝"相区别，缝制中式服装的裁缝被称为"本帮裁缝"。彼时，以"红帮裁缝"为代表的裁缝师傅代表着服装行业的顶级生产水平。

随着时代的变迁，西式服装以其制作精良与穿着简便，开始受到富商巨子们的青睐，而且服务范围也不断扩大。于是，零零星星的西服店在城内相继出现。

民国初年，南通西大街上突然开了一家华胜服装公司。这家公司是由一位昔日专做西式军服的红帮裁缝创办，他从东南亚返回南通后，开始承制西服和男式女式呢大衣等服装。在制衣过程中，其呢料时装里衬采用手针缝合，而衣面则使用长梭脚踏式缝纫机缝制。这可以说是南通首家初具工业化生产规模的服装工厂。

华胜公司接到的第一笔大单，是北洋政府时期为军阀孙传芳部批量生产军服。军服生产量大，交货时间急促，一时间，华胜公司招聘了大量临聘人员，流水作业，蔚为壮观。20 世纪 20 年代，华

前 言

胜公司曾有部分职工在长桥北开设益生操衣店,除批量制作学生校服外,还为张謇、张詧兄弟在附近创办不久的南通医院成批生产手术衣及医用被服。此后,学成满师的徒弟陆续开办服装店,在10多年内,十字街至长桥周围新增益康、永胜、长胜、万胜等店。1935年,长胜军装店专做军用服装产品,如军用被服、军帽、子弹袋、绑腿、旗帜和童子军学生装。

1937年,无锡商人袁端良和宁波红帮裁缝嫡系传人林宗谦结盟,在南通城南大街长桥附近开了一家规模较大的服装店铺,主要制作呢绒服装。开业之初,他们就将目标人群锁定为南通城里的达官贵人、文化名流、医生教师等。这家拥有15名店员的新潮店铺引进海内外各式服装设计和制作理念,改善和丰富了中式服装款式,成为南通最大的时装专业店。由于款式新颖、做工精良、用料考究、服务理念超前,很快就在南通城站稳了脚跟。悬挂在店铺门口的一副对联更是不胫而走:剪绮裁红妙春色,大来洋服帅临风。大来,成为南通服装界数十年长盛不衰的老字号,用一针一剪、一丝一线的精湛技艺,惊艳了时光,温柔了岁月。

据了解,到1938年3月17日南通城沦陷时,南通城内已有永胜、大来、大明、亚丽、廉美等6家初具工业化雏形的服装公司,以及大生祥、广盛等46家中式服装店铺。

抗战爆发后,百业凋零,服装业经营惨淡,许多企业难以为继。但零星的裁缝铺还是有的。南通市的一位老领导,当年曾化名为"陈克然"从事地下党工作的王敏之在一篇回忆张孝若夫人陈石云的文章中写道:"进城时,城工委为我特制了服装。可是住进张家,就显得很不相称。陈石云意识到了,当着家里人的面,以责怪的口吻说:'克然实在太俭朴了,从来不讲究穿着。'然后对书童说:'阿福,你陪陈家少爷去买衣料,要好一点的。'阿福陪我到南城门外大亚绸布店买了衣料,她又叫阿宝陪我到环西路一家成衣铺去裁剪。那个裁缝认识阿宝,知道是张家的,格外殷勤,第二天下午就缝制好了。"

南通服装业苦苦支撑到1949年解放前夕,给新中国成立后的南通城留下一笔衰微的手工业遗产。

迎来新生的服装业

1949年2月2日,伴随着南通城的解放,南通的服装业也迎来新生。

新中国成立不久,南通市服装生产合作社应运而生。这个合作社是由许多分散的个体户合并组建而成的。过去,在服装行业里,技术往往是互相保密的。成立合作社后,他们成立了一个技术研究组,让那些有丰富技术经验的老师傅能够公开向年轻人传授技术,使大家的技术水平普遍得到提高,甚至在短短一个月内,他们研发出了120种新式样的服装。

大来服装是一段时期南通服装业的代表。1953年,大来服装与天星服装等企业合并,实施公私合营。当时,大来服装厂共设立了11个服装加工制作门市部,分别位于南通城的东西南北中,服装制作从业人员近150人,在基本满足南通人民穿衣需求的同时,一支优秀的缝纫、裁剪、设计队伍逐渐形成并完善,为后期南通服装业的大发展打下了坚实的基础。

1956年,一个后来在南通服装业长袖善舞了半个多世纪的业界巨子揭开腾飞的序幕。南通市第一、第三缝纫社职工31人每人投资20元,在南通市友谊桥附近租了7间民房,成立了合作社,为南通市百货公司加工服装。两年后,这个注定要载入南通服装业史册的合作社改成工厂。或许是因为地处友谊桥畔,或许是为了纪念那个年代的中苏友谊，所以这家新办的工厂取名为友谊服装厂。

31名缝纫社社员中，年龄最小的一名叫杨忠山。他从一线工人做起，后来成为友谊服装厂的掌门人。友谊服装厂主要生产男士衬衫，出口苏联、东欧等国。1962年，友谊服装厂与红旗服装厂合并，随后更新了设备并扩大了生产规模，使得年产值达到71万元，年产量提升至22万件，年利润也增加到了4万元。

然而，"文革"期间，友谊服装厂和大来服装厂都受到了不小的冲击。尤其是大来服装厂，由于其脱胎于旧社会，差点被"砸烂"。幸运的是友谊服装厂是新中国成立以后创办的，受到的冲击相对较小。在二十世纪六七十年代一度还成为出口创汇大户。南通服装界的"双子星座"顶住压力，坚持生产，虽然历经艰难，但最终经受住了考验。

街上流行红裙子

1978年，党的十一届三中全会的召开，像一缕春风，吹拂了神州大地，也唤醒了沉寂已久的服装行业。厚积薄发的中国服装界仅用了5年的时间，就解决了服装供给问题，百姓穿衣消费告别了布票时代，不再受到数量限制。

紧接着，服装界开始着手解决服装单调的问题。

1984年，长春电影制片厂推出的一部电影《街上流行红裙子》风靡大江南北。在电影中，由新晋青年演员赵静扮演的棉纺厂青年女工陶星儿冲破旧习俗的束缚，大胆追求生活之美，她的形象激发了许多青年男女的爱美之心。

令南通人自豪的是，这个故事的原型就取材于南通。这条红裙子的设计和制作者来自南通的大来服装厂。这款让全国许多青年观众着迷的红裙子，向人们展示通派服装的迷人魅力。

就在那一年，服装设计这个词开始走进人们的视线。华夏纺织界第一名校——中国纺织大学在1984年秋天开设了服装设计与工程专业，并在中国高校中开创先河，面向全国招了一个本科模特班。

1984年秋天，就在32名考取中国纺织大学模特班的新生到上海西郊报到之际，在一江之隔的服装重镇南通，江东第一支时装表演队首次在濠滨之畔向市民亮相。模特婀娜的身姿吸引了无数的目光，俊男靓女的首秀表演轰动全城。

这支时装表演队由南通工艺美术服装鞋帽公司牵头组织。当时，市属服装厂还归属轻工业局管理，30多名队员都是从轻工系统内的友谊服装厂、大来服装厂、东风绣衣厂、扎染厂等企业精心挑选的。在T型舞台上展示的300余套服装中，既有东风绣衣厂的丝绸绣花衣，也有绣品厂的绣花时装，还有工艺品印染厂的蓝印花布服装、扎染厂的扎染时装、制帽厂的出口帽子，更有海安棒针衣厂、如皋钩针衣厂的一批精品。

这场时尚风潮至今仍为人们津津乐道。一群意气风发的年轻人走上舞台，在他们精选的经典背景音乐伴奏下，他们迈着猫步，在南通市工人文化宫3楼自信地展示了自己的曼妙身材和新款服饰。更重要的是，这场时装秀集中展示了改革开放以来南通服装与世界接轨后的新成果和新气象。

就在此后不久，一场以南通扎染、蓝印花布、钩棒针衣为特色的时装秀从南通的T型舞台一直走到北京，成为中国工艺美术博览会的最大看点，吸引了党和国家领导人以及许多海内外嘉宾的关注。

20世纪90年代末，南通时装再次亮相首都。

令南通人一直自豪的是，江苏的"三资"企业，是从南通的服装鞋帽业开始起步的。1981年10月，时任南通市第二轻工局局长的陆永安和中信公司、日本力王株式会社的代表签下《合营基本合同书》，开启了中外合资企业在江苏的破冰之旅。随后，在陆永安等人的运作下，南通聚酯布厂、南通第二绣品厂等企业又相继和日商合资成立了南通海盟、本洲等中外合资企业。

从"一所三厂"到"一所二十厂"

20世纪80年代，从中央到地方，服装牵动了上上下下无数国人的视线。然而，彼时还是短缺经济，布匹要凭票供应，服装厂时常处于"巧妇难为无米之炊"的尴尬局面。半寸长短的布票，难倒了原来归属于轻工系统的一众服装厂厂长们。

1987年，国务院决定：全国各地服装行业整建制地从轻工业部划归纺织工业部行业管理。这个决定在全国轻工和纺工两大系统引起强烈反响。

为了回忆这段历史，不久前，南通市服装协会会长蔡建华把当年指挥这场变革的老领导和当事人邀约到一起，复盘这一段激情燃烧的岁月。

虽然已经过去了37年，但时任南通市人民政府副秘书长、后任分管工业的副市长陈华汝对当时的情景还是记忆犹新。陈老深耕纺工系统多年，虽然他已届耄耋之年，但说起话来还是那么抑扬顿挫，声如洪钟。他回忆说，当时的南通市常务副市长龚虎城接到国务院传真电报后，立马找到他，让他拿着国务院的"尚方宝剑"，去到轻工和纺工两大系统贯彻落实国务院精神。

很快，南通市轻工系统的"一所三厂"——服装研究所、友谊服装厂、大来服装厂、唐闸服装厂整建制划归纺工系统。

年过八旬的刘永安就是在那个时期，从南通印染厂副厂长任上被调入服装工业公司担任总经理的。他清楚地记得在 1990 年春天的连云港会议上，时任江苏省纺织工业厅厅长林庆生提出，全省纺织界要行动起来，努力让服装业成为龙头，来带动整个纺织业的发展，掀起服装发展的新高潮。

"20 世纪 90 年代初，在纺工系统的一次大会上，时任局长张克诚提出，在全国服装业的大发展中，南通服装业要从主城区'一所三厂'迈向'一所二十厂'时代。"时隔多年，刘永安还是那么激情澎湃，"克诚局长在会上和友谊服装厂厂长杨忠山说，友谊如今合资变成三友了，你要还我一个友谊厂。他又和大来服装厂厂长贾叙炳说，大来也合资变成三贵了，你也要还我一个大来。友谊厂血统的三和与大来厂血统的摩登就是这么来的……"

笔者向时任南通市纺工局局长、后任南通市政协副主席的张克诚求证此事，一脸憨厚的张老说，那段时间不仅是友谊和大来两家企业，刘永安负责的服装工业公司本来是以行业管理为主，但在我们的"高压"推动下也创办了长江、华佑、华特友诚 3 家合资公司，并且刘永安的公司还组建了华盛、华丽蒙、华光 3 家内联厂和电脑绣花中心；同时，蔡建华的美尔丽也相继创办了合资企业东丽时装和华都服装……

就这样，南通历史上最为繁荣的服装大发展悄然拉开了序幕。

一花引来百花开

1987 年 3 月，国务院发出"促进经济特区、沿海开放城市和开放地区大力发展外向型经济"的号令，在全国各地掀起一轮外向型经济发展浪潮。

作为中国首批 14 个沿海开放城市和首批 14 个国家级开发区之

前 言

一，南通经济技术开发区乘势而上，积极参与国际经济大循环，迅速成为外向型战略的主力军。

1987年7月，中日合资南通时装有限公司在南通经济技术开发区揭开腾飞序幕。先进的管理理念、先进的制造设备、新型的贸易模式，激活了南通服装的"一池春水"。

时装公司是南通历史上第一家中外合资服装企业。1988年，26岁的同济大学企业管理专业毕业生金建明被任命为南通时装有限公司总经理时，面临一场思想观念的深刻革命。公司首批100多名员工中，有12名来自日本。在最初的磨合中，双方职工在观念上时常会有碰撞。比如，日本的缝纫机都是立式的，工人必须站着操作。这一点，中方的干部职工都不适应。双方僵持了半年多才逐渐适应。好在大方向是一致的，合资双方经过一段时间的磨合，双向奔赴，渐入佳境。我和时任《新华日报》记者，后任淮安市委书记、江苏省政协副主席等职的姚晓东先生在当年的《新华日报》头版头条发表了一篇题为《合资与合智》的长篇通讯，讲述了时装公司合资双方良性互动的生动故事。

时装公司日方老板长川公男先生成功的南通之旅，产生良性的"蝴蝶效应"，带动了多家日商来通投资。3年以后，南通时装有限公司二期工程开业的时候，南通服装业的"三资"企业如雨后春笋般在江海大地之上次第绽放：三友、三和、摩登、三贵、长江、华都、天一、光明、大敬、翔天、汤峰、阿尔本、新和、隆都、创作、喜尔奇、新西尔克……据了解，南通的中日合资服装公司中，多家与时装公司有关。

闻名遐迩的"三友"，便是时装公司这根线上结出的"果实"。爱知县岐阜市是日本知名的服装业制造基地，不少后来在南通投资兴业的日方老板来自那里。三友的日方老板三轮英雄正是来参加时装公司盛大的开业典礼后和南通结缘的。1990年，南通市友谊服装厂腾出一个车间，和三轮英雄的日本三轮缝制株式会社合资，成立南通三友时装有限公司。半年以后，三友公司便以人均创利逾万元的业绩，雄踞江苏服装行业榜首。

南通时装有限公司的破冰之旅，可谓"一花引来百花开"。在随后的几年时间里，"三资"企业在江海大地遍地开花，主城区"一所二十厂"很快从梦想变成现实。加上时任南通市委书记陈根兴大力推进乡镇企业创办服装企业，许多乡镇也纷纷招商引资，通过内联外引创办了"三资"企业，南通服装业迎来万紫千红的春天。

百鸟朝凤的高光时刻

从20世纪90年代起，南通服装业驶入高质量发展的快车道，通过引进外资，吸收国外先进技术和管理经验，进一步提高了服装业的整体素质和生产水平。

曾经担任过南通服装研究所所长的八旬老人杨忠泉是这段历史的见证人。据他介绍，正是从那时起，南通服装业"鸟枪换大炮"，引进了立式电脑缝纫机、服装整烫设备等先进"武器"，开发了高难度的细支高密特阔织物、产业用布、中高档时装、特殊后整理织物等具有较强竞争力的新产品。

在南通现代服装史上，20世纪90年代无疑是一个高光时刻。无论是服装制造业还是贸易业，南通服装界演绎了许多脍炙人口的神话。

"苏通纺"便是这些神话故事中的一个精彩版本。

苏通纺——江苏南通纺织品进出口集团股份有限公司之简称。在20世纪90年代，它曾是南通一家非常引人注目的明星企业，许多人削尖脑袋，都想成为"苏通纺"团队的一员。

前 言

据"苏通纺"首任服装部经理凌富盐介绍,江苏的纺织品出口历史可以追溯到 20 世纪 70 年代。江苏省纺织品进出口有限公司自 1974 年正式开展对外自营出口业务以来,至今已有近半个世纪的历史。当时,南通每个县都有一家货源公司。1987 年,省公司在南通设立分公司,即当时的南通纺织品联合进出口公司,也被称为"苏通纺联",从此开启了一段不凡的旅程。而凌富盐经手的第一笔订单就成交了 30 多万美元,这也是他的一次破冰之旅。

在接下来的几年时间里,"苏通纺"通过实施市场多元化战略,优化企业内部经营机制,建立了稳定的销售市场和供货渠道,让南通连通四海,让四海通往南通。在那几年里,"苏通纺"一直在全省市级外贸同行中处于领先地位。从 1990 年至 1993 年,"苏通纺"更是连续 4 年跻身全国进出口额最大的 500 家企业行列。

如果说"苏通纺"是当年纺织服装贸易领域的一个杰出代表,那么"综艺股份"则书写了南通服装制造业的另一个传奇。

"综艺股份"的创业故事要从 20 世纪 70 年代末说起。彼时,党的十一届三中全会的春风,吹绿了大江南北的广袤田野。当时南通县兴东乡的黄金村第六任党支部书记昝圣明,创办了全县第一家服装厂——黄金村绣衣加工厂,后来改名为南通县绣衣厂。1982 年,经过艰苦卓绝的努力,由中国江苏农民设计和刺绣的"海棠花"真丝绣衣"盛开"在巴黎世界时装博览会上,标志着其正式进军国际市场。

1991 年,从哥哥手上接过重任,后来成为党的十六大代表、全国人大代表,并荣获全国劳动模范、"中国十大杰出青年"等荣誉的江苏综艺集团董事长昝圣达作出了重大决策,在深圳创办了莎伦服饰绣品有限公司,以深圳为桥头堡,直接面对国际市场,成为南通地区最早在深圳设立服装厂的企业之一。在叔叔昝圣达的带领下,昝圣明的两个儿子昝瑞国和昝瑞林,与一群来自天南海北的时尚追梦人汇聚深圳。他们以梦为马,痴心不改,奏响一曲曲昂扬激越的时代华章。

如果说,40 年的深圳服装史,是中国时尚的觉醒史,是中国时尚从来料加工到文化自信的生动浓缩,那么,昝圣达便是这个鲜活表达的见证者、参与者和杰出贡献者。中央电视台曾经多次在节目中播放这样一个镜头:春节前夕,一架波音 737 飞机满载 180 多名乘客,从深圳宝安国际机场起飞,飞往南通兴东国际机场。几乎点对点可以抵达家园的乘客,清一色都是莎伦公司的南通员工,他们大多数是地地道道的兴东人,他们的家园就在现在的兴东国际机场附近。

直到现在,尽管在昝圣达实业帝国庞大的体系中,服装只占很小的份额,但"莎伦"的出口额依然可以突破 4 亿元。

20 世纪 90 年代,世界服装界的"南通故事"精彩纷呈。就在昝圣达播种深圳的那个季节,隶属南通市外事办公室的海外交流中心主任马荣生放弃公务员的身份,下海创业。他只身闯荡东瀛,瞄准日本厨房服市场。经过多年鏖战,他一手创办的"飞马帝国"在日本攻城略池,拿下一个个市场。当年,飞马国际的厨房服,在日本曾创下"五分市场有其一"的辉煌业绩。马荣生旗下的"马家军"拥有 10 多家服装企业,在日本也有飞马株式会社、凡天丸株式会社、伯恩创造株式会社 3 家企业。马荣生这位 3 家株式会社的中国老板,曾高票当选首届南通服装商会会长。

如今,南通市服装商会已改名为南通市服装协会。与马会长创办"马家军"相似,南通市服装协会会长蔡建华在 20 世纪 90 年代也一手打造了"天字号服装兵团",先后创办和孵化了天一、天瑞、天友、天峰、天松、天俊等 21 家服装企业。"天字号"团队浩浩荡荡,成为南通服装界的一支劲旅，出口创汇多年跻身"南通企业十五强"，并驰骋在日本等海外市场。

在20世纪90年代中期，中国成为世界纺织服装第一大出口国，占据全球纺织品服装比重的13.2%。而繁荣兴旺的南通成为世界服装工厂，跻身全国十大服装出口基地。彼时，"出口创汇"成为当时大型服装企业的主攻方向。

当下，活跃在南通服装界的大佬们，许多是从那个年代起步的。除了"苏通纺"外，另一家培养南通服装外贸俊杰的"黄埔军校"是南通开发区炜赋对外贸易有限公司。刘建、王建华、景爱梅、许毅等一大批服装界精英，在他们风华正茂时，都和炜赋有着千丝万缕的关系。

刘建的江淮衬布、王建华的南通三荣、景爱梅的南通三润，如今皆可称得上是南通服装和辅料界的头部企业。只有许毅从炜赋外贸起步一直坚守到现在，经历炜赋外贸发展的全过程。这位当年通棉二厂最年轻的值班长从事服装外贸后，以吃苦耐劳、锲而不舍的精神饮誉同行，曾在20世纪90年代中期创下单笔200万美元服装订单的纪录。成为炜赋外贸的掌门人后，许毅和她的团队屡创佳绩，驰名业界。

从贴牌加工向自创品牌转型

从1899年大生纱厂的机器轰鸣，到1999年南通服装业的百花吐艳，其间走过整整100年历程。

这一路走来，艰辛曲折。从一根纱、一匹布到一件成衣的出品，凝聚几代服装人的心血。经过不懈努力，南通服装出口数量在20世纪末已突破1亿件，出口额约占全国服装出口总额的5%。

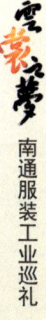

一个地区服装产业的崛起和勃兴，关乎许多行业。上游的化纤原料、棉花、蚕丝，足以体现出化纤工业与农业的强盛与否。中游的纺纱、织布，则是轻工业实力的具体表现。而到了下游的服装，也不仅仅局限于商业范畴，从深层次看，则是一个区域的文化底蕴和综合素质的体现。

新中国成立以来，纺织服装业一直是南通的传统产业和支柱产业，曾经占全市工业经济总量的三分之一。与此同时，纺织服装业又是民生产业，在南通吸纳的就业人数最多，号称"百万产业大军"。改革开放以后，纺织服装业还是南通外贸的主力军，在南通出口总量中三分天下有其一。据统计，一直到今天，在主城区崇川的产业板块中，服装业还占到11%的份额。

据江苏省服装协会副会长、南通市服装协会会长蔡建华介绍，世界上大多数服装大牌都曾在南通下过单，"南通制造"在全球服装界声名赫赫。南通由此成为国家认定的全国12个纺织品出口和10大服装出口基地之一，以及全球有影响的纺织服装产业集群。

在为"南通制造"阔步走向国际市场而欢呼的同时，我们也清醒地认识到，以来料加工起家的南通服装业，尽管在世纪之交形成一定的规模优势和集聚效应，且不少服装企业已完成了资本的原始积累，但绝大多数南通服装企业仍缺乏自主品牌，"贴牌"生产成为服装企业的主流做法，业界甚至有人戏称南通为"贴牌大市"。

令人欣慰的是，跨入21世纪后，南通服装业也有部分新锐企业在外贸市场做得风生水起的同时，开始从贴牌加工洋品牌向自创品牌转型，他们在技术、设计、渠道、营销等多个领域进行持续的创新和升级，完成从中国制造到中国品牌的转身，受到海内外消费者的青睐。

南通三润便是一个孜孜矻矻的实践者。这家处于而立之年的服装企业，当初依靠贴牌起步发展，后来外贸内销双轮驱动，2003年自创品牌"SUNVIEW·尚约"，先后在上海、香港、东京开设设计公司、品牌运营公司。其品牌灵感源自欧洲，寓意为"以太阳的视野"，传达都市女性自信阳光、豁达优雅的生活态度，塑造她们"宛若蕙兰、瑰姿静逸"的美丽形象。三润创建的高尔夫运动品牌SVG-服装在注重运动功能性设计的同时，融入流行时尚元素，引领时尚运动品牌的新浪潮，为高尔夫爱好者塑造出"时尚、自信、活力、友谊"的全新形象。20年来，三润团队在国内近百座城市刮起"尚约""SVG"旋风，形成一道又一道流动的风景。"尚约"女装跻身中国女装百强，南通三润外贸出口量连续多年位居南通服装行业首位。

从10年前南通服装人在北京首次登上中国服装服饰行业品牌最高领奖台开始，鑫缘丝绸服装、富美服饰、海林内衣、赛晖"唯·路易"童装、财通"五度空间"户外服、泰尔特"逸飞"男装、明龙女装高级定制、亚细亚职业装、东帝高档色织布服装、江苏联发高支棉衬衫等一批南通企业坚持发展自主品牌，虽然品牌影响力、市场占有率各有千秋，创牌之路崎岖曲折，但南通服装人为一圆中国人的"云裳之梦"，可谓殚精竭虑，如今渐入佳境。

从"服装制造"到"服装智造"

在科技快速发展的当下，传统制造业依靠过去以人力为主的简单管理和生产方式，已远远不能适应新时代的发展需求，"智改数转"是传统制造业从产业链低端向高端迈进的"必修课"。令人欣喜的是，21世纪以来，先知先觉的南通服装企业在"服装智造"上亮点纷呈，各种智能装备在行业内呈现快速布局的势头。

多年来，江苏泰慕士针纺科技股份有限公司持续推进标准化、信息化、数字化、智能化制造，坚持以"智"造微笑产品，筑就绿色梦工厂为使命，以智能化改造、数字化转型为关键抓手，成立专项小组，多部门联动，科学、专业、系统地推进两化深度融合，从而促进组织再造、流程再造，引领企业质量变革、效率变革、可持续发展力变革，进一步增强企业核心竞争力。

海盟集团是南通服装界一个响当当的品牌。多年来，这家集团实施多元化发展战略，在大举进军汽车销售、餐饮等行业的同时，一直不忘初心，构筑大纺织全产业链。除了服装成衣以外，还致力于服装衬布和服装面料的生产，投资3亿元在海安成立了南通海盟纺织科技有限公司，建有数字化、智能化的纺织印染车间，在服装智造上迈开坚实的步伐。

在许多人印象里，服装行业是个劳动密集型的传统行业，普遍存在生产设备陈旧、技术相对落后的问题，似乎与信息化、高科技相距甚远。2023年夏天，当我们走进河南阿尔本制衣有限公司时，智能生产车间扑面而来的现代化气息，传递着制造业创新发展的脉动，完全颠覆了我们原先对服装行业的印象。阿尔本公司加快转型升级，推动智能制造工厂建设，自主研发了800多个生产管理小程序，从企业每天的运转中采集60万至70万条数据，实现了全生产过程的数字化及其应用。

今年4月，当我们走进南通AGSK服装科技发展有限公司的创意园区服装智造中心时，仿佛踏入一个江南园林。这里鸟语花香，流水潺潺。在这里，以智能智造、在线定制、自主研发等具有自主知识产权的新技术新工艺，凸显工业4.0智能智造服装设计创意园区这个主题；这里云集了日本数码打印机、德国自动裁床、台湾自动拉布机、日本自动平缝机，以及先进的吊挂流水线、成衣绣花机、激光切割机等设备，各种新式武器集服装智造之大成。

前言

在日趋激烈的市场竞争中，越来越多的服装企业认识到服装"智造"的重要性。在 2023 年江苏纺织服装高质量发展大会上，鑫缘丝绸、泰慕士针纺等 11 家南通企业入选"江苏服装企业 50 强"，泰慕士针纺董事长陆彪作了"智能化改造，数字化转型，点燃高质量发展新引擎"的主旨报告。

南通服装深度融入世界

2023 年 12 月 7 日上午，2023 南通服装创新发展大会开幕。会上，隆重表彰了南通服装行业终身成就奖、杰出贡献奖、特殊贡献奖和薪火传承奖。这批获奖者中，既有为服装工业奉献了大半辈子、年届耄耋的老领导，也有风华正茂的新锐少帅。40 名获奖者和从世界各地赶回南通参加盛会的服装界人士，欢聚一堂，大家互道问候，像过节一样快乐。

回眸改革开放 40 多年来南通服装业走过的历程，服装界人士感慨万端。40 多年来，南通服装工业从小到大，从弱到强，从一花独放到万紫千红，走过一段不寻常的历程。而在服装产业链快速崛起的背后，是一个巨变的时代。作为中国民族服装工业高速发展的重要一环，南通服装企业不断推动传统产业转型升级，在问鼎资本市场、跨国跨区域办厂、供应链协同、产业链整合、现代营销等诸多领域各领风骚。

1996 年 11 月 20 日，脱胎于兴东绣品厂的南通服装界首家上市公司——综艺股份在上海证券交易所登陆，比江苏服装同行中较早上市的江苏舜天、红豆股份还早了四五年。

进入 21 世纪，金飞达、江苏三友、罗莱家纺、联发股份、泰慕士等南通服装企业也相继叩开资本市场的大门。

1996年，江苏冠达集团到孟加拉国、柬埔寨等地创办实体企业，绕开贸易壁垒，开辟新的赛道，成为南通首家跨国公司。此后，越来越多的南通企业走出国门，到境外办厂。

与此同时，南通服装业突破企业发展瓶颈，实施产业梯度转移战略，跨省到河南、安徽、东北等地发展，解决当地数万劳动力就业问题。

据初步统计，在南通服装企业中，目前大约有三分之一布局在东南亚一带，三分之一已梯度转移到全国各地，还有三分之一留在本土发展。崇川区工信局提供的一份数据表明，尽管不少服装企业已实施梯度转移，但目前服装行业在全区生产总值的占比，依然超过十分之一。而那些奔赴异国他乡创业的南通服装企业也没有辜负家乡的重托。在豫东南3座城市布局的河南阿尔本制衣有限公司董事长吴丽霞被评为全国三八红旗手、并当选十四届全国人大代表，江苏新林集团董事长周新荣获"安徽省优秀企业家"称号。

从1978年党的十一届三中全会召开到2023年，南通服装业已走过45年的光荣历程。其间，南通服装从主城区的一所三厂发展到如今全市2000多家大小企业，实体工厂遍布全国10多个省市，约50家南通服装企业布局在共建"一带一路"国家，先后在缅甸、柬埔寨、越南等国创办40多家实体工厂，吸纳近5万产业人员。

据江苏省服装协会统计，南通服装行业规上企业2022年营业收入超过200亿元，居全省第3位。在2021年全国服装百强企业评选中，南通的鑫缘丝绸、三润服装、泰慕士针纺、富美帽业、世纪燎原针织5家企业榜上有名。南通服装行业依然保持着一定的比较优势和良好的国际竞争力，展示了南通服装产业的深厚底蕴和应变能力。

江苏泰慕士公司在成功上市后，于2022年入选国家高新技术企业培育认定单位名单。其棉类针织面料生态加工关键技术及高品

前言

质产品开发项目荣获省科学技术奖三等奖，并在2023年荣获江苏省五一劳动奖章。鑫缘集团注重品牌建设，助力乡村振兴，2022年成功入选国家知识产权局首批全国商标品牌建设优秀案例之列。江苏华艺集团2022年领衔起草完成了非遗产品《扎染服饰》国家标准。江苏新林和江苏三润两家企业在2022年进军越南市场，投资兴业，不断完善产能布局。南通东润的总部大厦也在2022年顺利封顶并开始装饰，为企业未来高质量发展奠定了基础。富美帽饰文创园和爱格斯凯衣尚园也在2022年开始对外运营，开启了南通服饰时尚文创的新纪元。南通衣依衬布获2022年度中纺联产品开发贡献奖，南通衣依、南通江淮、南通欣捷等4家企业再次跻身全国衬布十强企业之列。信一集团在全国重点城市开设了72家直营加盟店，并开创了南通服装品牌模特秀场发布的先河。值得一提的是，南通三荣集团总经理周克华在当年当选为江苏省和南通市党代表……

　　在为南通服装业的不俗业绩鼓与呼的同时，我们也清醒地看到，南通服装业还存在诸多短板和不足。改革开放初期，南通的纺织服装业与苏州不相上下，但现在与苏州和无锡相比，南通已经落后了较大距离。南通服装业最大的特色是工贸结合，多品种、小批量、快交货，以此促进了服装业的快速发展。而今，放眼南通服装行业，总体来说，头部企业还不多，缺少龙头企业的统领，企业规模普遍偏小偏弱，抗击风险能力不强，智能化制造、自创品牌也总体偏弱，在内销市场的影响力还不大，劳动力也缺乏稳定持续供给，南通服装业要实现全行业的高质量发展任重而道远。

　　从1899年大生纱厂出纱走到今天，南通纺织服装业已走过两个甲子的历程。其间虽然道路曲折崎岖，但张謇的恩师翁同龢当年借那副对联表达的美好愿景早已实现，枢机之发的确动乎天地，衣被所及果然遍我东南。而今，"衣被天下"已成为南通对外亮出的一张靓丽名片，南通家纺几乎占据中国家纺的半壁江山，正在推动进入数实融合、品牌升级的新赛道，源源不断地向世界各地输出家纺新产品。南通市服装协会也吹响"转型升级、开创未来"的集结号，为实现先贤的梦想，正鼓起风帆，铆足干劲，在国潮兴起的新赛道上，高举科技和品牌大旗，再一次出发。

在 2023 南通服装创新发展大会上，特别设立了一个"薪火传承"奖，对 10 位新生代年轻企业家进行了表彰，其中 8 位有海归背景。这些年轻的企业精英在世界一流名校攻读时装、国际贸易等专业，有的还在全球领先的企业进行了深入的学习和实践，因此他们都具有极强的国际视野。正是他们的加盟，为南通服装业的未来注入满满的活力，这预示着传统的服装行业正在焕发新的生机，并更加深入地融入世界。

"云想衣裳花想容，春风拂槛露华浓。"从"衣被天下"到"衣锦天下"，这是南通服装人一个美好的愿景。而"云裳之梦"，承载着每一位追求美好生活的人的梦想和期待。

"路漫漫其修远兮"，在未来的新征程上，"强毅力行、通达天下"的南通服装人，一定会集结天下通商和服装业同道澎湃的热情，为南通服装工业的全面复兴不懈努力，以昂扬的姿态奋进在世界的舞台上。

衣锦天下，弘毅日新，阔步向未来！

云裳之梦——南通服装工业巡礼纪录片

荣誉榜颁奖词

  2023年12月7日，备受业界瞩目的南通服装创新发展大会隆重开幕。中国纺织工业联合会副会长、中国服装协会会长陈大鹏等多位国内服装界重量级嘉宾专程赴通参会。大会以"衣品天下，质造南通"为主题，聚焦南通服装品质制造区域品牌，促进南通服装产业高质量融入国内国际双循环。

  会上，隆重表彰了南通服装行业终身成就奖、杰出贡献奖、特殊贡献奖和薪火传承奖。以下是对40位获奖者的颁奖词。

特殊贡献奖

陈华汝

  他是南通工业战线备受尊崇的指挥者和实践者。半个世纪前，他主政全国著名国企通棉二厂，使之成为全国纺织行业18面红旗之一，最早在国内探索纺织工业产学研一体化道路。20世纪80年代，服装产业由轻工划归纺工大调整，他是操盘手。90年代，他作为工业市长，使南通成为中国12个服装基地之一，出口创汇破千万美元，呈现出万紫千红的喜人局面。他牵头组建纺织工业协会和服装协会，为服装工业的大繁荣大发展呕心沥血，厥功至伟。

张克诚

他曾是南通服装业几十万产业大军的总司令，是通牌服装发展和繁荣的领导者和见证者。从 1954 年离开江南故园来到南通，他就和南通纺织服装界结下了不解之缘。他主政南通纺织工业局 16 年之久，他为南通服装工业的开创和发展殚精竭虑，力推"一所三厂"到"一所二十厂"，进而发展到服装企业百花齐放的繁荣局面。在他主导和引领下，南通市跻身全国 10 个服装出口基地之一，服装出口逾亿件，畅销欧美等世界 60 多个国家和地区。

日本长久株式会社

20 世纪 90 年代初，随着一批中日合资服装企业如雨后春笋般涌现，南通成为中国服装工业重要基地。日商先进的管理理念、一流的制造设备、新型的贸易模式，激活了南通服装业的一池春水。在众多日商中，日本长久株式会社堪为翘楚。它先后在南通创办了光明服装、翔天服装、天一服装等 9 家千人大厂，为南通引进电脑自动页布机、激光裁剪机、自动拷边机等现代化设备，带来崭新的理念，为南通服装工业的跨越式发展立下汗马功劳。

炜赋外贸

它是中国最早一批国家级开发区国有控股的专业外贸公司,自1991年横空出世,就是南通对外开放的前沿阵地。它播撒南通服装业对外开放的火种,并引来南通服装业三资企业的万紫千红。它是培养南通服装业外贸俊杰的"黄埔军校"。当下,活跃在南通服装界的大佬们,都是当年从炜赋起步的。在他们风华正茂时,留下珍贵的炜赋印记。几十年来,炜赋以诚为本,视质量为生命,以环保为理念,为通派服装"衣被天下,誉满全球"作出巨大贡献。

刘永安

他投身南通服装行业64个春秋。早在34年前,他就出任南通服装工业公司董事长和南通服装行业协会会长,成为南通服装行业的领军人物。他殚精竭虑谋划南通服装业的发展壮大,精心组织各种培训,培养了一大批技术骨干。为推进南通服装工业大发展,他一手兴办了南通服装公司大楼和纺织服装招商市场,身体力行地办了3家合资企业和4家内联企业,引领南通服装企业迎来百花齐放的局面,为南通成为中国十大服装生产出口基地立下汗马功劳。

刘 建

他是一位锐意进取的企业家,更是南通服装界德高望重的中流砥柱。世纪之交,他接棒江淮衬布,引领这家企业成为中国服装辅料国标制定者、中国衬布十强企业。在半个多世纪的职业生涯里,他踩准每一个节点,与时代同步,与世界共振,创造出一系列耀眼的业绩。从高起点技术改造到引进国外先进设备,从注重品牌的文化含量到整合营销传播,他将一个濒临倒闭的企业发展成技术领先、质量过硬、产销量市场占有率名列前茅的集团企业。

王惠一

一个柔弱的女子以不屈不挠的努力和壮举,谱写了一曲曲创业的赞歌。她投身服装行业30余载,先后在服装贸易、服装制造等领域精耕细作,构建起庞大的服装产业链。她以女性特有的坚韧、勤劳和细致,在职场上长袖善舞,为企业可持续发展殚精竭虑。她领导的企业实施多元化战略,大举进军汽车销售、餐饮行业,并以科技自主创新和产业结构调整为核心引领,推动企业高质量发展,以数字化、智能化的纺织服装行业引领潮流,笑傲江湖。

印元培

他是南通服装界的一头老黄牛，在20世纪90年代服装工业大发展的战场上，他冲锋陷阵，锐意改革，探索出一条成功路径。他先后出任华特、华佑两家服装企业总经理，为南通市区服装工业建立殊勋。作为服装工业公司分管一市六县的领导，他千方百计调动各方面的积极性，帮助扶持县域经济服装板块健康快速发展，屡建奇功。作为一名专家型领导，他长期担任省市各项服装设计、质量评比、等大赛的评委，为南通服装业提升内涵、全面振兴厥功至伟。

王 伟

她是众多南通服装企业的护航者和探路者。在新形势下，服装业如何创新发展业态、开拓跨境电商、实现集聚发展，这是一个崭新课题，她以坚实的步伐闯出一条新路。她殚精竭虑，力促全省领先的南通首家外贸集聚区落户主城区。她带领团队，全力推动跨境电商落地生根。她精心赋能园区企业成长，优化一站式服务体系。她悉心共建共享园区文化，努力创新可持续发展模式。她为主城区服装企业的转型升级作出不可磨灭的贡献。

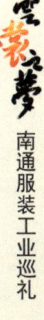

张敏华

他是南通服装界有着远见卓识的行业领袖，在长达半个世纪的岁月里，他默默奉献给服装事业。他是宁波人，但他热爱南通这片热土。他为服装而生，视服装为生命。他曾担任友谊服装厂厂长，高级技师，担任全国省级服装大赛专家评委，培育了诸多服装人才。在他极力推动下，南通服装研究所横空出世，为南通服装产业大发展奠定了坚实基础，在全国引起震动。他锐意开发，一路高歌，为南通服装事业作出了不可磨灭的贡献。

荣誉榜
颁奖词

终身成就奖

储呈平

多年来,他坚持以农为本,坚持科技创新。建业深耕,延伸产业链,将一个经营困难的蚕茧初加工企业发展成为全国茧丝绸龙头企业。他积极响应国家东西部扶贫协作部署,结合"东桑西移"战略,先后在贫困地区发展蚕桑产业,以点带面实施精准扶贫。他在全国贫困地区建有桑园蚕业基地30万亩,带动贫困地区数万户蚕农增收和就业。他无愧于全国茧丝绸行业终身成就奖、中国纺织行业年度创新人物、全国创业之星等殊荣。

陆 彪

他是南通服装行业一员睿智的猛将,脚踏实地,怀揣热爱,坚定前行。他深耕服装行业,矢志不渝地把主业做强、特色做优、产品做精。他持续推进标准化、信息化、数字化、智能化制造,以卓越的运营管理体系、不断聚焦的项目管理体系,致力打造传统行业的现代企业。他率领团队依托一体化供应链,大大提升了核心竞争力,应对市场快速反应的需求,引领一家传统服装企业,叩开波谲云诡的资本市场大门,巍然屹立在沪深上市企业之林。

云裳之梦 南通服装工业巡礼

蔡建华

他是精耕服装市场近半个世纪的拓荒牛，他从最基层的缝纫工做起，一步一步成长为服装市场长袖善舞的企业家，创造了一个又一个业界奇迹。他亲手创建的20多家企业组成"天一兵团"，成为南通服装界的一支劲旅，誉满业界、所向披靡。他又是南通服装界一位有情怀、有梦想的带头大哥，带领南通服装界不忘初心、砥砺前行，吹响转型升级、创新发展集结号，激发起服装业同道澎湃的热情和干劲，同心同德，共创通派服装的美好明天。

黄继石

他是一头骨子里透着韧性和刚强，善于开拓、勤劳负重的"海子牛"，从兵房小镇到如东县城，从医用服装到针织毛衫，在服装行业默默拓荒，把企业一步步发展成为在中国针织行业内的知名企业。他是一支燎原的"火把"，积极策应国家"一带一路"倡议，跨出国门在缅甸兴办企业，打开了通往世界"五大洲"的大门；和阿迪达斯等国际品牌合作，以科技创新提升竞争力，紧盯国际潮流，出口产品成燎原之势，在世界各地迅猛发展。

邰卫国

他是一位集历史民族与现代时尚之大成者，在非遗事业与现代纺织这两条平行的道路上，找到一条可以连接和融合的通道。30年来，他一边对企业进行市场化改造，一边深度挖掘精湛的服饰工艺，不断汲取传统"染织绣"纺织非遗精华，创新和发展了建立在现代企业制度与科学管理之上的"艺术染整"市场化实践，从而适应快速更迭的时尚产业需求。他所倡导的人本意识、创新意识、生态意识深入人心，得到海内外人士的交口称赞。

贾叙炳

他是"通派服装"的奠基人之一，是老字号服装品牌"大来"的杰出传承人。作为全国纺织工业系统的劳动模范，他以百折不挠、敢为人先的精神，培养了一支精干的团队，锐意进取、精益求精，抢占服装业制高点，以真情和实力征服了众多海内外客商和消费者。他先后创办多家合资企业，并一举打破羊绒制品长期由欧、日、韩垄断的格局，开创南通服装企业生产高档服装的先河，彻底告别羊绒服装手工制作方式，迈进现代化批量生产行列。

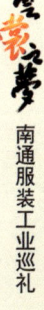

张明珍

她是南通服装业工业化生产现代时尚女装最早的一批开拓者，她是已经历近一个甲子风云的服装老厂华丽转身为合资企业的领军者，她是江苏省服装企业人均利税第一名的创造者。她让一个新创办的企业跻身全省企业百强行列，在中国女装制造业刮起一股"摩登旋风"，引起日本商界的广泛关注。面对时效短、花色多、批量小、设计难的女性时装，她带领团队不断挑战高峰，勇闯禁区，创造业界奇迹，赢得纺织服装工业界领导的高度评价。

王建华

21世纪以来，他一直以坚韧的意志，敏锐的目光，始终踩准创业创新的每一个节点，坚守本土大舞台，开拓海外大市场，形成了以裤子和上装为主打、面料辅料相配套的产品体系。他坚守"创新、务实、舍得、诚信、共赢"的企业精神，在中原大地一口气创办3家企业，并建立海外生产基地。他率领团队凭借出色的产品质量和研发实力，与优衣库等一批知名品牌建立了牢固的合作关系。进无止境再三荣。三荣，已成为南通服装界一张亮丽的名片。

张华伟

他是江苏服装界一位永远立于不败之地的常春藤。从业39年来，他始终站在时代的潮头，以曾经的军旅生涯铸就的敏锐特质，时刻紧盯服饰市场的变化，捕捉市场潮流的方向，掌握"快、准、狠"的节奏，立足中高端市场，产品一直在消费者中享有盛誉。他先后创办10多家实体企业，无论是哪家企业，都注重科技创新和技术进步，以标准化、系统化、规范化的精细管理，彻底替代传统的粗放式管理，从基础抓起，立足通州，放眼华夏，走向世界。

顾有智

他是一位具有大智慧的企业家，也是一位引领企业从田园走向世界的实干家，他为南通服装界首次捧回"中国驰名商标"荣誉称号，也是第一个打入美国最大电视购物公司的中国服装企业的掌门人。多年来，他始终积极探索自主品牌发展模式，不断提高产品质量和设计创新能力，集聚优势资源，在全国一线城市开设了50多家专柜，形成以高档百货店、专卖店的自营网络与形象统一格局，女装特色品牌耀眼海内外市场，为企业转型升级注入全新动能。

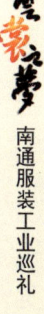

杰出贡献奖

杨 敏

她是一位锐意进取的企业家,又是全国最美志愿者,她还是百余名孤困儿童的"爱心妈妈"。她用37度*的爱孵化出一个处处充满温馨的企业,她始终以"智造微笑产品,筑就绿色梦想"为使命,向世界传递37度的爱和温暖。她从源头管控全生产流程,让每一件衣服给人以恒温呵护。她深知"快乐的员工才能制造出微笑的产品,有爱的企业才能为客户提供最优的服务",所以她总是倾注匠心,不负所托,为更多的人送去触手可及的温暖。

吴丽霞

她推行先进的管理模式,以新模式开创新局面,以新模式促进新发展,推动了传统企业向"智慧企业"的转型。她营造良好的执行文化,运用现代管理手段,从而全面提升了企业的综合实力。她积极履行社会责任,关爱留守妇女儿童等弱势群体,积极响应河南"巧媳妇工程",让近万名农村留守妇女重新上岗。正因为她的杰出贡献,河南省把第十四届全国人大代表、全国三八红旗手等殊荣,给了这位自称是"小裁缝"的南通女企业家。

---

* 本书中的"37度"应为"37摄氏度"

景爱梅

　　她是一位充满激情的艺术家，缔造了城市一道道亮丽的风景线。她是一位拼搏进取的企业家，在海内外市场创造了一个个业界神话。她是一朵百花凋零时迎雪绽放的红梅，始终以一种不屈的精神生长，怒放在市场经济的风口浪尖。创业30年来，她以创新引领转型，以激情成就梦想，高举"时尚简约、知性优雅、低调奢华"的大旗，在强手如林的服装领域树立了自主品牌，让公司从加工订单转向自有品牌，品牌之花在全国数十个城市怒放。

周　新

　　他是南通最早从事对日服装出口业务的从业者之一，在其30年的创业生涯中，他对中日服装贸易作出了突出成就，受邀在日本早稻田大学发表演讲。他编纂了国内第一本《日汉简明服饰词典》《日英汉服饰词典》和《新日汉汉日服饰词典》。他胸怀天下，带领新林集团打造出让人终身受益并引以为傲的企业文化，构建起服装产业全球化的商业模式，在东南亚等地建立了11家服装工厂，造福数以万计的家庭，被省政府授予优秀企业家光荣称号。

孙建华

小帽子，大市场。他 20 多年专注于一顶帽子，从 30 多平方米、两三个人起家，一步步做到国内规模一流，品类最全的帽饰企业之一，让世界同行刮目相看。他旗下有 8 家企业，员工 1300 余人，是全球精品帽饰品牌的集大成企业，坚持致力于帽饰的风尚地位，并拥有全国唯一的帽饰博物馆，出版 6 本专著，发起并成功举办了 4 届 920 中国帽子节，引起国内外同行关注。他正保持创新活力，争取不久的将来实现进入全球帽业前十强的理想。

刘继东

海外求学归来，他从父辈手上接过帅旗，以大国工匠的高超工艺和国运匠心的精神品质，向世界讲述着一个民族企业如何从中国制造到中国创造、从中国走向全球的辉煌故事。他积极响应"一带一路"倡议，在柬埔寨创办近 3000 人的工厂，在海外市场做得风生水起。他还全力沉潜于科技型服装企业的研发，成立智能科技有限公司，积极向纺织智能产业、高端纺织产业、新型材料产业进军，为服装产业链延伸发展打下了坚实的基础。

荣誉榜
颁奖词

姚桂兰

　　她是一位具有仁心和大爱的企业家，她的自信和底气来自中国传统文化；她将传统文化中孝悌仁爱的基因思想融入现代企业管理之中，铸就了企业独特的灵魂；她用"大爱"的核心价值观，打造全球一流的中国童装品牌。15年来，她紧跟国际潮流，精耕童装市场，以一位妈妈特有的情怀，始终站在童装行业的最前沿，先后在巴黎、东京、上海设立研发中心，坚持自主创新，推动数实融合，探索产业新机，开辟前行的复兴新境。

李　强

　　他从服装厂最基层做起，一步步积累了丰富的服装生产管理经验。近30年来，无论在哪个岗位，他总是真抓实干，攻坚克难，敏锐洞察行业发展形势，带头奋力开拓市场。他目光如炬，既着手于微，优化内部管理，搭建成长平台，深挖企业活力；又着眼全局，积极致力于促成行业内资源整合，通过发展一大批协作工厂，努力实现合作共赢。他运筹帷幄，雷厉风行，推动企业改革，提升企业核心竞争力，为南通服装行业的整体提升贡献力量。

周克华

深耕服装领域25年，他一直牢记"创新是企业发展的永动机"，总是打破陈规、开辟新路、披荆斩棘、一往无前，历经大风大浪，始终屹立不倒。他带领企业用智能化引领高科技制造。他"闯字当先"，为了企业"蝶变"，引进专业人才，见证了南通服装行业向着以技术创新、模式创新、方法创新为代表的产品价值高端化迈进，生产效率大幅提高，闯出了一片光芒四射的新天地。他先后获得全国纺织工业劳动模范、江苏省党代表等殊荣。

徐 凯

绿树小桥、叠石流水、亭台楼榭……会让人联想起一个美丽的花园。然而，这个充满诗情画意的地方却是一个崭新的服装制造中心，他的主人是一位自称"潮流裁缝凯哥"的少帅。20多年来，他总是用一种前瞻性的眼光审视服装潮流市场，以一种开拓勇气，魔幻般创造了服装创意园区，并实现了一个个自创品牌的华丽亮相。从中国十大服装品牌到中国T恤创新研发基地，我们看到南通潮牌的惊世崛起，更可预见南通服装业自主创新的美好未来。

薪火传承奖

黄麓瑜

燎原激情耀世纪。作为世纪燎原针织"80后"当家人，他始终以"海子牛精神"，坚韧地驮着，驮着一切困难前行；他始终以党建工作统领企业不断发展壮大。在他的带领下，企业大胆践行绿色化、数字化、时尚化的深度融合，积极探索数字化管理、智能化生产、精益化运营。他坚信：创新，是企业发展的灵魂。在疫情最严重的时候，他带领年轻团队赴缅甸考察，建设缅甸世纪燎原工厂，生产规模连年扩大，打通了"一带一路"的世纪燎原"海上丝绸之路"。

钱飞龙

他从父亲手上接棒才5年，以超强的悟性、过人的胆识、勤勉的劳作，迅速进入角色，成为海内外服装界一条引人注目的飞龙。他致力于用高科技改造传统服装产业，狠抓产品质量，强化过程管理，以开放的胸襟广揽人才，跟踪世界服饰、面料最新时尚潮流和前沿技术。他深知文化如水，水润万物。在发展实业、做好产业的同时，他还积极致力于企业文化建设，构建完善的文化产业链，滋润企业迎来又一个高质量发展的繁荣期。

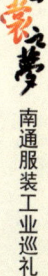

王 禹

　　一个英国曼彻斯特大学毕业的高才生，不但是真正的企业领导者，还能从更大的投资系统、更高的金融维度来看待当今的创新精神。作为南通市政协委员、工商联执行委员，这位南通服装界的青年才俊，总结了他的成功原则和领导者特质，那就是：赤诚、坚韧、乐观、自信、思变和执行力。正是他一直以来展现出的领导者品质，使得他所建立的"以高品质制造为支撑、外贸服务为主业的稳健创新型综合集团"，成为南通区域和行业的标杆企业。

周金宇

　　一个"80后"优秀学子，经历多年的历练，担当起新林集团旗下多个企业的总经理。他始终把创新作为第一生产力，瞄准国际先进水平，不断研发新产品。他以独特的思维和理念、灵感和激情带领年轻的团队一路披荆斩棘、斩风破浪。他充满智慧和洞察力的目光，时时释放出满满的正能量。他传承父辈开创的中国优秀企业家的人生轨迹，负重前行，被选举为滨海县政协委员和宿州市政协委员，成为南通纺织服装界一位不可小觑的青年才俊。

卢红卫

他是葛氏纺织家族的第四代传人。多年来，他一直以独具匠心的技术研发和追求卓越的精神品质，坚守"一米布精神"，阐释着大国工匠的精神内涵，走出了一条民族企业从中国制造到中国创造的匠心之路。在东帝，创新的理念贯穿于企业发展全过程。他既当总经理又是技术工，从面料的设计、纺纱、织造、后整理再到产品销售，一丝不苟，注重细节，将"一米布"做到了极致，做出了艺术，以独具特色的高品质产品征服了海内外客户。

顾东亮

她是中国东部服装界一颗冉冉上升的亮丽新星。她怀揣打造民族服装品牌的梦想，在贴牌加工为主的服装行业中独辟蹊径，实施联合品牌发展战略，海内海外同频共振，线上线下同步发力，走上一条创新驱动、数字赋能和面向国际的全新发展道路。她投巨资成立了自己的研发团队，从一线城市高薪聘请专业团队，成功打造多个优雅、知性、浪漫的女装品牌，其中"菲菽"在南通服装界首获"中国驰名商标"，受到国际知名影星的追捧。

杜嘉钧

他没有豪言壮语，没有丰功伟绩，在疫情面前，他没有停飞追赶目标的翅膀。肩负使命，扛起担当，他勇敢接过摩登新的发展接力棒。他遵循着自己的梦想，以坚韧不拔的毅力和勇往直前的精神，引领摩登在新征程上不断续写新的辉煌。作为公司总经理，他始终保持着对创新和发展的追求，不断开拓市场，并成功将公司推向新的高度，创新、务实、舍得、诚信、共赢，他的智慧、勇气和胆识在充满竞争的服装生产领域散发着耀眼的光芒。

何 平

海外学成归来，他接过父亲的接力棒，进行了大胆而不乏沉稳、老道而不乏灵动的改革创新。机制、管理、人才，始终是他视野中的一个亮点。而耕耘市场，遍访客户，是他的企业在全球经济环境疲软的大背景下，平均每年业务量以20%的速度逆势递增的葵花宝典。金秋时节话金秋，和平年代访何平，是一种收获的分享。他把爱的编织无限延伸和传承，从爱家人演变到爱员工、爱客户、爱企业、爱社会、爱国家。大爱无疆，爱心永恒。

田 梦

这是一个怀揣梦想的女孩，当她接过美国时装设计学院毕业证书的那一刻，她的梦想就是设计世界顶尖时装和主打国际贸易。于是，她时刻为之而奋斗！美国、欧洲、南美、东南亚都留下了她的探索足迹；每年各国服装展会更为她打开国际化的视野。她带领团队开发新品，维护客户，打造市场供应链，她对全球服装市场有了更清晰的掌控。田梦，一个美丽、知性、优雅、充满魅力的女孩；一个唯美精致、活力四射，有着时尚精神的女孩。

孙逸文

她生于养于中国时尚产业，传承父母的帽饰时尚精神，发起"同更生"，主理"硬糖青春"。她从7岁起就决心投身时尚，16岁为时尚梦想独闯纽约，成为百年高中历史上第一个中国学生，高中期间荣获纽约学术艺术与写作奖金奖。从纽约时装工程学院荣誉毕业后，她先后从事奢侈品买手及快时尚品牌运营。她担当中国服装协会帽饰研发中心青年企业家沙龙轮值主席，积极服务组织，推动创新，散发出东方韵味所体现的时尚、快乐，极具影响力。

目 录

序一
在坚守与变革中勇毅前行..................陈大鹏 /1

序二
以梦想引领未来..........................龚慧娟 /4

序三
致敬过往 致敬未来.......................蔡建华 /6

前言
从"衣被天下"到"衣锦天下"..............宋　捷 /10

荣誉榜颁奖词../33

匠心传承铸业勤..................梁天明　张炳山 /001
剪绮裁红妙春色..................梁天明　张炳山 /010
雨后彩虹更美丽..........................鲍冬和 /020
我的服装情与缘..................梁天明　张炳炎 /029
曲折坎坷大担当..........................梁天明 /037
产业扶贫谱华章..................陈忠立　陆学进 /047
爱有一个"方程式"........................宋　捷 /058
非遗时尚领跑者..................吴雪琪　吴睿娇 /068
阿尔本冲击波............................宋　捷 /076
燎原激情耀世纪..........................梁天明 /085
"白蒲双雄"闯天下................梁天明　张炳炎 /094
唯有真诚大情怀..........................梁天明 /103
云裳华服梦工厂..........................宋　捷 /113
月升平潮腾飞龙..........................鲍冬和 /123

目 录

黄海边上抢潮记 .... 吴雪琪 /132
梅花香自苦寒来 .... 云　墅 /140
进无止境写传奇 .... 梁天明 /149
用励志剪裁人生 .... 梁天明 /158
霓裳羽衣逐梦旅 .... 云　墅 /167
咫尺匠心绘芳华 .... 云　墅 /176
"东方之星"亮晶晶 .... 鲍冬和 /185
四代工匠一米布 .... 梁天明 /194
一枝独秀绽"菲菘" .... 鲍冬和 /204
鸿鹄之志铸梦想 .... 梁天明 /214
致中和，"毅"行天下 .... 云　墅 /222
通城服饰"不老松" .... 鲍冬和 /231
刚柔并济"织"人生 .... 云　墅 /241
时尚风潮演绎者 .... 云　墅 /250
与时代同频共振 .... 宋　捷 /256
天作之合话俞平 .... 云　墅 /265
一根织带两代情 .... 云　墅 /274
踏浪赶海开大船 .... 新　云 /283
科技弄潮竞风流 .... 梁天明 /292
琴心繁花怀大略 .... 梁天明 /301
异乡创业谱新曲 .... 云　墅 /310

后记 .... /319

匠心传承铸业勤

——南通市友谊服装厂的流金岁月

梁天明　张炳山

1958 年，是一个非常特殊的年份，在中国共产党历史上也占有重要的位置。这一年，人民英雄纪念碑在天安门广场正式落成；这一年，苏联领导人赫鲁晓夫访华，与毛泽东等党和国家领导人就建立苏中联合舰队等事宜进行会谈；这一年，中共八大二次会议召开，正式通过"鼓足干劲、力争上游、多快好省地建设社会主义"总路线，从此"大跃进"在全国展开；这一年，中央政治局扩大会议在北戴河召开，全国很快掀起大炼钢铁和人民公社化运动的高潮。那是一个红火、兴旺、喜庆的岁月，但背后也隐藏着某些饥饿、悲哀和痛苦。

艰苦创业，干群齐心干

也就是 1958 年，元旦过后一个寒光四射的清晨，从扬州湾头镇崎岖的田埂上走来一个面容清癯、面有菜色的少年，他叫杨忠山。没想到，他日后成为那个特殊时代的见证人。

杨忠山幼年由伯父带至南通，13 岁进入一家裁缝店当学徒。当学徒的日子是短暂的，正是这不长却满是无奈和迫不得已的两年多的学徒生涯，让他的人生发生了很大的变化，贪玩的少年从此有了做个好裁缝的强烈念头。"学艺贵精,处事宜达",作为学徒的他一直将这句话深埋心里。记得伯父常说"做人难、人难做、难做人",教育他要做一个谦和、友善的人,任何事情都来不得半点马虎,哪怕是做裁缝。

不到一年,杨忠山进了南通市缝纫合作社,当了一名普通工人。1958年9月,南通市第一、第三缝纫社合并,31名职工每人投资20元,在友谊桥附近的利民坊7号租了几间民房,成立了一家服装厂,为南通市百货公司加工服装,主要生产男士衬衫,其中生产的彩格绒衬衫,出口苏联、东欧等社会主义国家,为国家争了很大名气。当时,苏联是我们的"老大哥","中苏友谊万岁!"是那个时代的最强音,加上服装厂在友谊桥附近,所以,这家服装厂就起了个非常响亮的名字——南通市友谊服装厂。杨忠山是这个厂里年龄最小的工人。自此,他与友谊服装厂结下了不解之缘,一干就是40多年,直至退休。

20世纪60年代,那是先进模范辈出的年代,他们作为榜样的一言一行都被灌输到中国人的日常生活中。南通市友谊服装厂全体干群向先进模范学习,艰苦创业,租借民房作为生产场地、临街店面和纺织品仓库。60年代的物质极为匮乏,体现在衣着上,艰苦自有艰苦的办法,"新三年,旧三年,缝缝补补又三年"。人们很少购买新衣服,逢年过节,想给小孩子买件新衣服,还需要布票。1963年,上级将生产严重不足的红旗服装厂并入友谊服装厂,由原先的西门南巷子、城中的大保家巷,迁往城东的小石桥后街原钟秀棉织厂老厂房。合并后的友谊服装厂共有员工192人,是当时全市最大的服装企业。

20世纪60年代的英雄人物最多,有雷锋、焦裕禄、王杰、欧阳海,南京路上好八连,以及草原英雄小姐妹。友谊服装厂初创时正值全国人民学英雄,都打上了那个时代的烙印:具有革命觉悟,提倡艰苦朴素,发扬集体主义,当然,还有学习《毛泽东选集》。工人阶级最能吃苦,艰苦创业是他们的本色。于是,工人们自投资金,自带缝

友谊，一个时代的记忆

纫机、台板、条凳进厂集中生产，统一管理。此时，友谊服装厂除了为百货公司加工生产中山装、衬衫等大众服装外，在上海新光内衣厂的指导下，还试制出口丝绸衬衫，经检验合格，由外贸部门下单生产少量的出口衬衫。由于友谊服装厂的产、质、量俱高，订单增加，也带动了南通当地色织棉的生产。一个时期，南通友谊服装厂的"友谊牌"彩格绒衬衫成为响当当的品牌，在省内同行中被誉为"彩格绒衬衫大王"。1962年，工人们以英雄为榜样，日夜加班，实现年产值达到71万元，年产量22万件，年利润4万多元。工人们喜气洋洋、精神焕发。

1975年，年龄最小、人最老实的杨忠山，由于技术水平精湛和管理能力超群，被提拔为技术科长，主要负责产品打样和技术培训。当时厂里的技术力量十分薄弱，技术人员奇缺，严重制约了服装厂的发展。为了培养出一支合格的技术队伍，他在厂里精挑细选了48名青年工人，利用工余、休息日进行制图、打样等技术培训。这48人后来都成为南通市纺织服装行业的骨干力量。技术力量跟上了，服装厂的生产能力得到了很大的提升，当年实现年产量45.8万件，年利润40.32万元。杨忠山带领全厂职工，为了完成出口订单，偿还苏联债务，实施"三班倒"制度，工人们加班加点，超负荷劳动，为社会主义事业作出了巨大的贡献。

1980年，杨忠山被任命为南通市友谊服装厂厂长。

改革开放，迈上新起点

1978年，党的十一届三中全会开启了我国改革开放和社会主义现代化建设的新时期。就在这一年，杨忠山光荣地加入了中国共产党，党给了他无限的工作动力。

1979年，一位老人在中国的南海边画了一个圈，显示了他的过人之处以及令人叹服的远见。他反复强调："不坚持社会主义，不改革开放，不发展经济，不改善人民生活，只能是死路一条。"中国随之而来的迅速崛起，印证了这位老人的远见、担当和勇气。

1984年5月，党中央、国务院做出开放南通等14个沿海港口城市的伟大战略决策。这个划时代的国家战略，让南通乘上改革开放的快车。

在这个时代的背景下，友谊服装厂又迎来了一个新的起点。

二十世纪七八十年代，随着改革开放和人民生活水平的提高，我国流行的蓝灰色彩、款式单调的中山装、军便服早已成为过去，中国人的服装在款式、色彩和流行指数方面与世界的差距越来越小。

在全国改革开放的大潮中，年轻的厂长杨忠山肩上的担子更重了。他审时度势，意识到要发展生产，必须更新设备。尽管服装厂的技术力量有了很大提高，但厂里的机器设备十分陈旧，已经不适应生产发展的需要。当时，厂里使用的主要是国产中速电动缝纫机，转速仅2600针/分钟，与日本机器转速6600针/分钟相差甚远，且断针率很高。我们使用的设备由于陈旧落后,大大制约了产量和质量。

新进之士喜勇锐。这种情况,杨忠山看在眼里,急在心里。他不是怕困难的人。

杨忠山踌躇满志,企业要发展,国家要兴旺,我们应该怎么办?为了彻底改变这种现状,他下决心要引进国外先进生产设备。20世纪80年代初,国内的外汇额度十分紧张,为了申请外汇额度,他一趟一趟往省城跑。乘火车买不到坐票,就买站票,累了就铺上自带的草席坐在车厢地面上。到了南京,他第一时间去有关部门,却吃了"闭门羹"。他连续三天守在门口,一有机会就向省领导解释:"企业要发展必须引进先进设备。"终于,省领导被他的执着打动,破例批给友谊服装厂45万美元的外汇额度。但拿不出自有资金,他又突发奇想,想到"补偿贸易"这一招。1983年,经过几轮艰苦的洽谈,终于从北京东方租赁公司引进一条价值45万美元的生产流水线,约定租赁期5年,5年后还本付息,设备归友谊服装厂所有。凭此一举,友谊服装厂成为江苏省第二家引进全套进口设备的服装生产厂家。

剑拔沉埋更倚天。有了先进设备,还要增加职工。友谊服装厂向市劳动局反复说明急需劳动力的情况,经申请批复了80名农民工用工指标,这是开了全省用工制度先河的改革举动。招工启事发出之后,吸引了周边几百名农民彻夜排队报名。他们从中精挑细选了80人充实到工人队伍中。这80人经过培训和锻炼,后来都成了厂里的业务骨干。

有了先进的生产设备和充足的劳动力,友谊服装厂犹如插上了腾飞的翅膀,生产和销售都有了极大的提高。全厂职工发扬"求实、开拓、创一流"的企业精神,协力拼搏,取得了累累硕果。1985年,新增风衣等门类产品,并引进日本衬衫生产线和全套服装专用设备。1987年,南通市被列为全国十大服装出口基地之一,服装行业划归纺工系统后,友谊服装厂走上了新工艺、新面料、多品种、多渠道、高效益之路，并扩大了生产规模。

1987年10月，服装行业划归纺工系统。同年年底，南通市纺织工业局局长张克诚带队来到友谊服装厂调研，提出"友谊服装厂要做纺工系统龙头企业"的发展理念。

友谊服装厂经纺织工业局批准350万元的技改项目资金到位后，厂区建筑面积扩大了2500平方米，厂房面积增至10070平方米，产品扩展到男女时装、衬衫、西装、风衣等278个品种，远销欧美、日本等国家和中国香港地区。1988年，出口服装149万件（套），内销84万件（套），实现利润253万元，创汇351万美元，成为南通市出口创汇一大龙头企业，被市政府确定为外向型企业。

合资办厂，路越走越宽

人生无捷径可走，企业亦是如此。

20世纪90年代，随着改革开放的不断深入，我国出现了合资潮，即中外合资办厂。此时，国内服装市场销量颓靡不振，难以扩张。加之国外服装企业的现代化生产线对我国的服装生产冲击极大。与许多国企一样，友谊服装厂开始接触外商。1990年，在市委、市政府的倡导、指导下，友谊服装厂也尝试中外合资办厂，开始直接跨进国际市场参与竞争，走上了国际化发展道路。

1990年，友谊服装厂抓住机遇，与日本三轮株式会社合作建立南通三友时装有限公司，走上了一条合资之路，进入了一个飞速发展的时期。合资当年，实行"一厂两制"。一年后，全面合资，企业的规模进一步扩大。合资后，企业采取了一系列改革措施，合理设置管理机构，完善流程控制；引进先进技术设备，扩大生产规模。1992年，企业引进了51条高档日本时装生产流水线，先后完成了16项技术改进。为适应小批量、多品种、高品质时装生产的需要，企业大胆采用站立式电脑缝纫设备，将原来50人的大流水线改为18人的小流水线，使时装人均单产提高了50%；同时，采用蒸汽压熨，提高了时装外观水平。

1992年，在首都农展馆举办"中国服装精品博览会"。当时的轻工业部部长在参观时看到"九州"品牌西服，提出能否为他定制一套，服装厂的工作人员当即为他量了尺寸，定制了一套西服，他很满意。当《人民日报》记者采访他时，得知他穿的这套西装是由南通友谊服装厂定制的后，这位记者回到单位向领导汇报了此事，人民日报社经讨论决定：为全体记者和编辑每人定制一套，共2340套西装。

我们深信，友谊服装厂的宏伟蓝图一定会很美丽，而且一定能实现。因为，他们向来秉持一个信条：只有回不了的过去，没有到达不了的明天。

1993年，合资双方共同投资650万美元扩建了南通三和时装有限公司、南通三友整烫有限公司和南通三联时装有限公司。1994年年底，经国家工商局批准，由上述三家公司与南通三友时装有限公司共同合并组成江苏三友集团，南通三友时装有限公司更名为江苏三友集团有限公司。组建集团使企业获得了巨大的发展动力。1994年，江苏三友集团创汇4200万美元，按销售额名列全国服装企业八强。

1995至1996年，国内服装企业日益增多，相互恶性竞争，加之日本泡沫经济破裂，国际市场变得更加严峻。面对不利的形势，三友集团在日本设立了事务所，在美国成立了分公司，不断提高自营能力。经过努力，企业继续保持优势，荣获"外贸出口工作先进企业""江苏省服装行业'双优'评选活动三十强企业""全国纺织工业双文明建设优秀企业""江苏省文明单位"等称号。杨忠山也光荣当选为人大代表，多次荣获纺织工业部劳动模范、江苏省劳动模范、南通市劳动模范光荣称号。

1997年，由于东南亚金融危机和日本泡沫经济破裂的"后遗症"

的影响，以日本为主要外销市场的三友集团面临着前所未有的严峻考验。1998年，公司制定了企业发展规划，明确了企业发展的整体思路：内外贸并重、高中档兼备，企业进入了一个大幅度的改革调整期。针对外销市场，着力巩固日本市场、拓展欧美市场，提高自营能力，全方位多渠道地接单。针对内销市场，确定了企业的品牌战略和营销战略的整体思路，不断开拓内销市场。为实现目标，公司加大人才引进和培养力度，引进了一批大学生，充实到企业管理中去。经过大幅度的改革与调整，三友时装被动迎接市场挑战的局面得到根本扭转，发展成为拥有6家子公司、4000多名员工的大型企业集团。

大格局、高站位、精标准，是友谊服装厂做事的前提。

2015年，经实施重大资产重组，三友时装业务由江苏业勤服饰有限公司承接。

此时，杨忠山光荣退休了。退休那天，他站在厂区，久久不愿离去，这个坚强的汉子，默默地流下了眼泪……很多职工默默地站在他身后，都不说话，因为大家知道，此时此刻，任何安慰的语言都是多余的，大家陪着老厂长，在厂区站了许久、许久……

江苏业勤服饰有限公司以更大的格局、更广的视野实施"走出去"的大战略。他们先后在河南通许、云南芒市建立了两大生产基地，培

业勤，传承和延续了友谊的血脉

育自有产能。通过数年的培育与发展，两个生产基地均基本实现全流程规模化工厂模式。公司拥有192条从德国、日本进口的电脑控制流水线、CAM自动裁剪系统及4套进口CAD电脑辅助设计系统，所有设备均达到国际先进水平，成为国际著名高档女装品牌的OEM（Original Entrusted Manufacture，原产地委托加工商）和ODM（Original Design Manufacture，原始设计加工商）重要生产基地之一，国内最大的高档时装品牌制造商之一，年生产高档时装2000万件（套）。近年来，江苏业勤服饰有限公司荣获"中国服装行业百强企业""江苏省服装行业五十强企业""南通市优秀民营企业""崇川区高质量发展优秀企业"等诸多荣誉称号。

至此，南通市友谊服装厂渐渐从南通人的记忆中淡出……

结　语

南通市友谊服装厂，多少代人为了它而接力奋斗？多少豪杰为了它而改写历史？在这里又发生了多少震撼心灵的故事？

"发展是硬道理！"一个默默无闻的小服装厂成为中国纺织工业服装制造的明星企业，获得各种荣誉，受到中央、省、市各级领导的关注，时任全国人大常委会副委员长廖汉生、国务院副总理李岚清、田纪云，中央统战部部长刘延东等都先后前来视察，塔吉克斯坦总统、加蓬总理等国外元首也莅临参观……

今天，86岁高龄的杨忠山，又一次回忆起他在南通市友谊服装厂的日日夜夜，这里有辛酸，也有喜悦；有成功，也有挫折。从1958年进厂到1998年退休，整整40年，他把最美好的青春都献给了友谊服装厂，他把最宝贵的人生都留在了友谊服装厂。从裁缝小学徒到友谊服装厂厂长，他见证了50年代的红色历史，也见证了60年代的艰苦岁月，更见证了改革开放伟大事业的高歌猛进……

剪绮裁红妙春色
——南通大来服装厂发展始末

梁天明 张炳山

1932年夏天，晴空万里，火辣辣的太阳高悬在一碧如洗的天空中。天生港江面上，客轮、商船、渔船、载重船……川流不息。大达码头上，轮船汽笛声、小贩叫卖声、歌女卖唱声、小孩哭喊声……此起彼伏。上海大达轮步公司的"大新"轮客船，从上海十六铺码头驶出快6个小时了，即将靠岸。此刻，码头上人头攒动，热闹非凡。人群中，一个穿蓝布大褂的中年人翘首望着江面，仿佛在等待什么人。

一声汽笛，划破江面。"大新"轮缓缓靠岸，乘客们陆续走下客轮。这时，一个手拎皮箱、穿一身条纹西装的青年人，气宇轩昂地走下客轮，四处张望。"宗谦兄，在这里！"那个中年人挥舞着手，两人快步向前，拥抱在一起。一阵寒暄后，两人坐上两辆黄包车，穿过热闹的泽生街，向通城方向飞奔而去。

那个中年人叫袁端良，无锡阳山人，是经营毛、呢布料的商人，生意做得很大；青年人是宁波红帮嫡系传人林宗谦。林宗谦刚在上海考察了1928年宁波人许达昌开设的培罗蒙西服公司、1910年奉化人王才运开设的荣昌祥呢绒西服号，以及1925年德国犹太人开设的朋街女子服装店等几十家著名西服店。这次他来南通，是要和袁端良合作，在与上海一江之隔的南通开办高档西服店，目标锁定为通城

南通大来服装有限公司首次股东大会

的富庶人家、达官贵人、文化名流、医生教师……两人坐着黄包车，顶着骄阳，从西门端平桥，到东门小石桥，最后在南门长桥附近停下，反复勘察，观察人流，选择店铺。

繁华的南大街，商铺林立，行人接踵，熙熙攘攘。1932年农历十月初十，一家多年后蜚声通城的裁缝店——大来服装店，悄无声息地开业了。一间简单的铺面，两个老板，几个裁缝，几个伙计。它的低调开业，没有引起通城几家报馆记者的注意。不过，店门口一副对联却吸引了不少路人，上联：剪绮裁红妙春色；下联：大来洋服帅临风。

历史印迹中的"大来"

南通是万里长江和浩瀚黄海交汇处的一颗璀璨明珠，大江大海孕育了这片神奇的土地。滨江临海的独特自然条件和底蕴深厚的人文环境，孕育出了一批历史悠久、具有深厚文化底蕴和自主知识产权的老字号文化品牌。

白蒲黄酒、老万和潮糕、三香斋茶干、四海楼美食、新中腐乳、西亭脆饼、四宜糕团、季德胜蛇药……在江海大地，上述品牌都是南通人耳熟能详、赞不绝口的"老字号"。其中，"大来"更是大名鼎鼎、如雷贯耳，亦不虚传。

"大来"这个服装老字号历史悠久，拥有世代传承的服装产品、技艺或服务，具有鲜明的中华民族传统文化背景和深厚的南通独特的文化底蕴，依靠着精益求精的工匠精神，续写着一个又一个时尚传奇，取得了广泛的社会认同，形成了良好的文化信誉。

创始于 1932 年的"大来"，一开始就定位于服装专业定制。那时店里聚集了南通城 15 个有名的裁缝，这种规模的裁缝铺在民国时期是较大的了。"大来"以定制男性西装为主，填补了当时通城高端西装的制作空白。同时，袁端良和林宗谦还引进了海内外最新潮的服装设计和制作理念，很快成为南通城第一家制作高档毛呢西装的裁缝店。它的新颖款式、精良做工、考究用料，以及待客如宾的服务态度，使其声誉很快从长桥边传遍了整个南通城。

"咔咔咔……"的裁剪声，声声入耳，柔软的布料在"大来"裁缝们的手中被缓缓裁剪开。"大来"靠一把剪刀、一个熨斗、一卷皮尺闯通城，以精湛的工艺，在南通服装史上谱写了辉煌的一笔。

用"诗外功夫"来形容"大来"做的西装是再恰当不过了。当时通城富家公子、达官贵人到"大来"定制西装，大大小小有 100 多道工序，大致上可分为量体、裁剪、试样、定样、缝制、检验 6 个环节。西装的立体裁剪更是有别于中装的平面裁剪，要讲究人的体形，穿出人的气派和风度，而且还要通过巧妙的裁剪，弥补顾客身材的缺陷，其难度可想而知。当时的"大来"有个绝技，为顾客制作西装时，能根据顾客看中的外国电影中的名角服饰，依样复制；也能从国外进口的月季谱中模特的摩登打扮，移花接木成为国人的时尚衣着。他们当年为张謇之子张孝若等人制作的西装，深受张家人的喜爱。

"大来"的成功不仅传遍南通城，很快也在上海滩叫响。上海滩很多名贵显赫坐"大新"轮客船从上海十六铺到南通来做西装。这引起了当年在上海滩做服装生意的黄庆发的注意。黄庆发是宁波"红帮裁缝"第四代传人名师金达迎的徒弟。宁波人习惯把蓝眼睛、高鼻子和棕色头发的洋人称为"红毛",为"红毛"做洋服的裁缝则称为"红帮裁缝"。"红帮裁缝"以上海为中心,影响波及全国20多个城市,包括日本、新加坡等国家和中国香港、中国台湾地区。"红帮裁缝"曾是上海十里洋场的风光之一。在荣光背后,渗透着"红帮裁缝"百年积淀而成的工匠精神。黄庆发来南通考察后认为,南通是苏北名城,从20世纪初始,张謇就创办了大生纱厂,轻纺工业发达,从业人员众多,大有商机,因此决定在南通投资开设天星服装公司,将"红帮裁缝"的裁、剪、缝、烫等制作工艺以及服务完整地引进南通,提升南通的服装制作工艺水平,满足通城上层人士的穿衣需求。

1949年2月2日,人民解放军在南通钟楼插上第一面红旗,宣告南通全境解放。新中国成立后,"大来"迎来了一次飞跃式发展。1953年公私合营,天星服装公司并入"大来",大来服装店改名为大来服装厂。同时,在南通城东西南北中各个方位开设了11个服装加工制作门市部,覆盖了全市。那时的大来服装厂有150名员工,在基本满足南通人民穿衣需求的同时,也培养了一支优秀的设计、缝纫、裁剪、整烫队伍,为后期南通服装业的发展打下了较为坚实的基础。那时的南通人只要提起"大来",个个都会竖起大拇指。

尽管"大来"已渐渐老去,但这个老字号的工匠精神依旧流淌在南通人的记忆中。

工匠精神中的"大来"

拨开历史烟云,在通城街头巷尾,大来服装厂曾用一针一剪、一丝一线的精湛技艺惊艳世人。回想起那段泛黄的历史,曾多年执掌门南通大来服装有限公司的贾叙炳深深感叹：大来背后的工匠精神要想弘扬流传，必须要有一套与之匹配的"工匠制度"、一批身怀绝技的"工匠师傅"。

这是一个经典的镜头：在钟楼旁的大来服装厂，一位老师傅正细细熨烫刚制成的西装，在来回推移间，仿佛被熨平的，不光是峨冠博带，还有藏在时间缝隙里的各种褶皱。

20世纪60年代初，贾叙炳在南通中学高中部毕业后，光荣加入中国人民解放军，部队艰苦的生活，造就了他吃苦耐劳的性格。退伍回南通后，他被分配到南通友谊服装厂，曾在总务、工会等部门工作，后任副厂长，负责基建工作。不久，由于工作认真负责，他被调至大来服装厂担任厂长。

"服装，实际上也是文化产业、艺术产业。"贾叙炳眼中的一件好服装，虽是穿在表面，但体现的是一个人的内涵、文化和修养。为此，他希望以工匠精神"精雕细琢"每一件服装。在贾叙炳看来，这么多年，大来服装厂不仅传承了传统的工艺，还将传统工艺和现代技术相结合，"大来"的生存靠的就是为客人进行量身定制。

"文革"期间，大来服装厂也不可避免地受到了冲击，导致整个企业瘫痪。

1978年12月18日，瑟瑟寒风不时吹起。就在这样一个寒冷的日子，京西宾馆内举行了一场特别的会议——党的十一届三中全会。这次会议在中国历史上具有划时代意义。短短5天会期，为古老的中国锻造出一枚时代的钥匙，为中华民族打开了通往"春天"的大门。

不久，工厂恢复生产，厂长恢复名誉，"大来"恢复原名，"大来人"迎来了重生。

当时的中国，物资极度匮乏，生产力也极其低下，贾叙炳千方百计从多个渠道积极采购面料，集中全市优秀服装人才组建设计队伍，在原有款式基础上不断改进，用新颖的服式满足市民不断高涨的生活需求。贾叙炳直言："工在机，艺在人，提升产品档次关键还在于人。"服装时尚产业是创意产业，激活人的因素特别重要。当一个品牌做到一定规模后，就要把其中最有潜力的品类独立出来继续孵化。

对于大来服装厂来说，在沉与浮之际，需要依靠精益求精的工匠精神和工艺创新，书写时代变革下"大来"的现代传奇。1982年，日本青春偶像剧《血疑》，由山口百惠饰演的貌美如春日铃兰的幸子所穿的短上衣"幸子衫"是当时时髦女青年的最爱。"大来"积极组织生产了一大批幸子衫，迎合一些青年人的弄潮心理，一上市就被抢购一空。1984年，上海电影制片厂的电影《街上流行红裙子》上映，影片反映的是纺织厂女劳模与漂亮裙子之间的矛盾冲突。银幕上的"红裙子"，是中国女性从单一刻板的服装样式中解放出来，开始追求符合女性自身特点的服装色彩和样式的标志性道具。当时，上影厂的服装师将电影中风靡一时的"红裙子"的设计和制作交给了南通大来服装厂。这不是一条普通的红裙子，它立时成为时尚的标签，风靡全国，再一次向人们证明了大来服装厂的底蕴和实力，树立起了"通派服装"的旗帜。

工匠精神是对品牌和口碑的敬畏之心。"大来人"有句老话："天下三主，顶大买主。"大来服装厂在讲究技艺的同时，十分重视无微不至的服务。除了一般商人都会注意的和气生财、笑脸相迎之类生意经外，大来服装厂还有许多独到之处。例如，客人来店定做衣服，除了记住他的姓名、地址、职业等信息外，更要记住他上次定做过什么衣服。心中有了底，当你下次接待他时就可以谈及上一次定做衣服的款式、面料等，同时介绍区别于上次衣服的花色面料。这样，他一定既高兴又佩服，新的生意便可顺利成交。碰到顾客进店后突然下起雨或雪，当他起身准备离去时，你要撑开雨伞，送他上车。每逢春秋两季，店里给定做过衣服的老顾客一一发信，告知顾客现在是换季之时，新货已到，恭候他的光临。并在信封中附上面料小样，注明品质特色和流行情况。顾客收到这样周到热情的信件后，多会及时回信，或亲自来店购买。

一件衬衫、一套西服，无论模式如何改变，褪去各种华丽的营销包装后，我们终将把眼光放到产品本身的品质上来。如今，大来服装厂开始祭起工匠精神，厚积薄发的创新长跑，让"大来"的产值和营业收入在老字号传统服装行业中达到同期最高水平。

改革开放以来，中西方文化不断碰撞交融。人们的衣食住行在西风东渐下呈现出新面貌，国人的服装开始演变为轻便实用的西式服装。当时，西式服装甫入我国，并成为服饰市场上的新宠。大来服装厂凭借过硬的基本功，以西装为主体，不断扩大生产，也因此铸就了"大来"的金字招牌……

如今，大来服装厂已形成高档面料、服饰设计、服装加工等门类齐全、产业链完备的服装产业体系，正朝着争创一流的时尚服装品牌昂首前进。

突围蜕变中的"大来"

1976年10月，党中央一举粉碎"四人帮"，结束了长达10年的"文革"，中国百姓的穿衣色彩也从"绿、蓝、黄"的禁锢中解脱出来，急切呼唤精神和物质追求，传统的作坊式裁缝铺已远远跟不上社会趋势和人们的消费心理，传统的服装工业面临着新的挑战。

当时，在中国人的心目中，羊绒服装是最高档的，服装厂也以敢生产羊绒服装为最高追求。贾叙炳组建了一支精干的策划、设计、营销团队，从深圳飞到北京、从南京飞到上海、从呼和浩特飞到鄂尔多斯……风雨兼程几万里。在无数次失败、失望中，贾叙炳团队终于用真情和实力换来了上海联合毛纺公司的青睐，他们获得了上海联合毛纺公司首批出口到日本的羊绒大衣的试做机会。"大来人"

贾叙炳厂长（左一）在接待日商

抓住这一来之不易的机会，组织最强工作班子，挑选最优秀的员工。贾叙炳和厂领导成员吃住都在厂里，加班加点、保质保量，一丝不苟地完成了这个似乎不可能完成的任务。不久，几百件试做的羊绒大衣被运到上海，立即震惊了上海外贸服装界，也得到了苛刻的日商的一致好评。当这批由"大来人"设计、制作的羊绒大衣出现在日本东京、大阪的服装展销会上时，引起了轰动。日本人惊叹：这是中国人做的吗？南通在中国的哪个省？此次展销会引起了日本三贵服饰株式会社的高度关注。这是日本一家专门生产奢侈品的钻石级企业，汇集了众多著名品牌，以追求轻奢时尚潮流著称，在日本享有很高的声誉，他们一眼就相中了大来服装厂。于是，他们不动声色地通过日本领事馆对大来服装厂进行全方位的考察。

如果说大来服装厂在计划经济时代最大的贡献是满足南通人民的穿衣需求，那么，以大来为主体的摩登服装有限公司的成立则标志着当时中国女性消费者对服装时尚化、个性化的更高追求。

1991年3月，大来服装厂副厂长张明珍，凭着聪明智慧和女性直觉，准确定位女性服装时尚化、个性化的发展方向。大来服装厂的第一家中外合资企业——摩登服装有限公司应运而生。总经理张明珍带领新一代的"大来人",不走寻常路,勇闯创新路,直接挑战中高档时尚女装这一高峰,在当时江苏服装界轰动一时。张明珍更被赞誉为女中豪杰。

服装业巨大的竞争压力,没有压垮"大来人"勇敢的脊梁。张明珍坚持高端定位,不在价格上拼优势,而是以提升工艺技术和服务取胜。面对设计精、要求高、花式多、品种全、时效短、批量小的女性时装,他们勇闯禁区,用"大来人"的工匠精神,将一批批订单拿下,将一批批成衣送出,将一批批效益收获。"大来"在当时创造了江苏省服装企业人均利税第一名的佳绩,1993年荣获江苏省外商投资企业100强的光荣称号。"摩登"现象也引起了日本金融业的重视,常驻南通大饭店的日本名古屋银行还举行"'摩登'现象中日专题调研会",并在日本国内的专业期刊上予以刊发。

而就在此刻,日本三贵服饰株式会社经过多方考察,悄无声息地从东京飞到南通,向大来服装厂抛出橄榄枝,希望能合资办厂。经过无数次的艰难谈判,日本人以他们的精明、执着,终于与大来服装厂达成了合作意向。

1992年,一个春光荡漾的季节,南通三贵时装有限公司在一片锣鼓喧天声中宣告成立。贾叙炳在成立大会上向世人庄严宣告:中国只能生产中低档服装的时代结束了!中国服装工业已彻底告别了羊绒服装手工制作方式,迈进了现代化的生产行列!开业当日,中国服装协会、中国服装设计师协会纷纷发来贺电,表示南通三贵时装有限公司的成立对中国服装业界有着重大意义,祝贺中国服装生产合资企业中的一支新军诞生,祝贺南通三贵时装能为中国服装事业独树一帜。当年,南通三贵时装有限公司具备了年产羊绒时装60万件(套)的能力。时任中国纺织工业部部长吴文英、中国纺织工业协会会长杜钰洲、中国服装协会副会长于宗尧等领导多次来南通视察、参观,对南通三贵时装有限公司给予了极高的肯定和赞赏。

只有 380 人的大来服装厂，合资后走上了快速发展的轨道，连续多年利税超千万元。这样骄人的业绩，在当时的中国服装界屈指可数。1994 年，贾叙炳被授予全国纺织工业系统劳动模范光荣称号。2003 年，在中国纺织工业协会传媒中心接受中国纺织报、中国服饰报、服装时报三大媒体的集体采访时，贾叙炳厂长深情地说："我们能有今天的成绩，离不开'大来'的老字号传承；三贵公司永远流淌着"大来"的工匠精神血液。"

大来服装厂用短短 3 年的时间，发展到拥有员工 640 人，在 24 条现代化生产流水线上，创造了年产 100 万件（套）的生产规模、年创汇 1000 万美元的辉煌业绩，连续多年占据江苏服装业人均创利税的榜首。时任中国纺织工业协会会长杜钰洲率国内著名纺织服装专家前来考察时曾这样评价："如果中国的服装企业都像大来服装厂一样，那么中国服装企业一定能站在世界服装业的前列！"

结　语

一针一线之中，斑驳的"大来"记忆，如今正慢慢鲜活起来。精神已经传承百年，而在行业发展转型的新时期，这种精神又随着改革开放，实现了一次又一次的突围、蜕变，提升为一种全新的力量。

"大来"代表了服装行业中一种极致的工匠精神，这种精神能代代流传、历久弥新，不断提升中国服装的影响力。

中国不缺少有眼光和气质的"绅士"，但需要做衣人不断地去提升穿衣人的能力。"大来人"传承与坚守的，除了老字号的特色外，无疑是对工匠精神的不懈追求。令人引以为豪的"大来"服装，给这座城市烙下了足够深的印迹。这烙印烙下了"大来"创业的印迹，也烙下了这座城市升腾的希望！

雨后彩虹更美丽

——蔡建华与"美尔丽"的传奇故事

鲍冬和

  2023年7月3日下午1时许，南通市服装协会会长蔡建华偕协会副秘书长李强、刘美华一行，冒着盛暑的酷热，驱车来到位于崇川区城港路198号的南通三明时装有限公司。这家公司的前身是1989年成立的南通美尔丽制衣厂，其创办人正是蔡建华。

  漫步在宽敞整洁的厂区，目睹高大的厂房和苍翠的树木，蔡建华神情凝重，感慨万千："眼前的一砖一瓦、一草一木，都曾见证过我在这里度过的青春年华和留下的奋斗足迹。"

  他微微抬头，双目微眯，遥望着湛蓝的天空，思绪仿佛穿越时间的隧道，回到了46年前那些风雨如磐、终生难忘的峥嵘岁月……

临危受命，"养猪场"蹒跚起步

  1977年4月，年仅17岁的蔡建华在高中毕业后被分配到南通友谊服装厂，当了一名学徒工。由于工作认真细致，能够吃苦耐劳，他很快就掌握了服装生产流程中的关键技术。师傅们对这个个子不高、眉清目秀的小伙子赞誉有加。3年学徒期间，蔡建华不仅连续加了工资，而且光荣地加入了中国共产党，成为同期进厂的新工人中的佼佼者。

　　在此后的11年中，蔡建华先后在厂团总支、工会、保卫科、政工科、技术开发部、厂长办公室等岗位上，历任书记、科长、部长、主任等职务，其间还被选派到中国BF时装设计中心学习服装设计，而后借调到轻工局政工科工作一年。所到之处，这个文质彬彬、说话慢声细语、思维清晰缜密、办事沉稳干练的青年才俊都令人刮目相看，推崇备至。

　　1987年，南通市服装行业由轻工局转划到纺工局，形成了"一所三厂"（即服装研究所、友谊服装厂、大来服装厂、唐闸服装加工场）的格局，其中，唐闸服装加工场是规模最小、效益最差的一家。

　　1988年12月28日，南通市纺织工业局有关领导找到蔡建华，对他说："唐闸服装场快要撑不下去了，我们考察了很多干部，一致认为，你德才兼备，又有领导能力，决定任命你为唐闸服装加工场场长和法人代表，把加工场从倒闭的边缘拉回来，怎么样？"

　　作为一名共产党员，蔡建华在服装行业生产一线和科室管理岗位历练多年，早已自觉形成"服从命令听指挥"的党性修养。面对局领导征询的目光，他毫不犹豫地答道："行！决不辜负组织的信任和领导的期望！"

　　常言道："打铁要趁热，赶路要趁早。"第二天上午，阴雨绵绵，天色暗淡。南通市纺工局副局长王国良、政治处张主任和友谊服装厂党总支书记陆琴等，陪同蔡建华一起去位于芦泾乡闸南村二组的唐闸服装加工场报到赴任。面包车沿着一条仅有两三米宽的泥泞小路，开到一家养猪场门口，轮胎陷在凹凸不平的水坑里无法动弹，一行人只好下车步行。

　　一下车，目睹眼前的景象，蔡建华不由得瞠目结舌，倒吸了一口冷气——这哪里是加工场呀？充其量只能算个小作坊——加工场大门的门柱用红砖砌成，门口有两盏昏暗的门灯，在雨幕中朦朦胧胧地闪烁着；大门右边是六七平方米的传达室，墙上的石灰斑驳陆离，脱落的地方露出了灰红色的墙砖；大门左边是所谓"食堂"，两扇大门不规则地敞开着；为工人蒸饭的土灶，垒在室内的墙角处，以前是用来煮猪食的；厂部办公室四周的"墙壁"，是用芦苇帐搭建的，虽然简陋了些，但幸好不漏雨……

厂房是一排水泥瓦平房，裁剪、打眼、钉扣的"车间"只有几十平方米，缝纫成衣间也只有几十平方米，里面排列着十多张桌子和脚踏缝纫机，工人坐的是条凳、方凳、杌子，都是各自从家里带来的。局领导和蔡建华来到车间时，十多名工人正在兢兢业业地埋头操作。后来听说，场里为了迎接新任场长的到来，临时从别的厂家调剂了一批工作服订单来加工，以便给新场长留下一个任务充足、生产繁忙的"良好"印象。同来的陆琴书记发现蔡建华沉默不语的神情，语重心长地鼓励他："小蔡呀小蔡，穷则思变、变则通达，你可别有畏难情绪呀！"蔡建华从眼前的窘境中缓过神来，一股豪迈之气从心底升起："开弓没有回头箭。毛主席教导我们，一张白纸，没有负担，好写最新最美的文字，好画最新最美的图画。从今天起，我们就在这养猪场

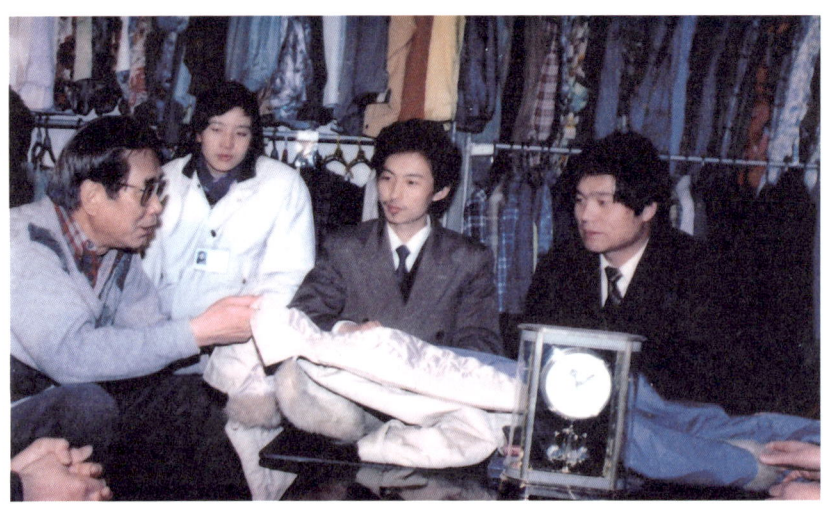

蔡建华（左三）与日本技术人员共同进行服装工艺技术分析

的基础上重新起步，创造最新最美的业绩，拥抱最新最美的明天！"这番充满诗意的表态，铿锵有力、掷地有声，现场领导和全体员工报以热烈的掌声。

说来也怪，不一会儿，雨突然停了，云开日出，一抹温暖的阳光洒在破旧不堪的"厂区"，仿佛预示着唐闸服装加工场也将阴霾转晴，迎来扭亏为盈、由衰转盛的灿烂未来。

人生能有几回搏，春花秋月莫蹉跎。自从临危受命的蔡建华走马上任后，此后的岁月，也的确是冬去春来，枝繁叶茂。唐闸服装加工场逐步从蹒跚起步，最后到跨越式发展，走上了一条充满传奇色彩的康庄大道。

重振旗鼓，"烂摊子"绝处逢生

唐闸服装加工场是原唐闸综合服务社的下属单位，由唐闸镇、天生港镇大街小巷的手工业门店组成。由于多年管理不善，不仅厂房设施破烂不堪，惨不忍睹，30多名工人已数月未发工资，还有近百名退休工人等发退休金；由于人心涣散，工场长期处于无组织、无纪律、无产品、无市场的"四无"状态；工人上下班无时间规定，有的人不请假无故旷工，有的人上班时间随心所欲，赌博喝酒；更有甚者，吃里扒外，中饱私囊……

面对这副"烂摊子"，蔡建华沉着应对，有条不紊地开展工作。首先，他召开全厂职工会议，耐心向大家分析形势，提振员工信心。他告诉大家，南通服装企业从轻工划归纺工，背靠大树好乘凉，唐闸服装加工场一定会有重整旗鼓的光明前景。接着，他着手整顿纪律，亲自起草条例，按正规企业建章立制，建立健全奖惩机制；随后，他带领员工，对场区环境和生产、生活场所进行了脱胎换骨般的清理、改造、升级；与此同时，他想方设法通过各种渠道，清理、销售库存，到处寻找订单，恢复生产，在有了一定的利润后，及时补发了员工工资和老工人的退休金。

这一套紧锣密鼓的"组合拳"打下来，职工的情绪和精神面貌有了明显改观，懒散松弛的现象不复存在，工人生产热情不断高涨。

由于原来家庭作坊式的旧厂房已不能适应日益扩大的生产需求，1989年春季，经蔡建华多次联系，市纺工局决定将原棉织五厂废弃的纺线车间调配给他们。没想到，这个废弃车间也是个千疮百孔的"烂摊子"——车间位于原唐闸三工小西隔壁，面积约3000平方米。厂房在一条只能走板车的小弄堂里，周边都是二十世纪五六十年代的低矮破旧、杂乱不堪的居民住宅。

这里的环境比原先的"养猪场"也好不了多少。站在阴暗潮湿的车间里，能通过破损的屋顶看到天上的白云。就在这杂草丛生、门窗不全的废墟上，蔡建华与工人们一起自力更生，开始了又一轮重整旗鼓的奋力拼搏。他家住市区，每天骑着车，往返20多公里上下班。他每天早上6点30分到厂，晚上几乎要到11点才下班。为了节约资金，蔡建华通过关系，带领工人从自行车厂的废铁堆里挑拣尚可利用的旧钢管，用板车运回来，打磨除锈，稍作加工，就成了坚固美观的桌椅撑脚。一天，一名老工人发现蔡建华在翻捡废铁堆时，纱布手套被磨破了，手心里都是血泡，不由得心痛地说："蔡厂长啊，你不能这样拼命啊，你看看你，来我们厂这些日子，已瘦了一圈了。"工人们对这位瘦弱的新厂长竟然有这么强大的心理承受能力和拼命三郎的精神，无不肃然起敬、心悦诚服。

就这样，在社会各界和全厂职工的共同努力下，他们克服了无数难以想象的困难，仅用一个多月时间，一座初具规模的标准厂房终于艰难落成。仓库、食堂、宿舍、办公间、制样间一应俱全。接着，他们招聘了60多名工人，大家自筹资金，每人自愿拿出800元作为押金，新建了3条生产线。蔡建华把唐闸服装加工场更名为"美尔丽制衣厂"。

  1990年秋，蔡建华从他的母厂——友谊服装厂争取到一批门临定制的外贸高档西装裤加工任务。为了保质保量，取信于客户，蔡建华制定了一系列严格的质量管理体系，确保车间里一尘不染，生产产品一丝不苟，交货期一诺千金。为了提高员工的操作技术水平，蔡建华亲自上阵，直接给员工进行示范操作，向他们讲清操作要点和手法，甚至连以什么为基点、如何控制缝纫机压力、压脚的运用等细节，都一一传授，耐心讲解。当他们踏着三轮车把第一批西装裤成品送到友谊服装厂时，厂方质检人员和市民客商几乎不敢相信，如此精良的产品竟然出自一家名不见经传的集体所有制企业。随后，长江公司、时装公司、服装研究所和大来服装厂也源源不断地把出口日本的服装订单放心地交给蔡建华，就连当时隶属于省五矿进出口公司的南通金通公司、苏通纺（江苏南通纺织品进出口集团股份公司）、轻工外贸等，也与蔡建华建立了牢固的合作关系。短短一年多的时间，唐闸服装加工场不仅卖完了以前库存的棉衣，还清了30万元的银行贷款，而且开始有了资金积累，工厂终于走出了长期亏损的困境。

  至此，原来的两个"烂摊子"绝处逢生，转危为安，奏响了昂首奋进的主旋律。

横空出世，"美尔丽"异军突起

  在与多家出口服装单位合作过程中，蔡建华诚实守信的个人声誉与卓尔不群的管理能力，也引起了日本客商的关注。日本兼松株式会社有关人员亲自到唐闸实地考察，对这家名为"美尔丽"的小工厂，竟然具有非同寻常的精细化规范管理模式，表达了不可思议和赞叹，当场决定与蔡建华直接联手下单。1992年10月，南通美尔丽制衣厂在震天的鞭炮声中正式挂牌。

32岁的蔡建华在"美尔丽"乔迁仪式上致辞

当时,正值南通经编厂因市场竞争激烈,生产难以为继。1992年春,经纺工局批准,"美尔丽"整体搬迁至城港路198号的经编厂,同时以优厚的待遇接收了该厂80名职工。至此,"美尔丽"员工增加至500多人。在"美尔丽"城港路新厂扩建装修期间,蔡建华又成立了合资公司——南通东丽时装有限公司,并与日本蝶理株式会社谈成了"三来一补"合作项目,引进日本重机公司最先进的带电脑全套缝制流水线设备,为"美尔丽"后来近30年的发展壮大发挥了巨大的作用。

栉风沐雨现彩虹,历尽艰辛更美丽。"美尔丽"的横空出世,无疑为当时的南通服装行业增添了一道亮丽的风景线。1992年年底,市纺工局召开全市纺工系统干部大会,蔡建华应邀在会上作了一个半小时的发言,介绍"小厂志气大"的先进经验,到场的200多名党政干部全神贯注、洗耳恭听,报以长时间的热烈掌声。一时间,蔡建华成为南通服装界人尽皆知的风云人物。

踌躇满志的蔡建华,此时已经不满足于做别人的二手单,而是开始向拥有自主进出口权的外贸企业进军。当时,企业做外贸必须具备国家外贸部门颁发的许可证,而要获得这张"许可证",需要迈过很高的"门槛"。企业规模、管理水平、生产设备、员工素质、产品质量、产值利润等一系列令人眼花缭乱的资质考核，都必须经得起严苛的检验。蔡建华凭着坚韧不拔的精神力量和高超精准的协调能力，一路攻坚克难、披荆斩棘，使"美尔丽"最终如愿以偿地跨进了外贸企业的行列，成为南通服装行业异军突起的一匹"黑马"。

有了外贸进出口权的"美尔丽"，如虎添翼，实力骤增。南通市商检局、苏通纺、服装协会先后3次，在事先不通知的情况下，对"美尔丽"进行了突击检查，随机抽样3次全部获得100分的最高评价。《南通日报》及时予以报道，使"美尔丽"名声大振，公司形象如日中天，各方订单源源不断、接踵而至，工厂满负荷运转，各项经济指标直线上升。

这时的蔡建华，真可谓"春风得意马蹄疾，一日看尽长安花"。然而，蔡建华并没有安于现状、故步自封，而是不断开拓，勇往直前。他的愿景是要把"美尔丽"打造成南通服装界的"旗舰"企业，乘风破浪、扬帆远航。

在唐闸服装加工场嬗变为"美尔丽"的过程中，日本客商被蔡建华温文尔雅的儒商气质所吸引，对他踏实严谨的工作风格深表钦佩。1992年春季的一天，西日本贸易株式会社聘任的上海办事处主任陈炜辉给蔡建华打来电话，表达了希望与他合作办厂的意向。蔡建华喜出望外，立即买了两张四等舱的船票，与公司副总经理顾萍一起，乘坐当天晚上10点的轮船赶赴上海。翌日凌晨4点多，船到上海十六铺码头时，天还没有亮。他们马不停蹄，打的士直奔虹桥机场宾馆，在大厅里等候日方代表。清晨7点多，当西日本贸易株式会社的后等部长见到通宵达旦的蔡建华和顾萍时，莫不肃然动容，感动不已。双方只攀谈了个把小时，便商定签署了长达15年的合作方案。后等部长当场承诺："你们回去抓紧办理有关手续，需要多少钱，我们马上汇过来。公司名称也由蔡先生确定。"

蔡建华回南通后，仅用了一个星期，便成功注册成立了中日合资华都服装有限公司。原有的厂房已经不够用了，于是他又征地近1万平方米，建起了合资配套的生产、生活用房，至1994年春，厂区面积达3万平方米，厂房面积2万平方米，职工人数近千人，产值突破亿元人民币大关。南通苏通纺、轻工外贸、金通公司、纯阳公司、江海公司、时装公司、友谊服装、长江公司等都与"美尔丽"建立了牢固的关系。国外客户则拓展到日本东京、大阪、名古屋以及韩国汉城等，十多家外协加工厂遍及南通县、海安县、如皋县和港闸郊区，产品百分之百出口日本。从此，"美尔丽"、"华都"和"东丽"犹如并驾齐驱的"三驾马车"，纵横驰骋在广袤的江海平原上。蔡建华则犹如一匹气宇轩昂、卓然而立的"千里马"，引领着"三驾马车"，意气风发、一往无前，成为南通服装行业再一次续写传奇故事的辉煌篇章。

1994年2月的一天，离春节没有几天了。这天下午，蔡建华突然接到纺工局一纸调令，由"美尔丽"调至市服装公司担任副总经理。

在这6年多的岁月中，蔡建华把炽热的青春与卓越的才华倾注在时代的洪流之中，演绎了"美尔丽"波澜跌宕的传奇故事，摹画了"美尔丽"浓墨重彩的"霓裳春秋"，也成为蔡建华人生旅途中刻骨铭心的璀璨印记。

人生能有几回搏，不畏浮云遮望眼。此后不久，与他长期合作、对他钦佩有加的日本客商，向他伸出了橄榄枝，诚邀他合资成立一家新的服装企业——"天一服装"。天一者，既有"天下纷争，九九归一"之意，亦有"天道酬勤，天人合一"之谓也。前者是历史规律，后者则是人生哲理。

是金子，总会发光；是骏马，总要奔腾。在接下来的岁月里，蔡建华踌躇满志，信心满满。他要把毕生的"服装情结"发挥得淋漓尽致，尽善尽美，一直到天荒地老，鞠躬尽瘁……

我的服装情与缘

——南通服装研究所所长杨忠泉小记

梁天明 张炳炎

1912年,著名爱国实业家、教育家张謇先生在南通创办了南通纺织染传习所,次年定名为私立南通纺织专门学校。这所我国最早的纺织高校,曾先后经历了南通大学纺织科、南通学院纺织科等历史时期,至1952年在全国高校院校调整中迁往上海,和另外17所院校共同组建华东纺织工学院,即以后的中国纺织大学、现今的东华大学。

南通学院纺织科迁往上海后,为了延续南通的纺织教育事业,1957年,由张謇先生创办的原大生一厂、大生二厂、大生三厂等纺织企业联合在原址复办南通纺织企业纺织专科学校,1979年更名为江苏省南通纺织工业学校,简称南通纺校,隶属于江苏省纺织工业厅。

秋天,校园充满了梦幻。树上的叶子变黄了,一阵秋风吹来,片片黄叶像是一只只金黄色的蝴蝶翩翩起舞,原本嫩绿的小草也渐渐变成枯黄了,此时的校园仿佛进入了金色的世界,真漂亮!校园里,处处可以听到同学们的欢声笑语。操场上、走廊内、教室外到处可以看到同学们的身影,他们有的在一起讨论问题,有的在一起窃窃私语,有的在一起开心地玩耍。

此时,一个中年人精神焕发地走在校园里,腋下夹着一叠讲义,和同学们打着招呼,同学们恭恭敬敬地向他鞠躬:"杨老师好!"

他叫杨忠泉，南通服装研究所所长，自1985年开始，被南通纺校聘为兼职教授。在兼职的两年多时间里，他为学校开办了工艺美术服装班。今天，他要为同学们讲授服装设计和裁剪工艺等课程，而所有教材都是他自己编写的。此后，南通纺校根据他的建议，设置了"服装设计系"，以培养一大批具有服装设计与时装流行预测、服装美学与心理学、服装形象设计等方面的高技能中专人才。

学必期于用

"我今天想和同学们讲一讲南通服装研究所的故事，不知同学们是否感兴趣？这是我工作的地方，也是我为之付出心血最多的事业，这里有许许多多令人感慨、令人感动的故事……说到南通服装研究所，就不能不提南通服装界的老前辈，也是我的好兄弟张敏华……"杨忠泉以清晰的思路、流畅的语言，开始了他在南通纺校阶梯教室的讲课，近百名学生认真听课，记着笔记。

张敏华出生在浙江宁波。宁波是我国近代最早进行对外贸易的港口城市之一。早在18世纪末，宁波人以"三刀"（剪刀、菜刀、剃头刀）为主体的服务性行业，已涉足上海等江南地区。清嘉庆年间，鄞县人张尚义，学习裁缝手艺以糊口，他看到不少俄国渔民和荷兰客商都穿西装，就趁补衣之机，将洋人的西装拆开，做成样板，学习裁制，渐渐熟能生巧，成为制作西服的高手，于是创立了"同义昌西服店"。张尚义和许多裁缝师一起为外国人裁剪衣服，他的生意越做越大，"红帮裁缝"就此兴起。

"红帮裁缝"是中国近代服装史的主体，它有着漫长的历史轨迹，在中国服装史上创造了多个第一：中国第一套西装、中国第一套中山装、中国第一家西服店、中国第一部西服理论专著、中国第一所西服工艺学校。张敏华就是正宗的"红帮裁缝"出身，来南通从事服装事业几十年。

张敏华有着宁波人的敏锐眼光和经营头脑，更有着对服装的无限热爱。于是，他极力推动，四处游说，建议成立南通服装研究所。在他的力荐下，南通服装界顶级裁缝杨忠泉出任所长。

一石激起千层浪。南通要成立服装研究所的消息立即在南通服装界引起了巨大震动。

那时，全国正在开展"实践是检验真理的唯一标准"的大讨论，确定了解放思想、实事求是的方针。杨忠泉读着三中全会公报中的这些内容，很是激动。是啊，创办南通服装研究所，正是我们以实事求是为核心办的一件好事，但要想办好也绝非轻而易举。此时此刻，他又回想起他的服装生涯。南通解放后，人民政府将分散在全市的小裁缝店合并为城中、城西、城南、城东4家服装社。杨忠泉起初就是在南巷子的城东服装社当学徒。学徒满师后，他被分配到南通市友谊服装厂任职。他是友谊服装厂的技术骨干，技术精湛，通过夜校学的服装裁剪理论水平也很高，加之张敏华与他日夜工作、生活都在一起，他们探讨服装、探讨人生，生活充满了无限的情趣。

不久，江苏省轻工业厅到南通举办了一期服装培训班，培训班地点就在友谊服装厂。当时学员有50名，省里点名邀请杨忠泉任教员，传授服装裁剪技术。

杨忠泉从来没有讲过课，手头也没有教学资料，真是巧妇难为无米之炊。杨忠泉接到任务后，白天泡在职工当中，听取他们的意见和建议，寻找灵感；夜晚就在那盏昏暗的灯下奋笔疾书。不久，十多万字内容丰富、图文并茂的《服装裁剪技术》完成了初稿。当他拿给好兄弟张敏华看时，张敏华一下拍在杨忠泉的肩膀上："好！好！这部教材有层次性，又有独特性！好啊！"当培训班开班时，50名学员每个人都拿到了一本散发着油墨香的《服装裁剪技术》。培训班举办得十分成功，杨忠泉课讲得非常精彩，省厅领导也非常满意。

不久，省轻工业厅又在南通创办了两期培训班，每次都点名要杨忠泉去授课。

省里的几期培训班，使成立服装研究所的事被搁置了几个月。此时，南通市轻工业局局长管汉邦和张敏华心急如焚，商定立即启动成立南通服装研究所。于是，经过短时间的筹备，1983 年年底，南通服装研究所正式成立了，杨忠泉任所长。

杨忠泉离开了他心爱的友谊服装厂。临走那天，全厂工人聚集在厂大门口，欢送他们崇敬的杨师傅。厂长杨忠山紧握他的手，动情地说："杨师傅，有空就回家看看，别忘记我们友谊服装厂呀！"杨忠泉热泪盈眶，久久不愿离去……

十月的秋风吹得人们浑身爽快。杨忠泉正式走马上任了，可是，他两手空空，甚至连会计和公章都没有，他只是光棍司令一个人。轻工业局拨款 5 万元作为开办经费。他立即到市计划经济委员会、市工商行政管理局申办批文和办理营业执照、税务登记等一系列繁琐手续。市劳动局没有职工编制，他便到周边农村招了一批农民工，并要求他们自带缝纫机，每月付一块钱作为折旧费。心诚则灵，招工启事发出后，周边农村几百名青年日夜排队、踊跃报名。杨忠泉到招工现场一看：清一色的漂亮女青年！不到一天时间，30 多名高素质的女青年全部到位。站在这批既亮丽又质朴的农村女青年面前，杨忠泉发表了一通激情昂扬的"演讲"："我们服装研究所的未来就靠你们了，年轻人永远是最敏锐、最勇敢的。正如鲁迅先生所说的：'青年应当有朝气，敢作为。'我要求你们一要求真务实，将责任担在肩上，脚踏实地、任劳任怨；二要目光远大，做事先做人，眼界决定境界，站得高才能看得远，看得远才能做得好；三要开拓进取，你们青年人最富有朝气，最富有创造性，最富有开拓性；四要夯实基础，将学习进行到底。万丈高楼平地起，打铁必须自身硬。责任也好，热情也好，创新也好，如果没有坚实的基础作支撑，无疑是无源之水、无本之木……"这是富有魅力又有感染力的"演讲",女青年们发出了阵阵雷鸣般的掌声,她们红扑扑的脸上都闪着泪花。

从此,这批女青年跟着杨忠泉没日没夜地工作,让南通服装研究所名声大振。

后来,人们笑着说:"杨所长幸福啊,整天生活在鲜花丛中。"

用必适于地

"今天,我要将张謇'学必期于用,用必适于地'送给同学们,这是张謇的职教思想,也是我们学校的校训。当然,张謇的这十个字是我这辈子的座右铭,我们服装研究所这些年每前进一步也都是按照它去做的……"杨忠泉在南通纺校讲的课总是深入浅出,能给学生们以极大的启示,深受学生的欢迎。

就这样,杨忠泉带着南通服装研究所招来的一批新职工白手起家,开始了艰苦卓绝的创业。没有厂房,杨忠泉想办法借用了南通市塑料六厂(制箱厂)的一间闲置车间。服装研究所便开始了服装设计、生产。他带领新职工到友谊服装厂现场学习制作西装的工艺。杨忠泉根据自己多年的缝纫经验,给新职工上课。西服制作,先量体,再选择面料,然后划样、裁剪、缝纫、扎壳。先出毛壳,请顾客试穿,成为光壳后,再次试穿。有的需要几次试样,试一次,修改一次,边试边改,直到顾客满意为止。最后进入整烫、锁眼、钉扣。西服从衣片上打线钉标志算起,到成衣,整个工序多达130余道。这些工序中的缝纫,除直向缝合用缝纫机外,其余都得用手工缝制,还要善于服务身材异常的顾客,如斜肩、驼背、将军肚、体偏瘦等,采取各种缝纫方法,使之穿上西服后,能掩盖缺陷。西装的缝制最能体现一个裁缝的水平。经过几个月的培训和实践操作,这批新职工生产的西装质量已经超过友谊服装厂了,和大来服装厂不相上下,服装研究所赚到了第一桶金。

后来，南通服装研究所计划扩大生产，但苦于没有自己的厂房，真是令杨忠泉伤透了脑筋。他到处借厂房，先在人民路借到一间仓库，又在小码头借到一处民房。后来，盐仓坝的南通制帽厂将厂房卖给了服装研究所，他们才开始有了立足之地。

充满追求的人生，是富足的人生。杨忠泉最喜欢的就是追求——追求事业、追求奋斗。位于西藏拉萨民族路的拉萨饭店是当年西藏最高档的四星级旅游涉外饭店、国务院43项援藏工程之一，由南通四建集团有限公司援建，是南通建筑史上第一个"鲁班奖"工程。当年南通工艺美术研究所正在拉萨饭店绘制壁画，杨忠泉在得知消息后，立即飞赴拉萨，找到南通市援藏办公室，软磨硬泡，终于拿到了拉萨饭店员工30万元的西服加工订单。这笔制作费为服装研究所奠定了建新厂的经济基础。

杨忠泉带领职工苦干两年，终于搬进了新址。服装研究所新建了两个车间，购置了50台现代化的电动缝纫机，使生产效率大大提升；替换了新设备，增加了员工，生产的仿毛西装在市场上畅销，取得了很好的经济效益。一次，杨忠泉在百货大楼看到有顾客在抢购混纺黏合雪花呢大衣，他敏锐地意识到这是一个新的市场增长点。雪花呢是用内蒙古羊毛和棉花打碎混纺染色的呢绒，制作的大衣十分流行，于是他立即组织生产。

1984年，在北京农展馆，全国规模最大的"全国服装展销会"隆重举行。杨忠泉任江苏省代表团副团长。以往，南通组团参加展销会只能展示新产品，赚不到钱，花钱买吆喝。杨忠泉带团去参展，带去了他们的新产品——中长款西服和雪花呢大衣，在展销会上引起轰动，市场十分畅销，为江苏服装成功亮相北京展销会作出了重大贡献。为了开拓北京新市场，展销会后，他们在西单、王府井、大栅栏这三大北京著名的商业街区成立了3家展销专卖店，专售中长款西装和雪花呢大衣，深受北京市民的喜爱，为服装研究所赚得不少利润。经过打拼，南通服装研究所在北京也小有名气了。

为适应市场的需求，追求新技术、新设备，南通服装研究所又购买了日本制造的最先进的服装设计打样CAD机，生产、销售两兴旺。当时，服装研究所职工已达200多人，年产值近千万元。那年月由于开始实行改革开放政策，经济迅速发展，出国交流人员增多，服装研究所适时增加了定制出国人员制服、礼服、婚服的业务，在南通服装界影响很大。

在开展服装业务的过程中，杨忠泉廉洁正派，他最痛恨吃吃喝喝、拉扯关系。短短几年，服装研究所成长之迅猛、效益增长之快速，令业内同行刮目相看。在此期间，服装研究所还协助援建了金路制衣厂，从厂房设计、购置设备直到投入生产。该厂生产出口睡衣和浴衣，职工人数达千人，成为南通市具有相当规模的制衣厂，名噪一时。他又马不停蹄地到无锡、苏州等地参观学习，到广州、深圳学习海关报关等外贸知识。正是杨忠泉这位果敢、锐气的领路人，引领着服装研究所的工作不断迈向深入。扩大生产，征地建房，是他的又一个大计划。于是，他筹借了50万元，购置了一块较便宜的土地。不到一年，一幢11层的新服装研究所大楼落成了，全体职工像过年一样，喜气洋洋地搬进了"新家"。后来，工厂又增添了一批现代化的裁剪、缝纫新设备，当年的产值已达到1000余万元，服装质量也有了大幅提高。服装研究所先后荣获中国服装协会"服装设计奖"4个、江苏省纺织工业厅"女子服装设计"一等奖两个，以及其他各类奖项6个。杨忠泉也被评为南通市"先进工作者"称号，连续三届当选南通市政协委员。

1992年年底，杨忠泉被调往苏通纺任职，他饱含热泪地离开了工作了十年的南通服装研究所。离开的那天，职工们一起来到杨忠泉的办公室门口，依依不舍地和他握手告别，个个哭得像泪人。

短短十年，杨忠泉为南通服装研究所的兴盛作出了重大贡献。

结　语

十年风雨磨砺，十年铸就华章。

"我干了一辈子服装，我对服装有深深的感情，这也是我与服装的缘分啊！"杨忠泉感叹道。

南通服装研究所是南通市许许多多服装制造厂的缩影，也是改革开放给这个时代创造的一个高光时刻。

杨忠泉今年已78岁，儿孙满堂，颐养天年。退休后，他迷上了摄影艺术，在老年大学摄影班，杨忠泉是学习最认真的一名"小学生"。他和同班同学开玩笑说："做服装我是老师傅，搞摄影我可是小学生。服装是我的第一事业，摄影是我的第二事业！"这几年，他携老伴一起赴英国和国内许多著名景区创作了大量风光摄影佳作，并加入了南通市老年摄影协会，多次参加全市的老年摄影展。

如今，杨忠泉把摄影作为一项非常有意义的事业，不但了解了摄影的基本知识和技术，还提升了自己的艺术素养，使晚年的生活变得异常缤纷。

曲折坎坷大担当

——南通市服装工业公司回望

梁天明

2008年，农历戊子鼠年。这一年，中国发生了许多大事：雪灾、汶川大地震、奥运会、"神舟七号"成功发射……一件件大事让中国在全世界面前一次次"火"起来。

"金木水火土"，"火"是五行之一，被尊为火神，可见人类对火充满敬仰之意。火是人类生活中不可缺少的东西。但，物极必反。火，在带给人类光和热的同时，也带给人类诸多的痛苦与灾难。

隆冬，刺耳的警笛声划破夜空，8辆消防车风驰电掣地冲进位于开发区的南通长江服装公司，这家服装公司正被大火无情地肆虐着！罪恶的大火将厂区大楼变成了只有红色和黑色的火海。几百名职工从四面八方赶到厂区，男人们和消防员一起奋力救火，女人们的哭喊声在深夜里听起来更加凄惨。几个小时后，整个厂区被化为灰烬，幸福和希望，在这场火灾中被毁灭。

天蒙蒙亮，南通市服装工业公司总经理刘永安和所有人一样，拖着疲惫的身躯，默默地看着冒着缕缕青烟、已经倒塌的楼房，流下了悲痛的眼泪。任何语言都无法表达这个坚强刚硬的汉子此时此刻的心情……

鼠年不利。南通市服装工业公司在这场大火中走向衰败，从此一蹶不振。

人生在这里拐了个弯

时间回溯到 1990 年，农历庚午马年。"马"象征耐力、雄健、力量与速度，"马到成功"寓意着成功、积极向上、拼搏进取、奔腾奋发。

新年刚过，南通市纺织工业局主管服装生产的副局长朱萍用一个电话将 48 岁的刘永安召到局长办公室。

刚走进办公室，朱萍副局长就神色凝重地迎上去说："根据局党组的决定，要给你压担子！让你去更大的舞台上发挥才能。"当刘永安听完朱萍的话后，他神情坚定地握住领导的手，一份沉甸甸的责任感，沉重千钧："请领导放心，服装公司作为国有企业，代表的是国家利益。我有这份责任和担当，保证完成任务，对得起国家，对得起工人，对得起未来！"

1987 年的中国，整体还是属于计划经济范畴，改革开放仍处于萌芽状态。当时，吃饭要粮票、吃肉要肉票、吃豆腐还要豆腐票……办服装厂也要布票，这让服装厂的经营更加"雪上加霜"。在这样困难的情况下，新成立的服装工业公司对南通服装工业的发展作出了很大的努力。

当时的服装工业公司领导班子内部因为生产、原料、用工等各方面意见不合，经常到纺工局找领导反映问题。班子成员之间的矛盾和工作状态，严重影响了服装工业公司的发展，成立 3 年来，发展步子较慢，导致南通的服装工业发展滞后。

改革不能停滞，发展更不能停滞。这才有了刘永安的临危受命。

刘永安，1942 年出生在南通一个普通的工人家庭，中学毕业后被分配到南通印染厂，当上了一名电工，27 岁加入中国共产党。他

48岁的刘永安，从印染厂空降到服装公司。图为他在缝纫设备展销会现场

由电工班班长升为车间主任、设备科长、科研室主任兼厂革委会副主任，然后到印染厂的劳动服务公司任总经理，每年为印染厂创收数百万元。可以说，印染厂的所有岗位他几乎都做了一遍。他熟知生产的全过程，与人和谐可亲，无论是领导还是职工，一提起他，都会竖起大拇指。

今天，刘永安又站在新的起点上，对于他来说，这是富有魅力的挑战。从此，他的人生在这里拐了个弯。

乾坤重任，舍我其谁！刘永安接任南通市服装工业公司法人代表、总经理职务后，整个公司就像早晨八九点钟的太阳，充满着喷薄、升腾的活力，全体职工心头涌起同一个誓言：一定不辱使命，把南通服装工业做好！

48岁，是人生最美好的时光，也是精力最旺盛、最年富力强的时候。但刘永安从来没有接触过服装，是服装行业的门外汉。纺工局选他当南通市服装工业公司总经理，好像在资历上"嫩"了点儿。

"嫩"的主要标志是年轻而不是资历。在朱萍眼里，刘永安并不年轻，而且资历深厚，这么多年的历练和好学精神，足以积学而有待，其势可畏。

按中国人的传统观念，当一个具有千年历史"纺织之乡"的服装工业公司总经理，没有一定的能耐是绝对不行的。南通的纺织业也算历史悠久：从张謇时代算起，就有百余年的历史，和中国近代民族工商业的历史差不多。老有老的难处：老问题、老矛盾、老的"死结"、老的漩涡……

刘永安挑起了重担，他要在服装这个大舞台上发挥才能，展翅飞翔。1990年3月，刘永安代表公司与市纺工局签下"军令状"：一年内扭亏，两年内盈利！

刘永安（右一）在合资企业签约仪式上

所有人，包括家人、朋友、公司其他领导和全体职工都为他捏了一把汗。只有纺工局副局长朱萍对他信心满满："等你完成目标，我一定要为你摆上庆功宴，让你一醉方休。"

刘永安的酒量也是惊人的。

事业在这里达到顶峰

也许要说得更远一些，那是洪荒时代的故事了，燧人氏的祖先吃上了热食，有巢氏让我们的祖先离开了洞穴，人开始由两条腿走路了，于是乎，便解决了生计上的三个问题：食、住、行。我们总觉得还少点儿什么，那便是衣了。要保暖，要遮羞，要悦目迷人的美丽，不都是要穿衣的吗？于是中华民族拥有了人类文明的一大财富——纺织。多少年来，人们守着嫘祖传授的技术，把麻、棉、丝织成布、绸缎，制成衣。手工精制，设备陈旧简陋，工艺落后。当工业革命的浪潮席卷欧洲，飞梭旋转的时候，中国还一直因循着男耕女织。

壮志未酬的刘永安上任后，跑遍了全市大大小小的服装厂和裁缝店，在缝纫机声中萌发了一定要让南通服装业辉煌起来的念头。

他一定要喝上领导为他准备的那杯庆功酒，而且要一醉方休！

凡有血气，皆有争心。市场即战场，要想对错综复杂的服装市场运筹帷幄，则需要有军事家的谋略和气度。

在刘永安的办公室里，巨幅的中国地图和世界地图非常醒目。他就像军事家一样，只有面对强手如林的环境，方能显出英雄本色。他带领着公司所有人，从上任的第一天开始，利用纺工局投资的20万元资金，开始了创业和奋斗。1991年，南通市服装协会改选，他光荣地当选新一任会长。

振兴中国服装工业，出口创汇是突破口。

外贸服装生产中矛盾很多。生产外贸服装必须有生产许可证和出口许可证。于是，刘永安请市质检局给全市服装行业从业人员培训，考核合格后发证。由南通市服装协会牵头，负责为六县一市的纺织服装厂培训技术人员，每月统计数据上报给省服装协会和中国服装协会。他多次组织企业外出学习，肩负着服装面料国产化的重任。他每年还组织人员到苏州、西安等地参加服装展销会，扩大眼界，学习外地经验。

就在刘永安的事业如火如荼的时候，1991年，纺工局在南通国际大厦召开南通市纺织服装工业会议。会上，时任南通市委书记陈根兴号召学习江南经验："常熟服装城是全国最早的商品交易市场之一，从马路市场到被誉为服装之都，常熟服装城的发展是全面深化改革、加快产业转型的丰硕成果，更是发挥市场在资源配置中的决定性作用的一个缩影。"

陈根兴全新阐述着"以商兴市"战略新内涵，让刘永安深受启发。时任南通市纺工局局长张克诚对南通市服装工业公司下达硬指示：两年内，南通创办一个纺织服装招商市场、一家纺织服装研究所、20家服装厂，要求每个乡都要办一家服装厂。

坐在会场第一排的刘永安热血沸腾。军令如山！作为共产党员，党指向哪里，咱就打到哪里。困难再多、道路再曲折，也要有大担当、大作为。

从此，人民西路188号，南通市服装工业公司总经理办公室的灯光时常彻夜通明……

接下来，刘永安马不停蹄，上北京、下杭州，拜会中国服装协会领导，咨询全国顶级的服装公司。经过无数次的咨询和论证，一个发展模式在他脑海中成熟起来……

1992年3月8日，春光明媚，人贺丰年，民乐雍熙。位于人民西路的南通市纺织服装招商市场隆重开业。这个招商市场的位置绝佳，位于南通当时最高档的天南大酒店对面，又在人声鼎沸的南通汽车站旁。占地1万平方米的简易钢结构店铺，汇集了南通上百家服装商家的万件产品，集服装展示、仓储物流、餐饮休闲、商务办公等于一体。开业当天，人山人海，全城欢庆，盛况空前。时任南通市市长徐燕和中国服装协会会长于宗尧，踏着百米长的红地毯为招商市场剪彩。瞬间，彩带飞舞，鞭炮齐鸣。从此，这个招商市场万商云集，财富涌动，成为"扬子第一窗口"的重要商贾市场，一直延续到21世纪。

不到一年，刘永安就完成了市委、市政府下达的硬任务——一家纺织服装研究所、20家服装厂顺利开业。这样的"大跃进"只有在中国的优越体制下，集中力量才能办成。

短短几年，南通市服装工业公司创办了3家中外合资企业——中日合资长江服装公司、中日合资华佑制衣公司、中日合资华特友诚服饰有限公司，3家内联企业——华特制衣三厂、华光服饰公司、华丽蒙制衣厂，加上配套的15个流通企业和部门，形成了以总公司为龙头，以生产实体为主体，以流通企业为纽带的融设计、制作、生产、销售、贸易、咨询服务为一体的经营体系。企业拥有在职职工1218人，各种电脑绣花、缝纫设备1800台（套），年生产能力200多万件（套），主要生产睡衣、套装、女式时装、衬衫及各种服装，以贴牌加工为主，产品销往日本、韩国、美国、欧洲等国家和中国香港地区。公司销售总额达7278万元，创汇590万美元，实现利税353万元，形成了初具规模的国有综合型中型企业。其中，中日合资长江服装公司、中日合资华佑制衣公司成为南通市重点服装企业。

刘永安被江苏省服装总公司和江苏省服装协会评为"优秀企业家"、南通市纺工系统"生产标兵"，并当选中国服装协会理事、江苏省服装协会副会长……一系列荣誉是对他工作的充分肯定。

他的事业在这里达到顶峰。

1995年1月28日，农历乙亥年腊月廿八，年终"尾牙"。这天，刘永安要好好犒劳和他一起辛勤劳作了一年的职工们。此时的朱萍已荣升为纺工局局长，她没有忘记5年前的承诺，为刘永安斟了满满一大杯酒。刘永安接过这杯庆功酒，再一次想起朱萍第一次找他谈话的情形，仿佛看到领导对他的信任和今后的期盼。一切尽在不言中，他将这杯酒一饮而尽。

这一夜，他一桌一桌地敬酒，一人一人地嘱咐……

这一夜，他喝了很多很多酒，但没有醉。

公司在这里跌入低谷

中国的改革开放大潮，必定要冲击作为计划经济产物的南通市服装工业公司。此时，国内棉花价格全面放开，由原来的统购统销变成市场调控，棉花价格上扬，服装企业不景气，服装工业公司效益也一落千丈，刘永安尽自己最大努力维持生产。

从1995年下半年开始，由于受服装市场疲软等因素影响，公司经济效益出现大滑坡，1997年，市委、市政府毅然决定关、停、并、转服装工业公司下属的10家生产实体，除中日合资长江服装公司、中日合资华佑制衣公司外，华丽蒙制衣厂、华光服饰公司实行关闭，华盛服装公司、中日合资华特友诚服饰公司停止生产，将设备、厂房租赁给外单位。

这天深夜，刘永安完成了这些服装公司的关、停、并、转，跟跟跄跄地回到家里。这些都是他的心血啊，短短几年时间，他一手创办的服装厂由兴旺到关闭，就这样没了？他仿佛又一次在人生的苦海里挣扎，茫茫然，迷失了方向，无奈、痛苦。他一个人坐在客厅，喝着闷酒，一杯酒还没喝完，他就酩酊大醉了。

2002年，又一波改制大潮袭来。改制是体制和经营方式的重大转变，这一过程，往往牵涉人员调整、变动，部分职工因此被解除劳动合同，进行安置分流。市政府下发了通政复〔2002〕1号文件，要求南通市服装工业公司实行"公有资本整体退出并实行人资分离"的改革。对于这样的改制，职工关注度高、社会影响面大、程序较为复杂。因此，如何平稳推进职工安置分流？如何保持人员队伍稳定？这也是这次企业改制成败的关键，将直接影响整个社会的稳定。刘永安多次召开职工大会，听取大家的意见，制定详细的职工安置分流方案，经过民主协商、报批备案和付诸实施几个阶段，顺利推进改制工作。最后，刘永安等5人以158.88万元中标，受让市人民西路188号的813.8平方米土地使用权和准备用于建设生产综合楼的2965.1平方米土地使用权，并接受原南通市服装工业公司所有债权及债务，负责原公司在职职工的人资分离。

年关将至，刘永安深知下岗工人的困境，企业改制的阵痛不该由工人来承受。他一家一户走访慰问，送上年货，嘘寒问暖。在整个改制过程中，没有出现一例工人上访事件，改制平稳成功。

2008年隆冬，南通长江服装公司的那场大火，是插进刘永安心头的又一把尖刀。他和几百名职工默默地站在冒着缕缕青烟、已经倒塌的楼房前，心在流血，泪都已经流光了。人们以为，这个坚强刚硬的汉子此时此刻就要倒下了……

但他没有倒下，仍然坚强不屈地站立着，因为那几百名职工还需要他。经多方努力，公司拿到了300多万元的赔偿款。300万元，一沓沓钞票堆在职工面前，刘永安对他们说出了一段感人肺腑的话："兄弟姐妹们，这家服装厂是我和大家一起用血汗奋斗拼搏换来的，却被一把大火给毁了，我和你们一样，欲哭无泪啊！但生活还要继续，妻儿老小还要我们养活，公公婆婆也需要我们照料。因此我们要振作起来。在这里倒下了，在其他地方爬起来！这300万元赔偿款我一分钱都不要，全部分给大家，大家不要嫌少，拿回去养家糊口吧！从此，我们天各一方，后会有期……"还没说完，他已哽咽了，男人们也开始抽泣,女人们更是泪流满面。

南通市服装工业公司从此跌入低谷。

无论何时何地,无论多么曲折坎坷,刘永安总以大担当的大情怀,为职工解难,为国家分忧!作为一位名副其实的企业家,刘永安创造了可观的业绩,脚印过处留下了一串串坚实的硕果。

结 语

改制 20 年来,"南通市服装工业公司"的牌子从未卸下来,仍然挂在南通市崇川区豆洲路 36 号。

82 岁的刘永安,今年显得更加精力充沛、神采奕奕、精神矍铄、充满活力,党组织刚刚为他颁发了"光荣在党 50 年"纪念章。

他每天都要到公司办公楼里坐一坐,和老哥们聊一聊,中午还要喝一杯,非常开心。如今,他已儿孙满堂,颐养天年。但服装工业公司是他一生的努力、一生的拼搏,这里凝聚了他的荣誉,记录了他的经历。所以,他每天都要在这块牌子前站一站。此时此刻,他又想起那艰难创业中经历过的一切;想起那些勤劳忠厚的职工们;想起那些关心过他、注视着他的领导;想起那缝纫机轰鸣的车间和一件件成衣……

产业扶贫谱华章
——记江苏鑫缘茧丝绸集团董事长储呈平

陈忠立 陆学进

自从 4000 多年前的"先蚕娘娘"嫘祖掌握了栽桑、养蚕、缫丝技术之后,及至 21 世纪,这一技术的推广应用不仅被人做到了极致,而且做成了中国乃至全球最大的栽桑、养蚕、缫丝、织布、成衣"一体化"产业。

做成这一产业的人,便是担任国家桑蚕茧丝产业工程技术研究中心主任、中国丝绸协会副会长、全国丝绸标准化委员会副主任委员

储呈平在车间里

的江苏鑫缘丝绸集团股份有限公司董事长储呈平。20多年来，储呈平在带领企业团队做大做强茧丝绸产业过程中，始终坚持以农为本、坚持科技创新、坚持改富农民，所以他不仅得到全国同行们的认可，更是得到全国数以百万计、千万计蚕农们的高度信任和充分依赖。

敢为人先 做竞争力最强的企业

　　海安地处黄海之滨，四季分明，雨水充沛，土壤肥沃，栽桑养蚕历史悠久，然而随着茧丝绸市场经济的不断形成，丝绸服装市场竞争的不断加剧，特别是桑树蚕种品质的下降，蚕农们栽桑养蚕积极性受到严重影响，使茧丝绸产业的发展在当地遇到了严重瓶颈。在这样的背景下，2002年8月，储呈平带着领导们的信任和蚕农们的希望，离开西场镇党委书记岗位，担任起鑫缘集团董事长。

　　走马上任的储呈平，首先大刀阔斧地对企业进行股份制改革，随后他跑遍全县所有村村组组，对蚕农们的希望、要求和当时的蚕桑生产现状进行仔细调研。储呈平敏锐地感觉到，企业要想发展壮大，稳定优质的蚕桑基地是根本保证。而在时代的进程中，单家独户的栽桑养蚕模式正逐渐失去优势，机械化、规模化的家庭农场是大势所趋。向前或向后延伸产业链条，一定蕴藏着极大的发展机遇。

　　延伸茧丝绸产业链，提高附加值，家庭农场和企业是利益共同体，蚕农和企业更是命运共同体。如何协调好各方关系，实现利益共享，一条带动蚕农致富、促进产业和区域经济协同发展的全新路径，渐渐在储呈平的脑海里酝酿而生。

　　经过精心策划，鑫缘集团迅速构建了以龙头企业为核心、鑫缘茧丝绸产业园为载体、"一产往后延、二三产连两头"的运营模式，进而打出了"政策+技术+服务+金融"的组合拳，大力推进蚕业家庭农场建设。这一创新之举，不仅解决了老百姓以单独个体形式去应对市场变化的难题,更为集团发展注入了强大的活力。

如今,海安已有蚕业家庭农场229家,蚕业联合体农场169家。蚕业家庭农场的建立取得了良好经济效益和社会效益,亩均最高收益达到1.5万元,并吸纳了大量低收入农民帮工,直接带动200多户低收入家庭走上脱贫致富之路。

鑫缘集团彻底告别了原有的单一、僵化的经营方式,在改革创新中阔步前进,成为集蚕种繁育、栽桑养蚕、蚕茧收烘、缫丝、绢纺、织绸、服饰、丝绸文化创意、桑蚕资源综合利用于一体的茧丝绸产业化经营体系,并逐渐走出了一条"公司+高校院所+品牌+基地+农户"的茧丝绸产业化发展新路径,进而一跃成为"全国首批农业产业化国家重点龙头企业""全国农村一二三产业融合领军企业"。

"没有科技创新,就没有鑫缘的飞速发展。"储呈平说。在企业的科技投入上,鑫缘集团是最舍得花钱的。近年来,鑫缘集团每年都保持着亿元以上的研发投入。集团积极打造科创平台,一方面建立创新激励机制,挖掘企业创新团队潜能;另一方面加强与苏州大学、江苏科技大学、西南大学等高校院所之间的紧密合作,完善产学研机制,建立博士后科研工作站,以科技触角引领行业发展。

而在"科技兴企"的精神感召下,鑫缘集团内部也形成了"人人参与创新,人人献计献策"的企业文化氛围。

"不要小看了企业职工们的集体智慧,事实上,我们公司的很多畅销品,如护肩蚕丝被、鹅绒蚕丝被都是出自员工们的集思广益。"储呈平说:"曾经有员工提出,两人合盖一条被子容易露肩,中间开个口子便可避免。这一创意交给研发团队,很快做成了燕尾形的护肩蚕丝被,投放市场后,深受年轻夫妇的青睐。"

鑫缘集团还以"鑫缘工业园""鑫缘科技园"为载体和孵化器,吸引了国内一些丝绸行业的高新技术企业加盟。这些企业入驻园区后,进一步提升了鑫缘集团产品的科技含量。

全行业最高水平的国家桑蚕茧丝产业工程技术研究中心设在鑫缘集团

在储呈平的不懈努力下，从2009年国家科技部批准，到2013年通过验收，鑫缘集团成功组建了中国茧丝绸行业中唯一的国家桑蚕茧丝产业工程技术研究中心。这一代表着我国茧丝绸行业最高水平的工程技术研究中心，进一步吸引和聚集了国内茧丝绸行业的一些顶级专家和科研人才。近年来，鑫缘集团科技研发硕果累累，有32项科研成果获省部级以上科技进步奖。其中，国家科技进步二等奖1项，省部级科技进步奖一等奖4项。

在高新科技的强力推动下，鑫缘的新项目、新产品层出不穷：由桑蚕茧副产品研发了功能性蚕丝被，由蚕蛹开发了蛋白粉、蚕蛹油，由桑枝条开发了桑黄，由蚕沙开发了保健蚕沙枕，由桑叶开发生产新型桑叶茶，由蚕茧提取丝胶和丝素蛋白研发了化妆品……

在鑫缘集团的产品展示厅，蚕丝被、真丝棉衬衫、精品女装、桑茶、护肤品、丝绸文创产品、丝绸墙布和丝绸装饰画、雄蚕蛾药酒……令人眼花缭乱、叹为观止。而在鑫缘集团拥有的120件商标中，国际商标有30件，中国驰名商标有1件，中国名牌有3个。

2011年，鑫缘蚕丝入选西藏自治区和平解放60周年国礼之一，受到了国家部委和西藏各界好评。2016年，鑫缘集团以其过硬的产品质量，荣膺丝绸行业唯一的中国质量奖提名奖。

追求精致、包容开放，催生了鑫缘集团强大的产能。如今的鑫缘集团年产蚕茧 1.5 万吨、生丝 2400 吨、丝绸服饰 680 万件、丝绸家纺 100 万件（套），各类产品产值叠加近百亿元。

苦练内功、破茧成蝶，鑫缘集团大踏步迈向广阔的国际市场，名扬海内外。鑫缘丝绸产品不仅畅销 20 多个国家和地区，集团还在韩国、印度、越南等国家相继建立了产业、研发基地。

勇担责任 到最穷的地方帮助发展经济

"出行爬坡上坎，一里挂九梯，石头缝里种粮食,喝水只能靠天。"这曾经是广西环江毛南族自治县群众的真实生活写照。

"为什么会选择到环江去？是因为那个地方太穷了。"储呈平回想起自己第一次到环江的所见所闻，不禁有些动容，"我们当时选择帮扶贫困地区的指导思想特别简单，哪里最穷，我们就到哪里去。"

广西环江是毛南族人口集聚地，有栽桑养蚕的历史传统。2007 年，储呈平积极响应国家东西部扶贫协作部署和"东桑西移"战略，率领鑫缘团队在广西环江毛南族自治县大力实施"产业扶贫"工程。他们通过"先行建立示范基地—推广现代养蚕技术—设立蚕茧收购站点—投资建设现代缫丝企业"的模式，大力发展当地蚕桑茧丝绸产业，带动老百姓脱贫致富。

2007 年 9 月，鑫缘集团在环江县收购了一家面临破产的国营茧丝绸企业——环江县缫丝厂，并成功组建注册"广西江缘茧丝绸有限公司"，注册资本 4000 万元。

"其实，这是一个双赢的工程。作为鑫缘集团，我们的产业基础需要进一步拓展，西部地区为我们提供了广阔空间。而作为国家级贫困县的环江县，茧丝绸产业亟须提升发展，我们的资金和技术力量可以为他们提供有力的支撑。从客观上来说，只有双赢，才能够将这项事业做得长久。"储呈平深有感触地说。

随着东部省份经济的发展和工业化、城市化进程的加快，土地成本和人工成本不断上涨，致使传统的蚕桑产业发展受到制约，生产规模逐年下降。就拿海安来说，2002年全县拥有桑田18万亩（约1.2万公顷），现在却不足8万亩（约5333公顷）。我国中西部地区社会经济发展相对落后，但拥有较为丰富的土地资源和劳动力资源，具备发展蚕茧丝产业的自然条件和社会基础。因此，国家实施"东桑西移"战略，将蚕茧产区逐步从东部地区向中西部地区进行战略性转移，对稳定我国蚕丝产业、保证我国茧丝绸大国地位、促进中西部地区农民增收和经济发展都具有十分重要的意义。

为尽快做大做强环江县茧丝绸产业，储呈平下定决心，以点带面，先行在大安乡才平、顶新、金桥三个村建立栽桑养蚕示范基地。公司组织农技人员下乡驻村举办栽桑养蚕技术讲座，为蚕农答疑解惑，分发技术宣传资料和教学光碟。与此同时，还安排农技人员驻村包户，深入田间地头及蚕房，全程提供栽桑养蚕技术辅导，受到蚕农们的热烈欢迎。大家带着电饭锅下乡，和老百姓同吃同住，彼此建立了深厚的鱼水关系。

为方便蚕农桑园灌溉、采桑、售茧，公司还主动资助这些示范村修建水渠和道路，免费向示范村蚕农发放方格蔟和良种桑苗，并在12个乡镇设立了39个鲜茧收购站点，方便蚕农出售蚕茧。历经两年的努力，三个示范村1200多户贫困户通过栽桑养蚕，一举摘掉了贫困帽子，大部分蚕农盖起了楼房，添置了现代化家电。

2018年，公司又在边远的驯乐苗族乡康宁村投资600多万元，精心打造桑蚕示范基地，新建规范化小蚕共育中心和养蚕大棚，安装省力化机械设施，实现了轨道喂蚕、自动上蔟、自动采茧，有效解决了农村劳动力不足和从业人员年龄偏大的实际困难。

环江的老百姓说，在储呈平到来之前，当地养蚕都是被当作副业来做的,就是在房前屋后零星种几棵桑树,卖蚕茧要去很远的地方,价格也不高。现在在家门口就可以出售蚕茧,价格也逐步提高,且从来不打白条,蚕农栽桑养蚕的积极性越来越高。

对此,驯乐苗族乡康宁村党支部书记欧应榜颇有感触。他们村从2018年开始和鑫缘公司合作,成立了"驯缘农民专业合作社",建设了一个500多平方米的小蚕共育基地,以鑫缘全新模式,统一育种、统一发放、统一回收。现在合作社成员有200多户,年产值超过350万元。

在这样的引领带动之下,环江县茧丝绸产业发展突飞猛进,茧丝综合质量名列广西榜首,成为中国优质茧丝加工基地县之一。如今,全县种桑近20万亩(约1.33万公顷),养蚕农家近5万户。蚕农养蚕总收入超过13亿元,在全县农业产值中约占25%。

十多年筚路蓝缕,十多年艰苦努力。鑫缘集团不断追加投资,先后完成了老厂一期改扩建和二期工程的扩建项目。如今,公司在环江县年收购鲜茧900多万斤(约4500吨),公司已经拥有36组自动缫丝及全套生产辅助设备,厂房建筑面积达2.8万平方米,具备了年产900吨白厂丝的生产能力,成为广西扶贫龙头企业和环江县屈指可数的利税大户。

一人就业,全家脱贫。茧丝绸产业的发展,为环江县提供了1200多个就业岗位,改变了当地许多家庭的经济窘境。公司不仅留用了老企业里的原有员工,更主动关心贫困家庭,通过动员、培训,将贫困家庭的子女优先安排到公司就业。

壮族姑娘罗玉莲是公司的一名普通员工,患有多种疾病,丈夫下岗两年。在她急需花钱治病的时候,公司从总经理到一线职工,纷纷慷慨解囊,为她凑足了医药费。罗玉莲感动地说:"在江缘公司工作,让我体会到江缘这个大家庭的温暖。有了这份帮助,我才得以及时治疗,也让我更坚定信心战胜病魔,尽快走出困境。"

"我们的企业已经在环江深深扎根，公司的销售规模已近4亿元。"谈及这些年来的工作，储呈平十分欣慰，"江缘公司在环江的发展得到了当地老百姓的支持和政府的关心，我们要感谢他们。"

在环江当地的许多活动中，鑫缘集团都给予了大力捐助：县庆活动，向县政府捐款20万元；全国第六个扶贫日，向当地捐款1万元；企业访贫捐助，向驯乐苗族乡全安村捐款5000元；县总工会举办的"金秋助学"活动，对10名贫困大学生予以资助；当地举办龙舟赛，公司主动赞助。他们还牵线搭桥，促成环江、海安两地的学校互动交流，资助的5名环江中学生更是考取了清华大学。

储呈平表示，鑫缘集团还计划投入2亿元，用3年的时间，投资兴建高标准的、符合高质量发展要求的茧丝绸文化创意产业园。这个园区建成之后，将使整个环江的茧丝绸产业形成完整的产业链。届时，公司的销售规模可实现翻番，并为当地少数民族群众提供更多的工作岗位。

不忘使命 让社会更多人走上富裕路

"天之生人也，与草木无异，若遗留一二有用事业，与草木同生，即不与草木同腐。"这是南通清末状元张謇先生的名言。

张謇先生是储呈平无限敬仰的一位先贤。张謇的一生，心系家国，虽屡遭挫折，但报国之心从未有过丝毫减损。作为一名企业家，储呈平希望自己也能像张謇先生一样，常怀赤子之心，把国家民族的前途装在心中，把社会的责任要求扛在肩上。

"这些年来，我获得过不少荣誉，但在我的心目中，农民的脱贫致富才是对我最高的奖赏。"在储呈平看来，作为全国行业龙头企业，鑫缘集团有责任、有义务肩负起为农民增收脱贫的重任。

事实上，在近年来的"东西部产业扶贫""乡村振兴"等诸多领域，茧丝绸产业所发挥的作用的确越来越显著，称之为"富民产业"并不为过。多年来致力于产业扶贫的经历，也让储呈平越来越感到信心百倍。他甚至毫不讳言地表示，鑫缘集团的实践，可以作为当下一个脱贫攻坚的范本，解决更多贫困地区的富民问题。

授人以鱼，不如授人以渔。为确保扶贫工作落到实处，带动蚕桑基地发展，实现农企双赢，切实为合作地区蚕农提供相应扶持和服务。鑫缘集团推行了"七大扶持举措"：免费技术扶持——由一流专家团队全程负责；生产装备扶持——补助30%的蚕桑生产设施、设备的购买费用；蚕茧销售扶持——蚕茧全部以保护价收购，并对溢价部分进行二次返利；金融保险扶持——提供50万元以下的生产所需无息贷款，为蚕农缴纳养蚕保险；土地流转扶持——蚕业农场流转承包地发展桑园的首年土地租金全额补助，次年及以后每年每亩补助200元；促进就业扶持——优先录用低收入家庭蚕农子女到集团企业就业；紧急救助扶持——遇有突发性重大困难，给予合作农场、农户慈善捐助。

在储呈平的带领下，依靠"七大扶持举措"，鑫缘集团将"输血式"扶贫转变为"造血式"扶贫，"硬投入"与"软投入"紧密结合，以点带面实施产业扶贫，有效推动了贫困地区种桑养蚕产业向标准化、规模化、集约化生产方向发展，为广大农民带来了实实在在的收益。

在鑫缘集团展示大厅的一张"协作地区分布图"上，我们可以非常直观地看到，除了广西环江外，这些年里鑫缘集团致力于脱贫攻坚的触角早已伸向四面八方。

2015年，储呈平奔赴国家级深度贫困县安徽潜山县考察，随后即在贫困山区投资350万元建设桑蚕基地，并组建了"安徽鑫缘天柱茧丝绸有限责任公司"，在该地区大力发展栽桑养蚕。新建的桑蚕茧丝加工企业年销售收入达到5000万元，带动了110户200名建档立卡低收入农户稳定增收。

2016年,储呈平来到江西省永新县考察。当时永新的老百姓栽桑养蚕的技术还处于20世纪70年代的水平,生产出来的产品存在很大的质量问题。储呈平在认真分析实际情况后,投资近百万元,承建了江苏农村科技服务超市永新茧丝绸产业分店,在当地开展科技服务和各类公益服务活动。他们还帮助当地蚕农更新养蚕器具,通过"科技示范户"以点带面传授养蚕新技术,老百姓的桑田亩均收益实现了翻番。

2018年,储呈平又远走陕西略阳,为发展当地蚕桑产业出谋划策。鑫缘集团多次派遣技术人员到略阳推广良桑密植技术,建设标准桑园,配齐小蚕共育,保底收购蚕茧,把新品种、新技术、新市场、新模式带到了略阳的桑蚕产业中。短短两三年里,就发展密植桑园3609亩(约240.6公顷),新建了5个小蚕共育室和10个养蚕大棚,培育了7个新型经营主体。

还有广西德保、安徽霍山、江苏泗洪……这些年来,储呈平投身于贫困地区的产业扶贫,每年都有大半时间奔波在产业扶贫的道路上。

凭借雄厚的技术优势、资金优势,鑫缘集团涉足全国8个县(市),因地制宜、精准帮扶,共建成桑园基地30万亩(约2万公顷),带动了22万户农户增收,特别是让1.3万名建档立卡低收入农民家庭借助蚕桑产业,实现了脱贫致富。

这些年来,作为一家"农"字号企业,鑫缘集团始终紧紧围绕"农"字,在专、深、透上做足文章,寻求自身更广阔的发展空间。正如储呈平一直所强调的那样,"农"字号企业一定要立足为农,不能急功近利。倘若忽视"农"字,忘记自身所肩负的使命和社会责任,企业就如同无源之水、无本之木,不可能做得长久,更不可能赢得农民信任。

事实上，鑫缘集团这些年来的实践经验也有力地证明了一个朴实的道理——立足为农，方有所为。早在前几年，鑫缘集团就采取了"建场、组社、联农"的形式，在延伸自己产业链的同时，助力蚕农脱贫致富。"建场"就是建设蚕业农场，通过土地流转推进蚕业适度规模化、标准化、集约化生产；"组社"就是以蚕业农场为核心组建蚕业合作社；"联农"就是以蚕业合作社联结分散蚕农，按照蚕业生产技术标准组织生产，从而缔结利益共同体。

在这样的机制引导下，一个农场就是一个小微企业。农户变成农场主，在转型中重新燃起栽桑养蚕的热情。再加上自动控制、自动切桑、电动伐条、自动采桑等众多省力、智能设备的运用，大大提高了蚕桑生产科技含量和劳动效率。更令人振奋的是，由鑫缘集团起草的蚕业家庭农场的标准已经通过省级鉴定，成为全省标准，不久的将来或将上升为国家标准。

培育蚕桑生产基地和新型蚕业经营主体，实施蚕业生产的规模化、标准化、集约化发展，推动蚕业供给侧结构性改革和产业高质量发展……可以说，储呈平创造的"鑫缘模式"对中国的整个茧丝绸产业都具有方向性意义。2017年，中华人民共和国商务部经过仔细调研，向全国各省市发文推广"鑫缘模式"。

放眼当下，鑫缘集团已经全面进入高质量发展阶段。全面实现缫丝智能化、织造数字化、精练生态化、产品高端化、大众需求个性化目标，奋力打造百亿鑫缘，提升国际竞争力。与此同时，他们还将在全国更大范围内，特别在贫困地区，帮助更多的栽桑养蚕者提高经济效益，帮助他们脱贫致富奔小康。

"我是农民的儿子，带动广大蚕农共同富裕是我最大的心愿。能为脱贫攻坚贡献自己的一份微薄之力，我此生无悔！"运筹帷幄中的储呈平目光坚定，话语铿锵。

愿鑫缘之路越来越广阔，愿鑫缘模式走向全国、走向世界。

爱有一个"方程式"

——江苏泰慕士针纺科技股份有限公司发展记事

宋 捷

"001234"这个简约而不简单的吉利数字，神奇地组合成上市公司"泰慕士"的深市代码，近年来已成为中国资本市场的一匹黑马。

2022年是江苏泰慕士针纺科技股份有限公司的而立之年。这一年的1月11日，证券代码为001234的"泰慕士"在深圳证券交易所主板上市。泰慕士而立之年谱华章，巍然屹立在沪深上市企业之林。

众所周知，在中国登记在册的5000多万家企业中，能够成为主板上市公司的企业凤毛麟角。泰慕士作为一家传统服装企业，究竟有

"泰慕士"在深圳证券交易所主板上市

什么魔法，能叩开波谲云诡的资本市场的大门？

让我们结伴而行，走进这家有故事的上市企业，一起聆听一首温婉动听、以爱为主题的"交响曲"。

第一乐章 用"37度的爱"制造微笑

泰慕士的故事可以追溯到31年前的1992年。

"1992年，又是一个春天。有一位老人，在中国的南海边写下诗篇，天地间荡起滚滚春潮。征途上扬起浩浩风帆，春风呀吹绿了东方神州，春雨啊滋润了华夏故园……"

1992年春，邓小平南方谈话犹如一股春风，吹醒了神州大地。当年秋天，日本英瑞株式会社和江苏九鼎集团在如皋合资成立了南通泰慕士服装有限公司（后来更名为江苏泰慕士针纺科技股份有限公司）。英瑞株式会社的背后是来自中国台湾的日籍华人吴文贵家族。

31年来，泰慕士沐风栉雨，怀揣热爱，一步一个脚印，正如公司的股票代码"001234"一样，坚定前行，脚踏实地，深耕服装行业，矢志不渝地把主业做强、特色做优、产品做精，不断增强核心竞争力。

江苏泰慕士针纺科技股份有限公司董事长陆彪

从源头管控全生产流程，让每一件衣服给人以 37 摄氏度的恒温呵护，这是泰慕士人一贯的追求。据江苏泰慕士针纺科技股份有限公司董事长陆彪介绍，企业依托纵向一体化供应链，大大提升了核心竞争力，以更好地服务客户，应对市场快速反应的需求。

在科技快速发展的当下，传统制造业依靠过去以人力为主的简单管理和生产方式，已远远不能适应新时代的发展需求，"智改数转"是传统制造业从产业链低端向高端迈进的"必修课"。泰慕士坚持以"智"造微笑产品、筑就绿色梦工厂为使命，以智能化改造、数字化转型为关键抓手，成立专项小组，多部门联动，科学、专业、体系地推进"两化"深度融合，从而促进组织再造、流程再造，引领企业质量变革、效率变革、可持续发展力变革，进一步提高企业核心竞争力。

除了战略引领，推进"智改数转"外，泰慕士还加大自动化、智能化设备投入力度，引进行业内先进的智能设备 150 余套，并将染色车间和裁剪车间打造成"江苏省示范智能车间"。其中，染色车间通过德国 SEDO 中央控制、LAWER 自动送料系统，实现了生产作业全流程的自动化操作，对生产过程中设备的运行状态进行监控，实时采集数据，自动生成统计报表。裁剪车间引进 CAD 自动排料系统、自动铺布机、自动裁床，实现排料、铺布和裁剪的自动化、智能化管理，在用工减少 20% 的情况下，日产量提高了 35%，同时产品单耗也得到了优化。此外，缝整车间、智能仓储也通过改造大大提高了效率和智能管理能力，降低了管理成本，减少了仓库辅助人员。

在设备迭代升级的同时，泰慕士还加快构建覆盖全流程的数字化管理平台，与宁波大学进行产学研合作，自行开发"面料+成衣"垂直一体化管理平台，与现有的 MES、智能仓储、计划平台进行数据对接，形成泰慕士数字化生产全流程业务支撑，消除了"信息孤岛"和"数据壁垒"，增强了数据收集、管理、分析、应用能力，逐步实现由个人经验到智能化决策的转变，为公司运营提供更深刻的业务洞察，提升决策的质量和效率，从多重结果中推演出最优的决策方案，让运营更高效、更精细。

与此同时，泰慕士还打通产业链上下游，与客户市场销售数据实现互联，依托高效的生产体系，打造出"7天快反模式"，满足了客户多品种、小批量、高品质、快交货的需求，进一步提高了与客户的黏度，满足了快速多变的市场需求。

多年来，泰慕士持续推进标准化、信息化、数字化、智能化制造，以卓越的运营管理体系、不断聚焦的项目管理，以及全员参与的培训体系，致力打造传统行业的现代企业。公司以提升柔性化制造水平、资源配置以及上下游协同创新的能力，进一步走向智能化的生产、管理和运营。公司还依托专业设备的自动化、核心工序的模块化、员工操作的标准化，实现需求与供应的快速响应。

如今，在江苏如皋、安徽六安两大厂区，泰慕士拥有国际国内一流的生产设备，具有从织造、漂染、裁剪、印绣花、成衣到后整理的纵向一体化领先优势，是国际国内知名品牌的贴牌加工基地。公司以领先的面料开发能力、稳定的产品质量和规模化生产能力，与迪卡侬、森马集团建立了战略合作关系，与安踏、蕉内、Quiksilver、曼妮芬、太平鸟等品牌商建立了长期的合作关系。公司连续多年荣获中国服装百强、江苏省服装行业五十强企业称号。

多年来，泰慕士用"37度的爱"*，智造了温暖市场的微笑产品。

第二乐章 用"37度的爱"关爱员工

和大多数企业一样，泰慕士在上市之前，也精心制作了一部宣传专题片，阐释自己的企业文化。和其他上市公司不同的是，专题

---

* 本文中的"37度"应为"37摄氏度"。

片没有过多突出企业的 LOGO，而是用了一个与众不同的片名——《37度的爱》。

这部时长 6 分 54 秒的短视频，没有冰冷的数字，没有枯燥的说教，甚至看不到多少"机器＋人"这种企业纪录片中常见的镜头。取而代之的是暖暖的色调，是温润如玉的话外音。如果不仔细倾听，您浑然不觉它是一部上市公司的宣传片。它在一种温馨的氛围中，向外宣示企业的发展理念和奋斗目标。

37 度的爱是什么？是婴儿时期母亲怀抱的温暖，是少年时代开心成长的喜悦，是心动时分十指相扣的悸动，是客户托付会心一笑的满足……短片一开头，就阐释了温馨的主题——爱。这是而立之年的泰慕士公司一直没变的情怀。

接着，婉约素朴的江苏泰慕士针纺科技股份有限公司总经理杨敏出场了。她一语道破企业成功的秘诀：我们坚信，快乐的员工才能制造出微笑的产品，有爱的企业才能为客户提供最优的服务。

探寻泰慕士公司 31 年的发展轨迹，有一个鲜明的主题一直没变，那就是爱。爱企业，爱员工，爱客户，爱社会……洒向人间都是爱。

走进泰慕士公司，首先映入眼帘的是 8 个大字：敬天爱人，以道致远。"敬天爱人"是日本"经营之圣"稻盛和夫率先提出的 4 个字，他曾创办过两家世界五百强企业，是备受任正非、张瑞敏、马云等推崇的日本企业家。他提出敬天的初衷，是提醒自己和同道之人要多遵从客观规律——天有天道，地有地道，人有人道。只有追求宇宙间的大道，才能够帮助我们把企业做得更好。

这几年来，随着社会经济的发展变化，泰慕士企业文化的表述也在不断变化：从"相亲相爱一家人""企业关爱员工、员工关心企业"衍变到现在的"快乐工作，健康生活"。虽然表述在变，但他们关爱员工的文化内涵一直没变。

如今，"快乐工作，健康生活"这 8 个大字已做成巨大标牌，悬挂在厂区醒目处。以员工为本，创新理念，与时俱进，不断转换自己的管理方式与方法，用"爱"构建独特的企业文化，这是泰慕士一直不变的追求。

　　泰慕士现有的 1200 多名员工，全部是本地人，其中满 5 年的员工占职工总数的七成，更有很多"亲属型"员工，夫妻档、父子档、母女档比比皆是，其中有个家庭 6 口人都在泰慕士工作。稳定的员工队伍是泰慕士管理层最看重的财富。早在 2000 年，公司就严格规范劳动用工制度，员工的劳动合同签订率、社保参与率和缴费率均达 100%，实现了"五险一金"全覆盖。《泰慕士员工手册》由职代会集体讨论，也是新进员工入职培训的第一课。按照"生日有祝福、新婚有礼品、生病有人看、困难有人帮"的准则，公司把爱延伸到每一名员工身边。公司先后有 300 多名农民工退休，每年春节和重阳节，公司都会接他们回"家"团聚。

　　要想留住员工的心，先要留住他们的胃。熟悉泰慕士的朋友都知道，这家企业的职工食堂在同行业中是最好的，食堂实行"自助餐模式"，每天供应八菜（两种大荤、两种小荤、四种蔬菜）一汤，品种每天更换，员工自由拿取，管饱管好。厨师都是持有二级以上厨师资格证的专业大厨。食堂肉制品和油、盐、酱、醋、糖等佐料都是从南通知名大超市统一采购。厨师各自负责自己专业和拿手的菜肴，菜肴制作过程"标准化"，确保员工喜爱的菜品口感不走样，员工满意度大大提高。在一次旅游活动中，导游感慨地说，泰慕士的员工们素质高，啥啥都好，就是嘴有点"叼"，对豪华团餐都不大满意，实在是平时伙食太好啊。

　　泰慕士对员工的关爱，体现在每一个细节上。为方便员工，公司在每一个电动车停车位上准备了插座，便于员工随时充电；为保障员工行车安全，员工"座驾"贴上了统一的反光条；车棚门口的 LET 显示屏，在上下班时不停滚动播放"行车安全"的贴心提示。冬天，泰慕士员工的洗碗水、洗手水都是热的；夏天，泰慕士为每名员工的座椅上准备了凉垫。每逢员工生日，泰慕士不仅送上鲜花和水果，更有丰盛的生日餐为员工庆祝。年底的春节抽奖晚会是泰慕士公司的"小春晚"，是已坚持了21年的传统活动。晚会上，1200多名员工齐聚一堂，汇聚在员工活动中心，吃年夜饭、拿红包、抽大奖，观看职工艺术团的节目表演。每年9月第一周，泰慕士全员休息，免费组织员工旅游。为了补偿员工旅游期间的薪资，还提供每人每天100元的工资补贴。近几年来，泰慕士员工的足迹已经踏遍国内和东南亚一些旅游胜地，在云南、海南、厦门、张家界……留下泰慕士员工们的欢声笑语……

在办公大楼4楼，公司开辟了2000多平方米的员工活动中心，中心内有羽毛球、乒乓球、瑜伽、毽球、拳击等多种文体设施。员工活动中心的开放，为提高员工综合素质搭建了一个很好的平台。

在泰慕士，48岁的一线操作女工可以脱离一线岗位，退居"二线"，从事辅助岗位工作，这也是泰慕士关爱员工的一项创举。泰慕士是国内最早有农民工群体退休的企业，目前已有300多名农民工退休。如今他们和城镇退休职工一样，每月有稳定的退休金和职工医保，可以在家安享幸福晚年。

37度的爱，是陪伴的爱，是泰慕士30年如一日坚守的"家"文化。他们以人为本、以能为本，通过价值链优化、问题文化、员工赋权增能等诸多维度，让员工和公司共同快速成长。

第三乐章 用"37度的爱"引燃心灯

"世界上有一样东西是越分享越多的，那就是爱。"这是江苏泰慕士针纺科技股份有限公司总经理杨敏经常挂在嘴边的一句话。

她是这么说的，更是这么做的。

江苏泰慕士针纺科技股份有限公司总经理杨敏

  2023年5月12日，是一年一度的母亲节。和往年一样，泰慕士基金会举办了"爱在五月　情满初夏"母亲节主题活动。丢手绢、面粉搬运工、气球传纸杯等趣味活动，集毅力、脑力、体力于一体，吸引了许多孤儿和他们的爱心妈妈参与。这一天，杨敏和泰慕士的爱心妈妈们带着她们各自结伴的孩子开展亲子活动，度过了非常愉快的一天。

  "妈，最近天冷，多添件衣服，可别只要风度不要温度呀。"26岁的丁广银在忙碌工作的间隙，给生产部的陈静妈妈打去电话。其实这对其乐融融、感情深厚的母子之间并没有血缘关系。在泰慕士，像陈静和丁广银这样的结伴母子，还有几十对。"泰慕士爱心妈妈"的故事，如今已经名扬天下。而他们的缘分，要追溯到15年前。

  2008年春，在一年一度的如皋人民代表大会上，杨敏正好和如皋市妇联主席王桂兰比邻而坐。会议间隙，王桂兰和杨敏聊起一个孤儿的故事。小丁是个苦命的孩子，4岁那年就失去双亲，从小跟八旬祖父一起生活。9岁那年，他在一次意外事故中双眼受伤，近视高达1400度，视网膜随时有脱落的危险。小丁是个要强的孩子，尽管面临种种不幸，但他一刻也没有放松自己的学习，成绩一直名列前茅。

杨敏一直静静地听着，眼睛有点湿润。她和王桂兰进一步交流后了解到，在如皋，像小丁这样的孤儿还有不少。当地妇联给杨敏提供的资料显示，当时如皋有300多个和小丁一样命苦的孩子。他们的爸爸妈妈是买卖婚姻的受害者，因为贫穷，带来一系列家庭问题，有的爸爸病故了，有的妈妈跑掉了，留下不少孤儿……

　　听着听着，一个爱的创意在杨敏心中酝酿：我要尽自己所能，为这样的孩子撑起一片蓝天。于是，在大雪尚未消融的时候，杨敏就和如皋市妇联的工作人员走遍20个乡镇，选出21个贫困孤儿作为首批帮扶对象。在走访的过程中，杨敏发现孩子们需要的不仅仅是物质上的保障，他们幼小的心灵更需要亲人般的情感呵护。于是，她尝试在公司招募"爱心妈妈"，令她没想到的是，当天就有200多名员工争相报名。

　　2008年，在杨敏的提议下，公司拿出启动资金50万元，设立了泰慕士贫困孤儿助学基金。2009年，杨敏发起成立了南通首家由企业出资设立、具有独立法人资格的非公募基金会——南通泰慕士爱心基金会。她创新打造"公司+基金会+员工志愿者"的志愿服务模式，每月设定一天带薪走访日，当天，杨敏就带着"爱心妈妈"们到孩子家里、学校里，走访了解他们的学业和生活情况；每季度开展一次亲子活动和座谈会；每年两次集体外出"亲子"游玩；春节期间，杨敏还会将孩子们接到泰慕士大家庭，和孩子们一起穿新衣、拿红包、吃团圆饭……为了详细了解每一个结对孩子的成长情况，杨敏帮他们各自建立了爱心档案，孩子们的生日愿望、学业梦想、遇到的困惑、获得的荣誉……点点滴滴都有记载。

　　一句承诺，一生守候。如今，泰慕士爱心基金会已走过14个年头。14年来，118个泰慕士基金会的孩子中，已有3个孩子光荣入伍，31个孩子考上了大学，1人被保送到南京大学读研，40个孩子走上了工作岗位，其中有4个孩子就在泰慕士公司上班，9个孩子组建了小家庭，有了自己的宝宝，"爱心妈妈"升级成为"爱心外婆"。泰慕士"爱心妈妈"团队成为饮誉大江南北的"全国学雷锋最佳志愿服务组织"，成为"暖城"南通家喻户晓的道德品牌。杨敏也先后荣获"全国三八红旗手""全国最美志愿者""全国巾帼建功标兵""江苏好人""2019感动中国·江苏十大感动人物"等称号。

"这些荣誉并不值得骄傲，成为118个孩子共同的'妈妈'才是最让我自豪的事情。"杨敏笑着说，"在未来的时间里，我们会把基金会恒温、恒久、恒常地做下去，付出爱，收获爱，再去传播爱，共同谱写好爱的方程式。"

非遗时尚领跑者
——江苏华艺服饰有限公司的创新之路

吴雪琪　吴睿娇

邱卫国（右一）一直是非遗时尚的领跑者

　　阳春三月，阳光折射进江苏华艺服饰有限公司的荣誉陈列室里，顺着和煦的阳光，一张张奖状、一块块奖匾、一个个奖杯映入我的视野——华艺的足迹，逐渐在我的心中清晰了起来。

　　这家历经40多年发展起来的企业，仅企业名称就变换了4次：江苏省海安县扎染厂、海安工艺美术集团、南通华艺扎染服饰有限公司、江苏华艺服饰有限公司。这里是国家染整与现代扎染产品开发基地，是南通市非物质文化遗产传承基地。公司毗邻 328 国道，占地 8 万多平方米，建筑面积 6 万多平方米，员工 1500 余人，综合产值逾 6 亿元。产品以梭织、针织、机织、钩棒等休闲装为载体，整合创新扎染、特种染色、水洗、褶皱、收缩、绣花、印花等多种工艺手法。

在产品陈列室里，一件件产品散发出江苏华艺浓郁的"传承而不泥古"的文化气息。40 年，在历史长河中也许只是一朵浪花，宛若一棵树，从幼苗破土，栉风沐雨，迎着阳光蓬蓬勃勃地生长着。而对于人呢？我注视着眼前的中国扎染技艺传承人、公司董事长邰卫国，以及华艺集团艺术总监顾鸣等人，心中不由得生出感叹，岁月已冲走了他们满头的乌发，银丝染上了双鬓……他们求真创新的足迹，就浓缩在这一方荣誉室里。江苏华艺，先后荣获国家艺术染整与现代扎染产品开发基地、国家企业管理创新成果奖、国家知识产权优势企业、国家高新技术企业、中国纺织科学技术进步奖、江苏省科技进步奖三等奖、江苏省企业技术中心、江苏省工业设计中心、江苏省数字化扎染工程技术研究中心、紫金文化创意设计大赛金奖、江苏省十大服装设计机构等一系列荣誉。我们的采访围绕着江苏华艺的成长轨迹展开。

一个未眠之夜

在邰卫国的记忆中，那个未眠之夜，烙印在他的心底。

那是 1993 年年初，邰卫国受海安县委组织部委派，到江苏华艺集团公司的前身——海安县扎染厂搞调研。

创办于 1979 年的海安县扎染厂，是江苏省丝绸进出口公司承接日本和服半成品加工的试点工厂，20 世纪 80 年代发展成为地方出口创汇大户和知名扎染企业，公司曾经辉煌一时。

世事难料，在经历了 20 世纪 80 年代的空前发展之后，进入 90

年代初,受日本和服扎染市场断崖式下滑的影响,海安县扎染厂也由巅峰陷入低谷。订单锐减,工厂开工不足,工人人心惶惶。

1993年,郜卫国作为海安县委组织部成员进入海安县扎染厂搞调研。工厂陷入谷底的症结在哪里?不是工人素质不高,不是工艺出现瑕疵,不是管理乱套……那是什么原因导致企业危机四伏呢?郜卫国等人经过一番调研和分析,认为产品和市场单一是造成海安县扎染厂出现危机的主要原因。

于是,海安县委、县政府来了个顺水推舟,调郜卫国到海安县扎染厂任厂长。从"仕"转"商",从保险稳妥的政府官员到接棒风雨飘摇中的企业,郜卫国内心经历了狂涛巨浪。接棒还是甩锅?郜卫国反复思量。老领导的一句话,坚定了郜卫国接棒海安县扎染厂厂长的决心:"企业改革,说穿了就是对企业进行改造,改造企业首先要改造老板,让老板的思想顺应市场经济的潮流。"

从组织部干部到工厂老板,郜卫国临危受命,身份的转变,带来了他思想的转变。海安县扎染厂要由一池死水变成一潭活水,首要任务是找订单。

于是,他驱车来到南京,找到了江苏省丝绸进出口有限公司发放订单的负责人。这位负责人对他爱答不理,其实负责人也烦恼得很,天天来找他要订单的人络绎不绝。

怎么办?

在公司里谈不通,那去人家家里谈!郜卫国皱着眉头,在宾馆里转来转去。夜深了,郜卫国实在睡不着,根据白天打听到的江苏省丝绸进出口有限公司供销处处长家的地址,连夜赶到了处长家。

三月的夜晚,乍暖还寒。郜卫国一夜无眠。他蜷缩着身子,在那位处长家门口迷迷糊糊睡起觉来。

天亮了,"吱呀"一声,门开了,那位处长见郜卫国蹲坐在他家门口,也是吃惊不小。在得知郜卫国的来意后,他沉思了一会儿说:

"你待在我家门口，对我影响不好。我不是不给你订单，现在苏南、苏中、苏北的扎染厂都在向我要订单，我是唐僧肉也不够分啊！"

在郜卫国的软磨硬泡下，这位处长终于给了海安县扎染厂一批订单，暂时解决了工厂的燃眉之急。

经历了这些事后，郜卫国认准了一件事，在市场经济的背景下，攀登高峰不能只走一条路，企业发展必须要探索多种路径，方能绝处逢生。

争当行业领跑者

市场竞争就像赛场比拼，拼的是耐力和毅力，比的是速度和技巧。

从 20 世纪 90 年代初开始，江苏华艺在郜卫国的带领下，认准了"不进则退"的道理，坚定了要当行业领跑者的信念，一路奔跑——

2001 年，中国加入世贸组织，中国的纺织服装行业也迎来了经济全球化的全新市场。江苏华艺组织中层以上干部，展开了一场有针对性的讨论："应对 WTO，我们准备好了吗？"

随着讨论的深入，江苏华艺领导层深刻认识到，华艺原有的服装加工和较为单一的扎染工艺，已经不能适应公司工贸一体化运作。他们布局符合企业产业发展方向、具有较大市场容量并能作为发展华艺综合工艺载体的服装加工厂；在扩大原有特种染色工艺规模的基础上，新增具有较高科技含量、自动化程度较高的"艺术染整新工艺"项目；形成与江苏华艺工艺服饰品系加工生产匹配、与拓展后的国际纺织服饰市场配套的工艺化时装生产能力。

2002 年 11 月，华艺工业园新厂区奠基动工并同时成立中外合资企业——江苏华艺服饰有限公司；

2004 年 9 月，江苏华艺服饰有限公司艺术染整工业园正式投产运营；

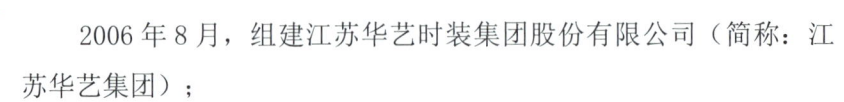

2006年8月，组建江苏华艺时装集团股份有限公司（简称：江苏华艺集团）；

2010年5月，由江苏华艺集团与东华大学共创中国原创设计女装品牌"弄影"，上海弄影时装有限公司正式成立；

2010年8月，华艺集团休闲男装品牌"嗨思"正式上线天猫商城……

时光的脚步，匆匆向前。华艺的企业改革一步也没有停息——

他们在公司内部模拟市场核算，集团与事业部制定了定额成本与责任承包，实现二级管理和考核。先后投入2000万元人民币进行一条染整时尚生产线改造，全面升级产品线的研发创新，推进全员质量管理建设，强化产品开发与质量提升，有力促进了产品销售和华艺品牌知名度的提升。

2011年10月，江苏华艺集团品牌研发大楼正式落成启用。在此期间，公司董事长邵卫国明确了"集团化管理、专业化生产、事业部经营"的指导思想，有效激发各单元的活力，各子公司挑起发展重担，同时培养了一大批管理骨干，企业发展迸发新活力。从2011年到2021年期间，集团确定了"扮美人生，合作共赢"的运营理念，做中国艺术染整领跑者的企业发展目标，以做强OEM［OEM（Original Entrusted Manufacture），原始设备制造商］、做优ODM［ODM（Original Design Manufacturer），原始设计制造商］、做精OBM［OBM（Orignal Brand Manufactuce），原始品牌制造商］"三O联动"为发展思路和"求真、创新"的发展宗旨。同时，"品质理念""科技理念"等逐步建立起来，并以这些理念加速推动企业转型与产品升级。企业通过工艺美术、纺染科技与时尚创意行业跨界实践，走出了一条整合扎染、钩编、刺绣、缩绒等传统民艺与数码印绣技术、数码设计软件应用、面料三维记忆等现代科技继承创新之路，成为我国艺术染整细分行业的领跑者。

传承而不泥古

扎染，相传在中国已有 2000 多年的历史。江苏华艺的扎染技艺在传承中不断创新发展。

长江波涛翻滚一路奔腾，宏伟而壮阔。寻根探源，它也是由一条条涓涓细流汇聚而成。江苏华艺人在实践中探索，在传承中创新。"艺术染整"就是在一项项创新发明中汇成的新工艺，先后获得江苏省"紫金奖·文创产品设计大赛"金牌、银牌、铜牌三块奖牌。

据公司董事长邰卫国、艺术总监顾鸣介绍，所谓"艺术染整"，就是在传统扎染、蜡染、蓝印花布传统手工印染和工业染整的基础上提出的一个全新的人文染整的概念，是扎染、拓印、转移压皱、丝网印花、即兴手工喷绘、涂鸦式绘制和拔色等新兴手工工艺集群的总称。相对于传统扎染，艺术染整可被称为现代扎染。

对服装企业来说，没有商业的流动，企业的发展就无从谈起，而文化内涵则是企业发展的源头活水。

江苏华艺集团董事长邰卫国指着《宁静致远——致敬蓝染时尚系列》作品，拍了拍公司艺术总监顾鸣的肩膀说："这就是他带领团队创作的，获得了江苏省第四届'紫金奖'文创产品设计大赛金奖。"

记者在这组作品前，久久停留。传统的手工印染，传递着中华扎染的文化基因；简约的现代服装设计语言，诠释了蓝染民间艺术融入时尚、美化生活的诗的意境。

顾鸣说，东方悠久的历史文化和精彩纷呈的传统工艺，一直都是西方主流设计寻找灵感的源头活水，我们要有这个文化自信。文化自信不仅体现在对本民族传统的坚守，还包括对世界上其他民族优秀文化的接纳学习。华艺原创品牌"弄影"就是在设计总监罗竞杰和艺术总监顾鸣的倡导下，融合扎染、刺绣、剪花等民族传统工艺，将东方写意的悠远意境和西方印象派的形、色、光、影神韵融于一体，

华艺的非遗产品，洋溢着满满的时尚元素

在服装设计上活化非遗，将非遗时尚化、产业化。

郜卫国深情地对记者说，"非遗时尚"正以前所未有的速度和深度融入东亚文化、西方文化，结合运动游戏、动漫萌宠等流行文化，日益成为新新人类和时尚达人的标配。得年轻者得天下，如今华艺正面临着新的机遇和挑战。

直面波涛汹涌的世界经济大潮和瞬息万变的时尚流行，"中国华艺"如何演绎东方文化变迁与当代生活美学的复兴？如何破解"国内大循环"与"国内国际双循环"的转型阵痛？我们要直面变化、尊重规律，勇于面对并善于在"非遗时尚"的实践中思考问题、解决问题，这就是"中国华艺"赢得新的市场空间和产业价值的关键所在。

如今，中国经济早已深度融入全球化。华艺人正以承先启后的南通扎染文化、独具创意的三维褶艺术、巧夺天工的钩针编织工艺、与时俱进的人本管理创新，把中华文明的恒久魅力与东方生活美学分享给全球品牌服装企业和终端消费者。为客户创造价值，是华艺集团作为非物质文化遗产传承基地和国家艺术染整与现代扎染产品开发基地责无旁贷的担当，也是"非遗时尚，中国华艺"的使命。

华艺，走在一条传承与创新之路上。

"你从历史走来，扎染是你的情怀；你向未来走去，时尚是你的风采！"这是江苏华艺集团公司董事长郄卫国在《非遗时尚，中国华艺》一文中开篇所写的两句话，颇像歌词。可惜我不是音乐家，不然把这几句富有诗意的话谱上曲，《华艺之歌》或许会登上央视舞台——绚丽的灯光秀，身着华艺服饰的俊男靓女边走边唱，或许会在中华大地刮起一股清新、儒雅、俊美的华艺之风！

阿尔本冲击波

——探寻河南阿尔本制衣有限公司发展密码

宋 捷

　　2023年春,两条重磅消息在豫东南的河南省周口市平静的水面上激起了朵朵涟漪,甚至形成一系列冲击波:

　　2023年2月25日,第十四届全国人大代表名单公布,百万人口的河南省周口市商水县把唯一的名额,给了一位外地人——来自南通的河南阿尔本制衣有限公司董事长吴丽霞。

　　11天后,全国妇联授予298人全国三八红旗手称号,全国纺织服装行业仅有5人获此殊荣,整个河南省也只有10人当选。这一次,周口市唯一入选的,又是吴丽霞。

　　此前,吴丽霞还获得过一系列桂冠:周口市十大杰出青年、河南省人大代表、全国"巾帼建功"标兵、河南省三八红旗手、河南省优秀中国特色社会主义事业建设者、河南省时尚界巾帼精英企业家、河南省"巧媳妇"致富带头人……

　　我一直纳闷:一个内敛、内向的南通姑娘,踏上中原土地才12年,凭什么在河南站稳脚跟,赢得外乡人如此尊重?也许,吴丽霞和先生李天凝为当地提供了成千上万的就业岗位;也许,他们积极承担企业社会责任,为当地增加了税收;也许,他们在一系列管理理念上,给这个曾经的国家贫困县注入了一股活力和清流……

芒种时节，我带着一系列的问号，在南通市服装协会会长蔡建华的带领下，驱车 700 多公里，专程赶赴河南周口，走进河南阿尔本制衣有限公司。

密码之一：幸福的双职工和婚纱照外景地

周口市位于豫东平原，河南省东南部，古称龙都，是伏羲故都、老子故里，有"华夏先驱、九州圣迹"的美誉，被中华伏羲文化研究会誉为"中华文化发祥的重地"。而商水，是周口下辖的一个县，曾经是国家贫困县。

12 年前，吴丽霞夫妇从南通来到这里，在商水县产业集聚区投资兴建了阿尔本服装科技园。项目总投资 10 亿元，占地面积 25 万平方米，拥有时装制造流水线 82 条，已连续 3 年蝉联周口市出口第一名，成为河南省一家知名企业。

从百度上键入"阿尔本" 3 个字，会和许多优秀运动员的名字联系在一起。如果加后缀"服装"二字，便会跳出一家业内知名度很高的服装企业，它便是河南阿尔本服装有限公司。

河南阿尔本是一家起源于南通的服装企业，创办于 1992 年，已有 31 年的服装经营历程，是一家集服装品牌设计、智能制造、个性化定制销售为一体的综合型服装企业。

尽管已经拥有全国人大代表和全国三八红旗手等顶级荣誉，但是吴丽霞一直自称"小裁缝"。这位温婉贤淑的江南女子和她的先生李天凝，凭着过人的胆识、超前的眼光、扎实的内功和骄人的业绩，在竞争异常激烈的服装市场和文化底蕴厚重的中原大地站稳了脚跟，成为优秀的"新河南人"。

吴丽霞出生在如皋白蒲一个小康之家。父亲早年就创办了一家服装厂，上初中和高中时，父母每月给她 200 元零花钱，不够用就要凭借自己的努力在服装厂里挣。因此，父亲企业的所有生产工序，她都很熟悉。父亲的企业生产的是中高档黑礼服，全部出口日本。高中毕业后，吴丽霞到大学里学习对外贸易。大学毕业后，她又被父亲送到日本学习，同时考察日本的服装市场，并替父亲的企业采购相关设备和原材料。长期和海外客户的合作，让她不仅精通了日语，也了解了日本商业与服装行业文化。她说："要用全球的视野审视服装产业，用互联网的思维方式经营企业。"

2011 年，吴丽霞和她的先生——阿尔本总经理李天凝敏锐地把握大势，决定实现产业梯度转移，在考察国内许多地区以后，决定落户河南省周口市商水县。他们带着读高中的孩子，举家把户口一起迁到周口，成为"新周口人"。

祖籍东北的李天凝是一位非常睿智的管理者。他比夫人吴丽霞更加健谈。在参观他们公司的厂区时，似乎在不经意间，李天凝讲了一个有趣的故事。

那是 2023 年的春天，和往常一样，李天凝在厂区的林荫道上散步，邂逅了一对新人，正以厂区为背景拍婚纱照。他走近一看，新郎和新娘皆是公司的职工。盛春时节，厂区内各种鲜花正在怒放，几乎是一步一景。新娘不断变换着姿势，摇曳着依偎在新郎怀里，摄影师捕捉了一个又一个惊艳的瞬间。李天凝被感动了，他身上没有带现金，赶紧请办公室人员准备了 2000 元，送给这对新人。

我们抵达阿尔本时，正好是一年一度的世界环境日。我们走进这家南通人办的大工厂，首先探访了商水厂区。这家占地 600 多亩（40 多公顷）的厂区里，900 多米的河流穿厂而过。这里绿树成荫，植被茂盛，湖水荡漾。沿着企业围墙走一圈，正好两公里。4000 多名当地工人生活在阿尔本科技产业园，宛若置身在一个美丽的大学校园。

除了周口厂区，在豫东南的驻马店市和信阳市，阿尔本的另外两家工厂同样是绿树成荫、四季有花。

企业一天天在变大,职工队伍也在不断壮大。8000多名职工背后就有8000多个家庭。

"工作还是家乡好,不会抛下老和小。回家工作不用愁,龙头企业解忧愁。"这首打油诗表达了阿尔本员工的真实感受。由于员工大多是周边村(社区)的村民,平时除工作外,还需要照顾家庭。为最大限度方便员工,公司积极推行弹性工作制,让员工自主选择工作时间和地点,灵活就业,实现工作和家庭两不误。

近年来,该公司在自身发展的基础上积极履行社会责任,采取"公司+农户"的合作模式,直接或间接带动农村劳动力就业9000余人,累计带动脱贫户5084户,直接吸纳脱贫户务工就业770人。

对李天凝和吴丽霞夫妇来说,随着公司的日益发展,他们的社会责任也越来越大。虽然很辛苦,但是看到一家传统的劳动密集型企业,在他们的努力下变成一个美丽工厂,看到企业的员工视工厂为自己美丽的家园,把缝纫工作变成一种快乐的事业,李天凝和吴丽霞夫妇乐在其中。

密码之二:绿色的树木和智能的车间

阿尔本给我们的第一印象是满眼的绿。绿色不仅体现在一棵棵树木上,还体现在这家企业生机勃勃的智能化改造上。昔日,我们印象中的传统劳动密集型企业,已华丽蝶变为充满生机的现代先进制造业:智能机器人、全自动裁剪、全自动整烫、全生命周期追踪……

穿过花团锦簇的林荫大道,走进阿尔本公司82条时装制造流水线的智能车间,但见从日本进口的JUKI全套自动化流水线、智能服务吊挂系统、德国托卡奔马全自动裁床……我们仿佛走进了一个由服装数字化设备、自动化成套装备陈列的大展馆,让我们看到了服装制造业发展的未来。

阿尔本现代化的车间一瞥

在许多人印象里,服装行业是个劳动密集型的传统行业,普遍存在生产设备陈旧、技术相对落后的问题,似乎与信息化、高科技相去甚远。当我们走进河南阿尔本服装有限公司时,智能生产车间扑面而来的现代化气息,传递着制造业创新发展的脉动,完全颠覆了我们原先对服装行业的印象。就连见多识广、办过多家服装企业的南通市服装协会会长蔡建华也很震撼。

在吴丽霞看来,创新发展是企业打破经营困局的钥匙,也是企业发展壮大的不竭动力。她说,服装行业是典型的传统行业,如果说有什么秘诀,就是她先生和团队通过10多年的努力,把一个传统的劳动密集型企业华丽蝶变为一家高科技企业。

在阿尔本,每一个生产环节都贯穿了当代科技。特别是生产轻薄面料女式上衣类时装时,对技术的要求是很高的。面料又轻又薄的产品穿上身后不仅要舒服,还要有腰身胸线和立体的美感。阿尔本生产的柔性女式服装,近似于霓裳羽衣,每件服装的生产工艺有200多道,其生产工艺流程一直追求精益求精。

说到公司的智能化改造,吴丽霞总要情不自禁地夸奖她的先生李天凝。李天凝早年在南京理工大学读书时学的就是自动化控制。天赋极高的他又非常喜欢学习和琢磨，在他多年持之以恒的努力下，阿尔本公司加快转型升级，推动智能制造工厂建设，自主研发了800多个生产管理小程序，从企业每天的运转中采集60万至70万条数据，实现了全生产过程的数据化及其应用。如今，这家公司已发展成集品牌设计、智能制造、个性化定制、销售于一体，具有ODM（原始设计制造商）能力的综合性服装企业，也成为河南省技术创新示范企业。

李天凝告诉我们，这些年来，公司自主研发了MES［MES（Manufacturing Execution System），生产执行系统］智能化生产制造执行系统，包括Alpen服装ERP［ERP（Enterprise Resource Planning），企业资源计划］生产管理系统、计件工资系统、服装标准工时分析系统GST［GST（General Sewing Time），一般车缝时间］、产品全生命周期管理系统、生产数据二维码系统，通过MES系统对生产过程计划派工、生产检验、入库等各个环节进行科学规划、科学排产，使交货期更短、生产更均衡，更好地提高设备使用率。

在车间参观时，李天凝给我们演示了奇妙的二维码系统。这套系统由阿尔本公司自主研发，基于RFID［RFID（Radio Frequency Identification），射频识别技术。］的感知物联网系统，实现原材料进厂检验、整烫、成衣检验、包装入库、物流等服装生产工序的全生命周期质量可追溯管理，极大地提高了企业大批量中高档时装的生产效率。制造执行系统MES和企业资源计划系统ERP的集成，使车间管理更全面、更科学。

以数字化、自动化为基础，深度研发传统制造业的数字化业态，以技术改造激发技术创新，以技术创新支撑快速发展，阿尔本制衣积极探索依托智能化改造实现高质量发展的模式。如今，从阿尔本豫东南3大工厂里出品的时尚服装，源源不断地出现在海内外许多商场的货架上，扮靓了许多俊男靓女。

密码之三："小裁缝"和"巧媳妇工程"

在河南，在周口，在商水，提起闻名全国的"巧媳妇工程"，人们都会提起阿尔本，都会对从江海大地飞来的"孔雀"吴丽霞和她的企业竖起大拇指。

吴丽霞和李天凝的阿尔本在 2012 年落户周口商水时，正好赶上了"巧媳妇工程"的风口。彼时，河南省服装行业协会正在酝酿启动面向中原大地的"巧媳妇工程"。商水是河南省服装行业协会启动"巧媳妇工程"的一个重镇。

"巧媳妇工程"是河南省服装行业协会牵头的一项民心工程，体现了河南服装立足行业，不断扩大产能规模、融入乡村振兴、壮大实体经济、打造河南制造强省的行业担当。据河南省服装行业协会会长李刚介绍，在这项惠民工程中，河南阿尔本服装有限公司表现非常

吴丽霞（左四）帮助许多"巧媳妇"走上致富之路

出色。"巧媳妇工程"启动后,许多服装企业观望踟蹰,而阿尔本一开始就积极响应协会号召,引导当地妇女接受工业化洗礼,促使一批"巧媳妇"在土地以外有了稳定收入,提高了生活品质。

商水县是传统的农业大县,也是全国集中连片特殊困难地区——大别山片区扶贫开发重点县,每年外出务工人员有近30万人,仅留守妇女就有20多万人。为有效解决留守妇女就业问题,自2012年开始,商水县在河南省服装行业协会的强势推动下,积极培育一些技术含量低、就业覆盖面广、适合农村发展的"巧媳妇工程"产业项目,让留守妇女在家门口就业,让她们通过自己的双手,过上体面的生活。

为使"巧媳妇工程"在精准扶贫中发挥更大作用,商水县创新"巧媳妇工程"产业带贫模式,采取"协会搭桥、政府引导、企业领办、留守妇女参与、零风险保障、市场化运作"的方式,实行"公司+分厂+联系点+贫困户"的经营模式,走出了一条企业总部在产业集聚区、乡村设分厂、家里当车间的发展路子。同时,商水县积极组织企业将生产器具、原材料送到地域偏远和因病、因残、因年龄等不能进厂务工的人群手中,上门回收产品,让有劳动能力的人都有活干。据商水县领导介绍,在这一系列工程中,阿尔本总是走在最前面。

如今,在商水县265家"巧媳妇工程"优秀示范企业中,阿尔本名列榜首。以阿尔本制衣为龙头的服装服饰产业加工站点有100多个,遍布各个乡村。"打工无需去远方,家乡就是好地方。""巧媳妇工程"在促进妇女创业就业、带动当地贫困妇女就业方面发挥了较好作用,既能让广大妇女照顾到家庭,又能在家门口就业创收,充分发挥了"巧媳妇"创业就业示范基地的积极作用。

在发展企业的同时,吴丽霞积极履行社会责任,关爱留守妇女儿童等弱势群体,殚精竭虑地帮助他们走出困境。

作为河南妇联执委,吴丽霞积极响应国家"精准扶贫、解决留守妇女就业问题"的策略方针,吸收农村留守妇女9000余人次、下岗女职工 3000 余人次，累计带贫 4050 户。据了解，随着公司的持续发展，阿尔本将打造容纳万人的服装科技园区，为广大农村留守妇女创造更多的就业机会。

与此同时，吴丽霞还先后资助多名贫困大学生，帮助他们实现受教育的梦想；帮扶多名孤儿，在每年春秋开学季发放爱心款及学习用品；慰问帮助孤寡老人和困难员工，逢年过节都会分发米、面、油等生活必需品。吴丽霞用实际行动诠释了企业勇于承担社会责任的理念，公司也获得了河南省"巧媳妇工程"示范企业、河南省"三八红旗集体"等荣誉。

万事开头难。吴丽霞和李天凝夫妇一开始踏上中原大地时，招工场面并没有想象中那般火爆，第一天只来了两个人。足智多谋的李天凝和蕙质兰心的吴丽霞想了一招：邀请当地巧媳妇来公司参加军训，每天发 80 元补贴。这一招很有用，当天就来了 200 多人。良好的工作环境和福利条件，很快一传十、十传百，求职者纷至沓来。

为了做到精准扶贫，阿尔本为所有贫困户建档立卡，只要能写出自己的名字，且年龄在 18 到 40 周岁，都可以参加就业前的培训；培训合格后，便可成为正式员工。现在，阿尔本正式员工的月平均工资为五六千元，一线员工最高可拿到 1.2 万元左右。在车间的过道里，"工作还是家乡好，不会抛下老和小。撸起袖子加油干，计件月薪能过万"的宣传语随处可见。

在阿尔本和一些商水企事业单位的共同努力下，2019 年，商水县"巧媳妇工程"以第一名的成绩，位居中国优秀扶贫十大案例之首。

世界上什么事情最开心？在走向世界服装研发制造之巅的征程中，一路播撒阳光，收获希望，没有什么比这更让"70 后"夫妇李天凝和吴丽霞更开心的了。

燎原激情耀世纪

——江苏世纪燎原针织有限公司巡礼

梁天明

3000年历史积淀的浓郁江海风情，将如东浸染成一方独特的人文之地。

地处江苏南通东北部的如东，紧靠黄海，因海而生，傍海而立，倚海而兴。大海，不仅赐予了如东人禀赋独具、岁物丰成的物化形态，更塑造了如东人"脚踏实地、不畏艰险、负重前进、永不停步"的海子牛精神。这种精神同样也深深融入如东商人的血脉之中。

大海铸造的海子牛精神

在如东，离江苏世纪燎原针织有限公司（以下简称"世纪燎原"）不远的广场中央，一椭圆巨柱劈面闯入你的眼帘，一座青铜牛雕塑稳立其上，环角宽背，厚臀圆蹄，头南而尾北，好一副"不待扬鞭自奋蹄"的模样。这便是如东县城标志性雕塑——海子牛。海子牛体形健硕，背部平直，肩部拱出，双角圆张，四肢粗壮，四蹄宽大，适宜在海滩自由来往。

对江苏世纪燎原针织有限公司总经理黄继石来说，"海子牛"是他终身学习的榜样。在员工眼里，他也是头海子牛。

江苏世纪燎原针织有限公司总经理黄继石（右一）给来访者介绍产品

    走进公司大门，喷泉、雕塑、假山、彩灯扑面而来，一片片绿色的草坪上，开放着千姿百态的各类鲜花，美轮美奂的办公大楼和一栋栋现代化的厂房气势雄伟，高高的阔叶树、婆娑的黄杨树、婷婷的小香樟，还有千年的铁树，把厂区点缀得美丽迷人。然而，这一切并不能吸引我们，吸引我们的是黄继石的创业经历和他的精神品质、人格魅力。

    黄继石的脸上总是满面春风，平和的语调、谦逊的笑容，坦诚而实在，但他骨子里却透着韧性和刚强，印刻着善于开拓、勤劳负重的"海子牛精神"。

    1975年，高中毕业的黄继石在家待业8个月，因为有良好的群众基础，大家推荐他当了生产队队长。一个偶然的机会，黄继石应聘到如东县卫生防疫站工作。从农村到县城，黄继石的眼界开阔了很多，商业意识也开始慢慢形成。1986年，他看准了市场上医用服装较紧缺，萌生了加工医用服装的念头。他东拼西凑3000元，凭借自己的勤劳苦干和对市场信息的敏锐嗅觉，不到两年，净赚 3 万元。在当时，3 万元可以很好地改善自己的生活，可盖一幢小洋房，但初尝创业成果的黄继石并没有停下自己的脚步。1992 年，他告别小作坊式的服装加工模式，成立了燎原针织公司，购置了 12 台针织横机，租赁了镇卫生院一幢破旧的老屋作为厂房。他带领 30 个兄弟姐妹，开始编织自己的创业梦。那时，上海羊毛衫在市场上销路很好，让他与上海的一些企业进行合作加工，市场形势一路看好，从那时开始，黄继石加入了民营企业家的行列。

民营经济是一定范围的劳动者个体经济，是公有制经济的必要补充。1992 年开始，民营经济的地位已经不是社会主义公有制的重要补充了，而是重要组成部分。黄继石抓住这一重要时机，他感恩党，党的政策如春风吹满大地。有了一定的实力后，黄继石开始考虑扩大企业规模，特别是经常与上海、苏南以及外商的频繁接触，让他强烈地意识到企业规模带来的效应。

1994 年，黄继石盖了自己的 800 平方米的厂房，这不光是包装自己，更是打造实力的必经之路。诚实守信的黄继石开始赢得更多的信任，既得到了银行的支持，也获得了客户的信赖。也就是在那一年，他将所赚的近百万元资金全部投入生产，购置配套设备，员工也慢慢增加到近百人，开始了与外商金蒙公司的合作生产加工业务。随着人员数量的增加和企业规模的不断扩大，黄继石清醒地认识到：创业需要的不仅仅是激情，更重要的是凝聚人心。只有上下同心，拧成一股绳，企业才能持久生存和发展。

1998 年，黄继石当选了县人民代表，他找到如东县委组织部部长，一脸严肃地问："我们厂有 5 名党员，可以成立党支部吗？"这可是开天辟地的大事，当时在南通民营企业中绝无仅有。会后，组织部部长率人来厂调研，感觉燎原虽然是家很小的民营企业，但各项规章制度很健全，黄继石本人热爱党，政治立场坚定，组织观念强，

世纪燎原现代化的厂房和车间

如果能建立党支部，那可是一件大好事啊。不久，南通市民营企业第一个党支部在燎原针织公司诞生了，填补了南通市民营企业无党组织的空白。

从此，黄继石以党建引领企业发展。他常说："职工的心，是企业的根，做好企业就是做好人的工作。"2009年8月，该党支部升格为党总支，共有党员36名。

2002年，黄继石抢抓发展机遇，在如东经济开发区购置了70亩（约4.67公顷）土地，投资建成一座花园式的现代化工厂，公司改名为江苏世纪燎原针织有限公司。

从兵房小镇到如东县城，从医用服装到针织毛衫的生产，从南通燎原针织有限公司到江苏世纪燎原针织有限公司，几十年的光景，黄继石，这个从黄海之滨的土地上成长起来的党员企业家，走过了夫妻搭档、肩挑背扛、金融风暴、贷款无门这样一段段不寻常的艰难创业路，但他始终以"海子牛精神"坚韧地驮着，驮着一切困难前行，他始终以党建工作统领企业不断发展壮大。

"一带一路"的新蓝图奇迹

2013年，习近平总书记提出了"一带一路"倡议，用如椽巨笔，勾勒出一幅和平发展、合作共赢的壮美蓝图。"一带一路"现已成为跨越地理限制、突破文化差异、融合发展需求的开放式、全球性合作平台，并将扎扎实实地为世界经济复苏作出重要贡献。

"21世纪海上丝绸之路经济带"让地处黄海之滨的黄继石心潮澎湃，这是我们构建人类命运共同体的伟大实践，也是企业家发展企业、拓宽视野、走出国门的重大战略机遇。

机遇总是青睐有准备的人。世纪燎原从2010年开始，连续3年，产量、效益都在走下坡路。黄继石决定立刻南下东南亚，沿着丝绸之路经济带进行考察。

通过考察，黄继石敏锐地看到国际市场的复杂和便利。一方面，随着国际经济形势的不断变幻，针织产品的国际市场分布发生了根本性的变化，一些国际著名品牌如阿迪达斯、耐克、优衣库、无印良品、利丰等都加速把订单转移到东南亚，尤其是欧洲市场也在向东南亚转移。另一方面，人工成本上涨给企业经营带来了无法想象的压力，国内各项成本激增。经考察得知，缅甸不仅劳动力资源丰富，而且比国内用工成本大为降低。黄继石有着脚踏实地、负重前进的"海子牛精神"，他要走出去，在缅甸杀出一条"血路"。经过和缅方政府的多次接洽、谈判，世纪燎原成功落户缅甸仰光市工业区，由此大大降低了客户的综合采购成本。消息一经传出，原来有合作关系的国外著名品牌客户也要求世纪燎原到缅甸直接生产并出口。

由理念变为行动，由愿景化为现实，道路曲折而艰辛。然而，再曲折再艰辛，也不可能动摇具有"海子牛精神"的黄继石的决心和果断。当时国内到缅甸还没有直达航班，只能经昆明再转机才能到达缅甸。黄继石带着儿子从上海浦东国际机场出发。当飞机腾空起飞的那一刻，黄继石的眼睛湿润了，他看着飞机舷窗外的蓝天、白云、阳光……感觉"一带一路"的伟大决策，如飞机强大的引擎，正将他推上一个高速飞行的新跑道，即将轰鸣起飞。

黄继石父子一路颠簸来到缅甸仰光的莱达雅工业园区。莱达雅工业园区在缅甸仰光西郊，驾车仅需 20 多分钟，地理位置非常优越。可就是这个缅甸最大的工业园区，电话常常没有信号，网络每天只有半小时的使用时间，电力也常常供应不上，条件十分艰苦。但黄继石认定了目标，下定决心：干！

黄继石遇到的困难难以想象。缅甸的政治局势波谲云诡，除战事之外，时势也是风云多变，加之缅北的诈骗集团极其恐怖。要在这样的国家投资建厂，没有过人的胆识和魅力是不可能做到的。黄继石不但做到了，而且做得很好！要投资首先就要汇款，但 2013 年我国和缅甸还没有开通外汇交易，没有一家银行同意办理汇款业务。黄继石就通过其他途径，协调第三方从新加坡的客户转账过去。莱达雅工业园区处于丘陵地区，河边和树林中的蚊子大且特别多，人一旦被叮咬，身上便奇痒无比。建厂之初，黄继石就和工人们睡在用棕树叶子搭建的简易草棚里，实在无法安心睡觉，就让工人们两人一组，轮流摇扇子驱赶蚊子。由于地缘政治不同，国与国之间的关系各异，在缅甸必须一步一个脚印，稍有不慎就会酿成大祸，因此，公司规定，在缅甸的中方人员外出必须集体行动。

2013 年 4 月，缅甸工厂进入试运行阶段，黄继石选派了 50 多名技术师傅对招收的 800 多名当地员工进行集中培训。由于缅甸电力不稳定，必须经常自行发电，无形之中公司每月增加了 100 多万元的成本。不到一年，缅甸工厂生产的针织毛衫全部出口欧美，受到客户的赞誉。到 2016 年，缅甸工厂发展到 1000 多名员工；到 2020 年，发展到 5000 多人。针对当地一些员工普遍营养不良的现状，公司除按时发放工资外，每天早上还给每人供应一只鸡蛋和一个面包，工人们精神饱满，干劲十足，工资比当地公务员还要高。公司还成立了"爱心基金"，援助缅甸贫困员工，不但让他们安心工作，还树立了良好的中国形象。2019 年，仰光省省长吴漂敏登亲自带领政府官员到公司参观，对公司给予了充分肯定。

黄继石的"海子牛精神",打通了"一带一路"的世纪燎原"海上丝绸之路"。世界著名品牌 H&M、CNA 主动寻求合作,生产的新产品源源不断地出口德国、法国、意大利等欧盟国家,还出口俄罗斯、澳大利亚、加拿大、美国、日本、韩国、印度等 70 多个国家和地区。

2020 年,世界暴发新冠疫情,缅甸工厂被迫停工 20 天。在缅甸工厂不能按期交货的严峻形势下,如东工厂把原材料从缅甸拉回如东加工生产,再从国内发货,完成了客户的订单。虽然增加了成本,却维护了国人的信誉,在国际市场牢牢占领了应有的份额。缅甸工厂还向当地政府和警察局、劳工部、医院等捐赠了几十万只口罩用于防疫,受到当地政府的高度评价,缅甸中国网第一时间在显著位置进行了报道。2020 年,世纪燎原产值达到 4 亿元,利税超 3000 万元。2022 年纺织毛衫产量达 1350 万件,2023 年达 1600 万件,超过历史最高水平。

"我们是在'一带一路'这个国际跑道上起步、腾飞的,也是在这里创造了奇迹。"黄继石兴奋地告诉我们,世界著名的瑞典 H&M 公司把世纪燎原列入了金牌供应商,他们主动增加世纪燎原的订单,直接合作 8 年。世纪燎原在"世界快时尚"2600 多家店中各方面均名列前茅。

在我们采访黄继石的两个小时里,他一共接了从缅甸打过来的 11 个电话,可见在缅甸建厂之不易……

黄继石的新计划正在实施:在中国与缅甸的边境再开拓生产基地,拉长产业链,缅甸新厂预计今年投入生产。黄继石凭借"一带一路"强劲的东风,更加自由地驰骋在世界针织疆场。

科技创新的领军者情怀

在黄继石宽大的办公室里,醒目地放着一头"金牛",那是用 24K 黄金打造的重达 1000 克的"金牛",那是如东县委、县政府授予的改革开放四十周年特别贡献"金牛奖",是为了大力培育"张謇式"企业家群体,营造尊商重商亲商的浓厚社会氛围。

黄继石认真地说:"创新,是企业发展的灵魂。"他十分重视科技创新,以科技创新提升企业产品的核心竞争力。作为一家长期与世界著名品牌合作的企业,近年来,世纪燎原积极适应国内外经济形势发展变化,加大研发投入,不断开拓创新,组织科技人员夜以继日地开发新品。通过为阿迪达斯开发的毛衫样品,公司接到60多万件毛衫的生产订单。与此同时,阿迪达斯还将原来在泰国加工的订单转移到世纪燎原,让公司获得新的经济增长点。

为了不断提高创新能力,黄继石在坚持自主研发的同时,还与东华大学签订了产学研合作协议。公司现有发明专利1项、实用新型专利5项、软件著作权7项。近年来,合计完成科技成果转化15项。例如,用于针织类服装的整烫设备的科技成果,能增强设备装置的灵活性,可以根据使用者的使用高度调整装置高度,为使用者提高使用时的舒适度。再如,针织衫生产用电脑横机撞针检测系统V1.0,具有多功能的用途,更加智能化和自动化。

在强化创新的同时,公司还强化经营管理,引进现代企业制度,提高规范运作水平。公司拥有严格的成本管理制度,一度电、一滴油、一根纱、一张纸、一滴水,都是成本控制的内容,年初将有关费用指标下达部门和车间,强化检查和考核,把成本费用降到最低限度,并对各部门和车间的生产管理实行网络化、数字化管理,提升管理水平,提高接单竞争优势。

反哺社会,在履行责任中聚力。公司积极参与社会活动,彰显社会责任,传播社会正能量。公司为结对村困难群众提供的就业岗位达50多个,帮助拓宽村级经济发展渠道。公司热心公益事业,党员带头资助失学儿童,参与"爱心一日捐";汶川地震发生后,他们在第一时间带头为灾区捐款;组建燎原志愿服务队,为留守老人修家电、送煤气、理发等,扩大了企业的影响力。公司先后荣获农业农村部质量管理达标单位、全国纺织行业示范单位、江苏省十佳诚信企业、江苏省文明单位、江苏省计量合格确认单位、ISO9002质量体系认证单位等几十项荣誉。黄继石也先后荣获江苏省优秀企业家、江苏省劳动模范、南通市劳动模范、南通市五一劳动奖章等荣誉,连续3届当选市人大代表、县人大常委和全县十佳"红色业主"。

"白蒲双雄"闯天下

——李文伟与李加庆的创业传奇

梁天明 张炳炎

白蒲古镇,东西南北长千余米,青砖瓦房,石板小路,木门堂屋,古色古香,甚至酒店招牌的旗子都颇有味道。

两位古稀老人走在老街上,他们停在一家挂着白蒲黄酒招牌的店门前。进店后坐下来,两人各点了一碗白蒲黄酒、一盘白蒲茶干,碰一碰酒碗,叮咚一响。你一句,我一句,慢吞吞地开始回忆起他们的奋斗故事……

豪华落尽见真淳。老哥俩含泪动情地讲着当年凭借改革开放东风创办企业的点点滴滴;讲着创收外汇带动古镇经济腾飞的红红火火;讲着企业改制安抚工人的零零碎碎……

走过老街,蓦然回首。这老哥俩曾为南通服装界作出过巨大贡献,曾是当年叱咤南通服装界的风云人物!

哥哥有一个响亮又文绉绉的名字:李文伟!弟弟比他小5岁,也有一个响亮的名字:李加庆!

改革浪潮弄潮者

李文伟是新中国的同龄人。18岁那年,尚无独立生活经验的他

李文伟（右一）和他的合作伙伴合影

即被送往农村。他的父母亦无可奈何，日日为自己的孩子黯然神伤，梦牵魂绕，精神上年深日久的煎熬，徒令华发早生。

李文伟并没有让父母失望，他披星戴月，在生产队和大家打成一片，决心完成"再教育"的神圣使命。

"脱胎换骨"改造数载，他与所有知识青年一样，乘着席卷全国的"返城风"实现了回城的夙愿。

返城后，李文伟被分配进白蒲缝纫社，当上了一名小会计。

1979年，那是一个春天，党中央、国务院批准广东等地在对外经济活动中实行"特殊政策、灵活措施"，并决定在深圳、珠海等地试办经济特区。但那个时候，改革开放才刚开始，绝大部分地区和行业实行的都还是计划经济。

1980年7月，白蒲缝纫社根据上级指示，招收一批知青返城的新员工，比李文伟小5岁的李加庆被招进了白蒲缝纫社。两个姓李的兄弟从此开始了情同手足的共同创业。

当时如皋城里服装行业的龙头老大是如皋服装厂，白蒲缝纫社仅是十几个人的集体企业，不允许单独接单，只能等上级服装公司分配,生产任务严重不足,人浮于事。那时的服装公司是计划经济产物,没有独立的进出口权。外贸服装的进出口权由江苏省外贸服装进出口公司控制。当年,南通友谊服装厂生产的彩格绒和府绸男衬衫出口到苏联等东欧国家,大受欢迎。上海外贸公司给南通友谊服装厂下达了几十万件彩格绒和府绸男衬衫的大单,生产量剧增,友谊服装厂根本无法完成,于是分单给6家定点生产厂家,其中就有部分分配给如皋服装厂,而如皋服装厂又分了一万件衬衫给白蒲缝纫社。

当时李加庆在供销科工作,负责对接外贸公司获取订单,采购外贸公司指定的原、辅材料,还要负责服装成品的出运。这是李文伟要在李加庆这个年轻人稚嫩的肩膀上施加更大的压力,让他更好地锻炼,发挥更大的作用。

这一万件衬衫可是白蒲缝纫社建厂以来最大的一笔服装订单。李文伟和李加庆等伙伴们商量,这笔订单制作完成后,厂里资金周转就没问题了,利润也有了,还可以补发已经拖欠了两三个月的工人工资。这一万件衬衫可是白蒲缝纫社"翻身做主人"的最好契机。但是,工人不够,缝纫机也不够。白蒲缝纫社立即在十里八乡招聘了70多名农民工。厂里资金短缺,就要求农民工自带缝纫机、带资入厂。在李文伟的领导下,厂部对农民工进行培训,他们努力学习业务知识,提高管理能力,由此白蒲缝纫社具备了外贸生产的条件和能力。

当时厂里职工不足百人,任务重,工期紧。李文伟和全厂职工吃住都在厂里,日夜做,拼命干,终于提前完成了一万件衬衫的出口任务。他们不但在产品质量上精益求精,而且在成本上一降再降,企业逐渐提升了对外接单的生产能力,赢得了外贸公司及客户的好评。

白蒲缝纫社打响了外贸加工的第一炮。接着,他们还要接力第二棒,甚至实现三连胜。此时,李文伟在白蒲缝纫社已经从一个小会计变成了工厂的组织者和领头羊,他在工人中的威信也越来越高。他是个工作劲头十足的"拼命三郎",每天早上7点多就到厂里上班，中餐和晚餐都在厂里简单解决，晚上下班到家一般都要半夜了，真是呕心沥血，全身心投入，仿佛打了鸡血一般。提起他，工人们纷纷竖起大拇指，称赞这个青年人有上进心，工作忘我，敬业精神强。后来，白蒲缝纫社又陆续接到了生产几万件出口衬衫的订单。这期间，工厂资金短缺，熟练工不足，生产设备陈旧，各道工艺落后。李文伟看在眼里，急在心里，一度急火攻心，操劳过度，累得吐血不止。

李文伟的父母看着儿子一天天瘦下去，心疼得直掉眼泪；同事们也十分着急，堵在厂门口，不让他进厂，把他"押"送进医院。可李文伟只开了一点药，一天也没有休息，回到厂里坚守在生产第一线，继续给职工们加油、鼓劲！

李加庆也十分努力，他当时是白蒲缝纫社最有学问的年轻人，生产前期兼职中英文翻译，配合技术部门制版出样，还参加生产工艺流程制作和车间生产统计。为了提高统计准确率，切实提高效率，他还亲自参与生产流水线操作，如锁订、整烫、包装、刻版、刷箱唛等工作。

终于，李文伟和李加庆等带领白蒲缝纫社这个小作坊干出了大名堂。

白蒲镇政府对此表现出了极大的兴趣，镇长亲自到缝纫社视察、调研，李文伟向镇政府汇报了自己扩产计划的宏伟蓝图。镇长看着这个充满朝气、颇有思想的李文伟，心里十分喜欢，暗暗称赞：这个青年人日后定能干出一番大事业，一定大有前途。镇政府充分肯定了李文伟的大胆想法，全力支持他的扩产计划。

白蒲缝纫社最初是租赁房管部门的几间平房作为厂房，而后准备征地贷款建生产车间。镇政府大力支持，无偿提供土地。由于资金不足，李文伟找到银行行长，准备向银行贷款。银行行长犹豫不决，怀疑这样一个不起眼的服装小作坊，能有什么发展势头和还贷能力。后来在镇政府的全力支持和担保下，银行的贷款终于到位。不到一年，

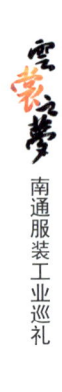

白蒲镇建成了第一幢大楼，那就是白蒲缝纫社的生产大楼。白蒲缝纫社也改名为白蒲服装厂。白蒲服装厂终于站稳了脚跟，日后一发而不可收，成为白蒲镇改革发展的"弄潮儿"。

合资办厂尝试者

历史，总是在一些特殊年份，给人们以汲取智慧、继续前行的力量。

1990年春季中国华东进出口商品交易会期间，李加庆了解到苏通纺进出口公司在寻找一家服装厂与外资企业合资办公司的消息。他立即向李文伟汇报，兄弟俩一拍即合，决定抢占时机，利用外资使白蒲服装厂壮大起来。

香港建美时服饰有限公司总部和研发中心设在香港浅水湾，拥有亿元资金，在香港及东南亚服装界颇有声望。香港建美时服饰的老板是上海人，他看中南通依江傍海、三面环水、形同半岛、南与上海隔江相望的地理环境，看中南通"包容会通、敢为人先"的人文精神以及宽容良好的投资环境。在南通市政府领导华保良、陈华汝的积极支持和苏通纺公司的撮合下，经过多轮极其艰难的谈判，由白蒲服装厂、南通苏通纺进出口公司、香港建美时三方举行了"中外合资南通建美时服饰有限公司"合作备忘录签字仪式，备忘录确立了三方共同投资、合作设计、独立生产的合作方向，以及服装销往日本等国家和中国香港等地区的目标。

1991年7月，花篮簇拥，嘉宾云集。千年古镇白蒲镇，迎来了它有史以来最热闹的一天。香港建美时服饰有限公司董事长和南通市政府领导为中外合资南通建美时服饰有限公司举行了隆重的开业剪彩仪式。从此，白蒲服装厂转型成为中外合资企业，发生了质的变化。

1991年9月，由于外贸订单剧增，白蒲服装厂（以土地、厂房、设备折价）、香港建美时服饰和苏通纺分别投资40万美元，三方合作投资，坚持"两头在外，三来一补"的方针，年产值再创新高，外销产品持续兴旺，成为除省服装公司之外，地市级服装厂的第一创汇大户，辉煌一时。

由于订单的性质发生变化，企业遇到新的挑战，内部生产流程也作出了改变，由加工型企业转变为工贸一体型企业。这时企业急需一整套进出口业务的管理规范及运作模式，以保证服装订单顺利进行。为此，李加庆被委任为南通建美时服饰贸易部长。于是，他责无旁贷地带领同事们边学习、边实践，认真做好各项业务对接工作。合资后，业务量大增，销售额第二年达到600多万美元，比合资前增长近10倍。

李加庆是个善于学习、喜爱思考的青年人。在此期间，他结合外贸服装进出口业务的实践操作经验，积累了一些感悟，完成了《论企业国际化的过程》的论文，从"国际化的动机"等几个方面论述了外贸企业国际化过程中的发展规律，以及加入WTO后遇到的新挑战。该论文于1993年1月发表在《江苏工商》月刊，受到市纺工局领导的赞许，并获得如皋县政府、如皋纺工局的奖励。

市场经济引领者

白蒲服装厂为千年古镇引来的第一笔外资，唤醒了沉睡的千年古镇。1991年7月，轰动全国的电视连续剧《渴望》摄制组导演鲁晓威和主演张凯丽、李雪健、孙松、黄梅莹等来白蒲服装厂参观，白蒲镇万人空巷，盛况空前，纵然天气再炎热，也依然挡不住古镇群众的热情，争相一睹明星风采。

白蒲服装厂自创的儿童服装品牌"小博比"童装在南通金鹰国际、王府井大厦设专柜展销，引来了家长们的抢购。这套"小博比"

品牌童装专门针对儿童娇嫩的皮肤和身体特点，无论面料还是辅料都强调天然、环保，款式上则追求时尚，添加亮片、刺绣等流行元素，或时尚成熟，或简洁大方，体现了"贵族式休闲"。当时西安市副市长来通访问时也盛赞"小博比"品牌童装，还邀请白蒲服装厂到西安大型商场进行展销。

　　1992年年底，白蒲服装厂接到十几万套名牌运动服的订单。李文伟带领全厂设计人员认真研究运动服装的特点，运动服不仅要让人看起来更专业、更有范、更有舒适感，而且必须在竞技体育中能起到一定的保护作用，提升爆发力。李加庆更是认真研究加工工艺，全体职工加班加点，按时完成任务。服装制作完成后，经体育专家检验和运动员试穿，认为可以和国际著名品牌运动服相媲美。发货时，十几辆大型集装箱车从古镇白蒲同时出发，整个古镇人山人海，全厂职工齐聚道路两旁，燃放鞭炮送行，镇政府领导亲临现场欢送，警车开道，热闹非凡，蔚为壮观。这一单白蒲服装厂就赚取了1000多万元。

　　1993年年底，建美时服饰香港总部追加投资100万美元，创办了"南通宝美时服饰有限公司"，进口了全套日本现代化服装加工设备。1994年开始运营投入生产。当时加工制作日本蝶理株式会社的品牌"FILA"斐乐运动休闲服，订单量极大。日本蝶理株式会社对白蒲服装厂的产品质量十分满意，来厂洽谈合资生产。但由于港方不同意，与日资合作没有成功。接着，日本蝶理株式会社牵线介绍白蒲服装厂为日方的加衫和盐田两家服装株式会社加工西裤，使公司度过了两年低谷期。

　　市场经济充满竞争。一位企业家对市场要有敏锐意识、超前意识，善于掌握信息、抓住机遇，方能在竞争中立于不败之地。

　　1994年，白蒲服装厂已发展到拥有职工700多人，内销、外贸同时进行。当时接到一批童装加工任务，数量特别大。接单后，白蒲服装厂遂在林梓等乡镇设立多个加工点，接纳回乡青年，安置转复军人，解决了许多职工的生计问题，得到镇政府的表彰。

1995年，白蒲服装厂接到日本3万件高档和服和10万件中档和服的订单。3万件高档和服面料全部由日本进口，要求全部手工缝制，日方还派遣一名苛刻的老妇人亲临督导。李文伟发动全厂职工，精心组织生产，精心指导员工，保质保量完成了任务，赚取了丰厚的利润。日方老妇人回国前拍着李文伟的肩膀说："李君，素晴らしい。（李文伟，你太棒了！）"另外，白蒲服装厂还接到大量日本睡衣和浴袍的制作单子，要求用全棉布料制作。李文伟特意赶往新疆采购优质棉花，制作面料，日方对产品质量十分满意。通过几年奋斗，白蒲服装厂在林梓、丁埝、石庄等地都设立了分厂，如皋服装厂的龙头老大地位渐渐被白蒲服装厂取代。真是三十年河东，三十年河西，风水轮流转。

当年，白蒲服装厂加工了著名的波司登品牌羽绒服；与阿尔本服装、泰慕士服装以及南通富华服装等著名服装企业都有紧密的合作；还为日本优衣库、大西衣料等品牌制作服饰……白蒲服装厂在南通服装界名噪一时。

在改革大浪潮中，有高光时刻，就必有低谷时期。受世界经济形势的影响，2000年以后，白蒲服装厂订单锐减，开始走下坡路了。

因公司内部管理存在诸多不协调问题，李加庆于1995年6月辞职离开白蒲服装厂。

李加庆辞职后，先后成立两家工贸一体的进出口服装企业——南通嘉森服饰有限公司、南通吉上加服装有限公司，李加庆任董事长，生产和销售出口日本的高中档服装及休闲服装。

李加庆与时俱进，抓住机遇进行升级转型，扩大内需，增加科技数码专用设备的投入。由总经理李铖带领一批年轻的创新设计团队与上海合作伙伴共创中国风国潮服装品牌"碧海潮生"。产品有仿古原创唐装系列、复古原创休闲装系列。当下在天猫、京东线上销售排

李加庆（右二）、李铖（右一）父子和中国服装协会会长陈大鹏（中）合影

在前列，受到消费者的好评。

从此，一起在白蒲服装厂共同创业、齐心奋斗了15年的兄弟俩，分道扬镳了。

沉舟侧畔千帆过，病树前头万木春。2003年，白蒲服装厂进行企业改制，工人都得到妥善安置，李文伟也因为年龄和身体状况不好退休了，一家国有服装企业就这样走到最后时刻⋯⋯

唯有真诚大情怀

——江苏财通集团董事长葛沈庄印象

梁天明

清晨,风淡淡地掠过耳畔,留下一片沁心的凉快。阳光暖而不烈,浅浅的光线穿过车窗,洒落一份温馨的美丽。

今天是妻子60岁生日,江苏财通集团董事长葛沈庄驾着他那辆已经开了十多年的Mini牌微型汽车,带妻子去远行,看一看沿途的风景!

车上播放着每天都听的《母亲》《感恩的心》。葛沈庄轻轻地唱着,唱到动情处,双眼噙着泪花。在他看来,功名利禄都是过眼烟云,而父母恩情、妻子感情、朋友友情、儿女亲情则是永远的财富。

今天的目的地是贵州省黔西南布依族苗族自治州晴隆县,那是葛沈庄的"五度空间爱心基金会"长期资助的贫困县,他要去看望那里的20多个贫困孩子,孩子们也在等着他。

某些记忆总会因遗忘而不完整,而此刻人生因拥有而美好。他和妻子都已60多岁了。葛沈庄事业有成,但这几十年特别让他愧疚的就是妻子。妻子40岁那年,葛沈庄出差时带她去了趟上海,那是妻子第一次"旅游"。当时他问妻子:你还有什么愿望?妻子回答:想去一次北京,看看天安门。他答应:我们一定去!谁能想到,北京之行竟然在10年后才实现。妻子50岁生日时,葛沈庄终于带着她来

江苏财通集团董事长葛沈庄

到北京天安门。而那一次,是妻子第一次坐飞机。

今天,妻子 60 岁生日,他要带她再一次远行……

> 艰苦的农村生活,磨砺了我吃苦耐劳的精神,锻炼了我永不言败的坚定信念,这就是生活。

发轫于 1978 年的改革开放似一股温暖的春风,吹遍祖国大地。1992 年,那是一个春天,有一位老人来到中国的南海边,发表了重要的南方谈话。东方风来满眼春。春雷唤醒了长城内外,春晖暖透了大江南北。这一年,改革的大潮汹涌澎湃,中国的改革开放酝酿着重大突破,走上了一个新的起点。

有人说,早起者能收获第一缕阳光。此时的葛沈庄被这波改革大潮所激荡,他要搏击长浪,扬帆商海。

1974年,18岁的葛沈庄高中毕业后,回老家生产队当了一名会计。在那个时期,社会正经历一些不稳定的局面,他没能走进大学的校门,这似乎注定了他这辈子离不开农村,要和父辈们一样面朝黄土背朝天,日出而作日落而息地过着每一天。

胸有大志的葛沈庄怎能甘心一辈子蹲在农村?闲暇之余,他为自己勾画干一番大事业的宏伟蓝图。但是,当时的社会现状让他很无奈。如果说失败能使志弱者气馁,那么挫折就能使志坚者奋发。

"干一行爱一行",是父母教导他的做事原则。犁地插秧、播种施肥,这些农活葛沈庄样样在行。他手捧工分簿流连于田间地头,收工了,挑灯做账,一干就是6个年头,兢兢业业、无怨无悔。

随着农村经济的迅速发展,乡镇企业如雨后春笋般破土而出,这给在生产队磨砺了6年、积累了丰富经验的葛沈庄提供了一个机会,他顺利被调到乡镇企业,当上了总账会计。也正是从那时起,葛沈庄与企业和财务结下了深厚的情缘。1985年,国家开始建立乡镇一级财政,葛沈庄以优异的成绩顺利考入乡财政所,成为第一批进入乡镇财政机构的国家工作人员。1986年,葛沈庄光荣地加入了中国共产党。1993年,由于工作积极认真,责任心和业务能力都很强,葛沈庄又一次从层层选拔与严格考核中脱颖而出,被调进市财政局工作。

从一个农民到乡镇企业总账会计,再到国家公务员,葛沈庄默默无闻地书写自己走上社会后近20年的人生履历,有汗水也有辛酸,有失败也有收获。

1994年春,改革大潮如春雷激荡,席卷中国大地。命运之神的手再一次将葛沈庄推向了人生的岔路口。那一年,国家开始鼓励机关干部下海创业,葛沈庄积极响应号召,毅然决然地放弃"铁饭碗",带头创业。如果说之前20年的抉择是命中注定,那么这时的抉择既是乘风破浪,又是逆水行舟、迎难而上。

父母几近哭诉道:"儿啊,我们世代为农,不求发财,但求平安啊！"这并没有动摇他的初衷。在他看来，人生就要拼搏。

于是，南通财通经贸发展有限公司在葛沈庄的努力下悄无声息地开业了。4人挤在一间办公室，1台电脑，4张办公桌，这就是当时葛沈庄公司的全部家当。

艰辛和谨慎伴随着葛沈庄的创业之路。公司成立之初，葛沈庄每年都要去日本四五次，联系业务，拜访客户。出差在外，住的是档次最差的旅店，吃的是简单将就的快餐，交通方式是步行或坐公交车。葛沈庄从不奢侈浪费，这一习惯至今他还保持着。第一桶金也就是仅3万美元的小单子，还是别人不愿意接的弃单。最后核算下来，这张订单不仅没有赚到钱，还亏了本。但他们还是不折不扣地完成了这张订单的生产任务，公司的产品质量和信誉却让这位客商深深折服。于是，他不仅将自己的订单放心地交给葛沈庄做，还把其他客户也介绍到他公司来。

从此，公司开始步入平稳发展轨道。

> 在风险中避其锋芒而求胜，在危机中寻机遇求发展，一个企业家唯有真诚，才是人生的真谛。

改革开放40多年来，中国人民用双手书写了发展的壮丽史诗，江海大地上发生的沧桑巨变，是我们国家伟大变革的一个生动缩影。

1994年，对于历经苦难而又生生不息、正在创业大潮中迎风搏击的葛沈庄来说，是不同于以往任何时期、具有特殊意义的一年。

在这场波澜壮阔的时代大潮、亘古未有的历史巨变中，葛沈庄参与了这样的改革，经历了这样的巨变，他感到自豪、骄傲。

应势而谋、顺势而为。回想当年，在纺织和服装业竞争十分激烈的情形下，企业要如何转型？葛沈庄曾犹豫过、彷徨过、迷茫过。"运退黄金失色，时来顽铁生辉。"《初刻拍案惊奇》中的这句话，可以描绘当时的服装企业众生相：有人战，有人逃；有人兴，有人衰。竞争非常激烈，谁转型得快，谁创新的水平高，谁就能越早站住脚跟。比的就是有质量的速度、有胜算的竞争。回顾这段艰难的历程，葛沈庄至今感慨万千：金融危机，"危""机"共生。谁站在了潮流的制高点，谁就赢得了发展先机。"我很感激我的员工，他们没有一个人因为企业的一时不景气离我而去，而是与我同舟共济、患难与共、迎接挑战。"

从 2006 年开始，公司开始出现亏损。2007 年末，中国面临国际金融危机的冲击，出口型企业举步维艰，有的服装企业已经倒在了前进的路上。葛沈庄发现局势不妙，迅速作出决定，大刀阔斧实施五项战略转型：其一，由外销为主向内销为主转型，努力开辟内销市场，内销与外销并举，实现双翼齐飞；其二，产品结构转型，从单一睡衣、内衣产品向户外、休闲、运动系列服装转型，创自主品牌，启动"五度空间"户外、休闲、运动服系列；其三，从粗放式管理向现代化科学管理转型，实施现代化的 IT 精益生产技术管理，提升企业内涵，向管理要效益；其四，从服装制造业向产业总部经济转型，征地 100 多亩（约 6.67 公顷），创建江苏财通科技园，打造城市产业转移载体，压缩公司本部生产规模，加大外发生产投放；其五，人才引进从中低端向高、精、尖转型，整合团队，精简部门编制，提高工作效益，招聘优秀人才担任部门领导，实施全员绩效考核。

2008 年，公司略有盈余。葛沈庄预测 2010 年的发展前景可能会有所改观。

立业先立德，做事先做人，做人要厚道。首先，信誉和质量是制胜法宝，这是葛沈庄的优势所在。其次，要弯道加速，逆势而上。越是危机当头，越要临危不乱，加强对信息的积累和剖析，要准确分析国内和国际市场的情况，及时掌握国家的政策。同时，借助高校的力量，抢占服装行业创新在技术和理念上的制高点，使产品胜出一筹。

历史上所有伟大的成就，都是由于战胜了看似几乎不可能战胜的困难而取得的。在这次改革浪潮中，一位企业家要干出一番事业真的不容易。

从此，葛沈庄和他的团队热衷于国内外知名品牌运动装的研发和生产制造。在国内，与包括李宁、安踏、特步、361度等在内的所有大品牌都有合作。然而，葛沈庄审时度势，发现国际运动品牌更能体现公司的实力和制造水平。于是，他果断地放弃所有国内品牌，专注于国际知名品牌运动装的研发和生产。公司投入巨资招聘专业技术人员，现有工人300多名，引进日本服装辅助系统（CAD）及自动裁床等先进技术装备，联动上下游供应商和配套厂，年产国际知名品牌运动装300万件（套），是国际大品牌爱世克斯（ASICS）、美津浓（MIZUNO）、阿玛尼（ARMANI）、诺帝卡（NAUTICA）、狼爪（JACK WOLFSKIN）、大公鸡（LE COQ SPORTIF）、卡帕（KAPPA）、CP等在中国的高端制造商。

此外，葛沈庄创立自主品牌"五度空间"（FIVEDO）户外运动服饰，秉承"身自由、心自在"的企业文化和设计理念，自主研发生产销售户外服饰。随后在国内上市，一经面世便深受广大消费者的喜爱。公司邀请香港知名影星代言，成为中央电视台广告合作伙伴，蝉联南通市知名商标和南通市名牌产品称号，并向江苏省著名商标、全国驰名商标冲刺。

创业者从不把自己圈进任何一个句号，而是画着一个又一个省略号、感叹号，继续永无止境地进取！2012年，葛沈庄投资2.6亿元，创建财通科技创业园，占地11.8万平方米，总建筑面积14.2万平方米，建成标准厂房15幢，配套建设宿舍公寓楼3幢以及四星级的希尔顿欢朋大酒店。目前，园区已有45家科技型、创新型、研发型、商务型企业入驻。

今天，公司通过了质量管理体系、环境管理体系、WRAP、ARMANI、VF、SA8000等国际权威认证，是国家安全生产二级标准化达标企业，是南通市出口创汇大户、南通市通州区税收大户，获中国农业银行、中国建设银行"AAA级资信企业"称号，被评为南通市最佳诚信企业、全国外商投资"双优"企业。

几十年来，葛沈庄带领全体员工解放思想，披荆斩棘，顽强拼搏，以跨行业、多门类的战略格局，将一家小公司建成了集服装研发、生产制造、品牌运作及工业园区开发、光伏发电、酒店运营于一体的大型实体企业集团——江苏财通集团。

葛沈庄何以能成就这番事业？回答只有两个字：真诚！人生中，最难求的就是真诚，最难遇的就是坦荡。唯有真诚，才能拉近企业家与员工之间的距离；唯有真诚，才能走进生意伙伴的心里；唯有真诚，才能化解一切恩怨情仇；也唯有真诚，才能经得起时间的考验。

> 是国家和社会培养了我，今天的财富来自社会，最终也要回报社会，这是我的感恩之心。

"做事先做人"，这是葛沈庄父母教导他的又一句话，他把这句话当作自己的座右铭。

葛沈庄出生在一个贫寒的农民家庭，在6个孩子中，他排行老二，是唯一的男孩。饥寒交迫的20世纪50年代，全家8口人就挤在一间茅草房中，夏天没法洗澡，母亲先让葛沈庄待在屋外厕所，3个女孩挤在一起洗，等轮到葛沈庄时，只剩下浑浊的泥水。一下雨，房子就到处漏雨，屋里都潮湿得长出草来了。这么贫穷的生活不但锻炼了他的意志，吃苦耐劳的父母也成为他日后做人的榜样。

从小吃尽了苦的葛沈庄，深知穷苦人的不易，立志有了钱一定要帮助那些穷苦的人。

2005年的一天，一位爱心人士向他要一些衣服，告诉他这是给虹桥二中一个班级几个贫困生的。在虹桥二中举办的捐赠仪式上，葛沈庄了解到该校有一个"康乐班",有8个来自全国重点贫困县——甘肃康乐的孩子,他们成绩优秀,却因生活困难上不起学,被爱心人士接到南通来上学。听了他们的境遇,葛沈庄牵头成立了"康乐教育基金会",每年从康乐县选拔最优秀的学生,到虹桥二中学习。这些孩子回到康乐,总要把一张张醒目的成绩单和奖状贴在破旧不堪的房屋里。他们有的考取了名牌大学,有的在当地重点学校当老师,有的自己创业开办公司……10多年来,葛沈庄每年都要去康乐,每年都资助"康乐班"。葛沈庄的爱心之举,改写了贫穷学子的人生轨迹,也改写了贫困家庭的生存命运。

因为责任,葛沈庄经历了不一样的财富人生。他对财富的理解是:"如果我有一杯水,那么看看还有谁比我更需要;如果我有一桶水,那么就应分给别人一半;如果我有一条河,那么就应该与大家同分共享。"他发起成立的"五度空间爱心基金会"从最初的几个人,已发展到现在的300多人,每个人都怀有一种大情怀,去帮助留守儿童、贫困学子、失独家庭、残障人士、孤寡老人等弱势群体。

葛沈庄生活上从不奢侈,为人十分低调,但帮助别人时却一掷千金。村里的李友胜与40多岁有言语障碍的女儿相依为命,生活艰苦,一直是葛沈庄的"心头病"。他每逢回老家,第一站准是李老汉家。一天,天上下着瓢泼大雨,葛沈庄想起了李老汉父女,他立即冒雨回村,目睹了李老汉父女端着脸盆往外泼雨水的一幕,当即热泪盈眶,作出了为李老汉建一栋新房的决定。当年9月,新房落成,李老汉特地宰了一只大公鸡感谢葛沈庄,被葛沈庄婉言谢绝。

在葛沈庄眼里,贫穷职工都是自己的亲人,更应该帮助。公司员工季正芹自从来到公司工作,全家就有了一项稳定的收入,生活慢慢有了起色。正当一家四口沉浸在幸福与快乐中时,她老公却被查出患有肺癌,家庭支柱一下子倒了,季正芹几乎丧失了生活的信心。葛沈庄知道后,立即召集全体员工捐款、捐物。他对季正芹说:"你

葛沈庄（中间穿白衬衫者）和甘肃康乐受助孩子合影

放心，天塌不下来，有大家帮你顶着。"

善行不胜枚举，爱撒四面八方。在镇上敬老院60多位孤寡老人眼里，葛沈庄是他们共同的儿子；在公司几百名员工眼里，葛董事长是他们的主心骨；在康乐、晴隆贫困县的孩子们眼里，葛爷爷是带给他们希望和未来的好人；在父母妻子儿女眼里，葛沈庄是一个好儿子、好老公、好父亲……

爱在延续，善在传承。只有将众人的善心、爱心，汇成一条爱的大河，聚成爱的浪花，才能合成一股神奇力量，予弱者以勇气，给难者以希望。2009年的金秋十月，在全国政协礼堂，葛沈庄从第十届全国人大常委会副委员长、中国关心下一代工作委员会主任顾秀莲手里接过中国扶贫开发协会授予的"扶贫先进单位"的荣誉证书。这是他一生中获得的最高奖赏。他还荣获中国扶贫开发协会先进个人、《中国扶贫》杂志封面人物、南通市慈善捐赠先进个人、南通市光彩事业先进个人、"通州好人"等荣誉称号，南通市人民政府授予他"南通慈善奖"最具爱心个人……证书塞满一抽屉。

虽是凡人，亦可壮举。星火大爱，燎原无疆。几十年来，葛沈庄向"五度空间爱心基金会"和"康乐教育基金会"以及社会捐款远超 1000 多万元。印尼海啸、汶川大地震、玉树地震、日本福岛地震、敬老院、武汉疫情、河南水灾以及南通太平寺、灵峰寺修建……都有他的巨额捐赠。

葛沈庄托起善良火红的太阳，温暖他人，共襄善举。

结　语

从南通到晴隆，1993 公里，车程 26 小时。在这美丽的季节，越过晨曦，赏过暖阳，他和妻子说着悄悄话。是啊，他们已好久没有这样心情舒畅地说话了，这段车程正好弥补这个缺憾。

晴隆，位于黔西南州西南部、东北角，地处云贵高原中段。东与关岭隔江相望，北与六枝划江为界，是当时全国最贫困的县之一。盘山公路，汽车蜿蜒而上。天际里，一缕阳光射进车窗，晨雾有些疏松、有些缥缈、有些朦胧，隐隐约约，若有若无，慢慢在移动。

妻子打开车窗，尽情享受着那山、那树、那雾、那蓝天、那金黄的阳光……

"没有你，就没有我的今天。我不是一个好丈夫，但你是一个好妻子，感谢老天让我和你在一起。"葛沈庄轻轻握住妻子的手，妻子甜蜜地笑着、笑着……

云裳华服梦工厂

——南通天一服装有限公司巡礼

宋 捷

2024年樱花盛开的季节，蔡建华率领他的"天字号"赏樱团，专程飞到东瀛。与其说是一次赏樱之旅，还不如说是一次感恩之旅。此行的一项重要议程，是去岐阜县看望山本妙子女士。

在南通企业界，蔡建华是一位讲义气、懂感恩的企业家。他和山本妙子已故丈夫松村秀征先生之间双向奔赴、互相成就的故事，早已成为美谈。作为一名企业家，蔡建华30多年如一日，扎扎实实地耕耘在企业，先后创办了多家服装公司，南通天一服装有限公司就是他的一个代表作。

而在南通服装界，蔡建华又是一位有情怀、有梦想的带头大哥。作为南通市服装协会的现任会长，他不忘初心，充分发挥协会优势，团结带领全市数百家服装企业砥砺前行，迈出一行行坚实的足印。

天道酬勤：艰苦创业 誉满业界

见过蔡建华的人，都对他的温文尔雅、彬彬有礼留下深刻的印象。任何时候，他的衣着都是那么光鲜得体，和他从事的行业对接得天衣无缝、浑然一体。不少人觉得他的气质和风度神似京剧泰斗梅兰芳先生。张大千说过，梅先生的扮相凝结了唐宋以来古人们审美的全部精华，"浑身都是画稿子"。我看蔡先生也是，他仿佛天生就是为"云裳华服"而来到这个世界的。

　　17岁时，蔡建华就进了服装厂，从一线工人做起，一步步成长。1988年，28岁的蔡建华就在南通服装界龙头企业——南通市友谊服装厂办公室主任岗位上，被空降到南通市纺工局直属"一所三厂"之一的唐闸服装厂当厂长。当时唐闸服装厂只有30多名员工，只能生产中式棉衣，是典型的"家庭小作坊"。企业的主要缝纫工场是由4小间组成，每间10多平方米，作为生产场地，工人用的是自己家里带来的脚踏缝纫机，一无订单，二无资金，还欠银行贷款30多万元。蔡建华从一碗一筷开始添置，开启了一段艰难的旅程。

　　凭着多年积累的人脉和良好的信誉，蔡建华不仅借来了资金，也找来了订单，接下来就是生产了。从那时开始，产品质量就一直是蔡建华视野中的一个最亮点。他殚精竭虑抓产品品质，用了较短的时间，大大提升了这家脱胎于服装加工作坊联合体的工厂的产品品质，一年内经几个权威部门——市商检局、苏通纺、市服装行业协会的联合检查，3次抽检都获满分，这在南通近千家服装出口企业中绝无仅有，当年南通媒体都作了报道。靠着过硬的质量，企业的主打产品西裤等得到日本客商的高度认可，很快打入海外市场。

　　两年后，蔡建华将唐闸服装厂改名为南通美尔丽制衣厂，工厂搬迁至原通棉五厂纺部厂区。企业不仅改了名，还进口日本设备500多台/套，昔日30多人的小工场已发展成为300多人的中型服装企业。到了1993年，南通美尔丽制衣厂已是800多人的大工厂，还创办了东丽、秀美、华都3家合资企业，蔡建华兼任这3家公司的董事长和总经理。其中，南通华都服装有限公司跻身南通同行业三强，东丽和秀美也誉满业界。

　　七年磨一剑。蔡建华用了7年的时间，打造了一个名副其实的"美

2024年春天，蔡建华（前一）率领"天字号"赏樱团赴日本，看望山本妙子（左四）

尔丽"，向海外市场源源不断地输送难计其数的"美尔丽"服装，也引起了商界高度关注。1994年，蔡建华从体制内出来，应聘出任南通富华服饰有限公司的总经理。

如果说唐闸服装厂是"螺蛳壳里做道场"，那么富华一开始便有一个较高的起点：投资3000多万元，占地30亩（2万平方米），厂房1万平方米，引进德国先进的裁床和联动锁眼机及单项工具吊挂蒸汽整烫设备等120台/套，进口日本全电脑设备700多台/套，订单是日本各类时装及欧美知名品牌服装。蔡建华铆足一股劲，吃住都在工地上，在半年内完成装修、设备安装、招工开工，实现当年投产，次年开始盈利，年创汇500多万美元，利税400多万元人民币。

南通富华服饰有限公司的骄人业绩,受到日本名古屋关市岐阜长久株式会社的关注。1995年,长久株式会社与富华合资成立南通翔天服装有限公司,追加投资800多万元人民币,生产出口日本的高档女装、风衣、夹克,年创汇800多万美元,利税500多万元人民币,又在南通服装界创造了一个奇迹。

天作之合:当年投产 当年盈利

对蔡建华来说,他职业生涯中的得意之作有很多,其中最满意的作品无疑是天一服装。

20世纪90年代,日本经济高速发展,人均GDP是中国的80倍,衣食住行消费都迎来高峰,高端时尚的服装也迎来一个空前繁荣的时光。

彼时,恰逢中国大陆大力发展外向型经济,三资企业如雨后春笋般在华夏大地蓬勃兴起。

幸运的是,蔡建华赶上了这趟飞速奔驰的时代列车。

1996年7月创办天一服装公司时,蔡建华38岁。虽然还未到不惑之年,但是蔡建华已经在服装行业领导岗位上摸爬滚打了10多年。这个年龄正是他人生最好的年华——经验丰富老到,人脉资源丰沛,精力十分旺盛,还有诸多其他优势。

在与"翔天"短暂的合作中,松村秀征社长和蔡建华建立了深厚的友谊。正是看中蔡建华的忠诚、仁厚、能干、耐劳、善良、认真等优秀品质,松村秀征决定在南通创办一家独资企业,盛邀蔡建华出任总经理、副董事长。

松村秀征也许觉得他和蔡建华的合作是一种不可违背的天意,因此为他的独资企业取名时,选择了"天意"的谐音"天一"。而蔡建华也非常看重这一次"双向奔赴"的合作。在为企业选址时,他特意挑选了"美尔丽"的原址——原通棉五厂纺部厂区。彼时，美尔丽制衣厂早已在5年前搬迁至位于芦泾港的原南通市经编厂内，并吸纳了市经编厂大部分职工。

蔡建华两次选择这块偏居唐闸一隅的土地办厂，有他的深刻用意。一是他特别敬重张謇先生，唐闸是中国近代工业的摇篮，沿着张謇先生的足迹办厂很有意义；二是唐闸是他的故乡，蔡建华的故园距他选的厂址只有1千米；三是这里是蔡建华的福地，之前他创办的"美尔丽"曾一炮打响。

许多唐闸三工小附近的居民，至今犹能记得他们的芳邻天一服装开业时的盛况：那一天，锣鼓喧天，盛友如云，不仅舞狮舞龙蔚为壮观，难得一见的时装秀更是让附近的居民眼前一亮，身材曼妙、高挑修长的模特的走台，给有些沉闷的唐闸带来一抹亮色。正值壮年的松村秀征乐得合不拢嘴，作为开业总策划的蔡建华更是跑前跑后，忙个不停……

一期工程，松村秀征投资600万元。蔡建华对厂房、设备、生产流水线都作了精心布局，特别是日本现代化生产流水线的设计。他改变了业界的传统布局，大胆创新，得到许多来访日本同行的赞许和肯定。在引进日本成套电脑缝制设备、开模机、夹具机、自动上袖机、自动开袋机的同时，蔡建华根据高档时装部位、线形、特型、微小型蒸汽机、吸风台等，创新设计了定型设备图纸，专门送到上海服装机械厂定制，也取得意想不到的效果和效率。工人出身的松村秀征对此大加赞赏，服装界同行也纷纷效仿。

虽然不到40岁，但此前成功主抓6家工厂生产管理的蔡建华对办服装企业已熟稔于心、炉火纯青，但他还是不敢懈怠，努力以更高的标准办厂，不辜负资方的重托。在挑选工人时，他首先开展缝制袖子、领子、口袋的单项工种练兵比赛，把在速度、单产、品质等方面取得良好业绩的员工挑选出来。

对外贸服装企业来说，交货期是一把尺子。天一的大多数客户在日本，而日本是个特别注重效率的国家，中国制造的服装到达日本口岸后，检验、整烫、包装、上架等，时间都是以小时为单位的。天一服装制造的都是高档华服，达官贵人们迫不及待地在第一时间买到货品，亮相于各个公共场所。

面对这一市场需求，蔡建华在业内率先提出"天一服装比刚捞上水面的海鲜还要新鲜"的理念，全速交货。为了达到这一目标，蔡建华要求团队在生产制造环节抢时间、抓进度，货品一出来，就经过一系列检验程序后火速发货，能乘当天航班运走的，绝不拖到下一个航班。

一波波行之有效的"神"操作，天一赢得同行们的敬重。在日本纺织服装商社，一提起中国的南通天一，他们都会竖起大拇指，三菱、三井、伊藤忠、日棉、大丸、龙定、蝶理等著名株式会社纷至沓来，Pierre Cardin（皮尔·卡丹）、ARMANI（阿玛尼）等来自欧美的世界顶级名牌服装也纷纷下单天一，定制高档男女时装。

让松村秀征喜不自禁的是，天一服装有限公司不仅实现了当年投产当年盈利，而且创造了3年收回投资的佳绩。

为了谋求更大的发展，21世纪初，天一服装在原港闸区幸福乡通刘公路边上，又新建了一家现代化的厂区，蔡建华圆了自己做"千人厂厂长"的梦想。两个厂区，一个目标，人多的时候，两边工厂工人加起来达3000多人，年生产时装达230万件。

天之骄子：天一兵团 浩浩荡荡

因为诞生在一个合适的时空，天一服装堪比"天之骄子"。赶上国内外向型经济高速发展、日本等海外服装市场空前繁荣两大"风口"，蔡建华和他的天一服装一路高歌猛进，最高时每年创汇3.8亿美元，连续多年被南通市政府评为"外贸出口先进集体"，和南通的创汇大户醋纤、川崎、中集、东丽、帝人等巨无霸企业一起，跻身南通出口创汇企业15强行列。

在天一服装单体屡屡创出新高的同时，"天一兵团"诞生了一个个新成员：

2005年，当时的南通市油脂厂还没有华丽蜕变为1895文化创意产业园。"天一"在那里创办了南通天友服装有限公司，厂房5000平方米，全部进口日本设备，员工400多人，产品全部出口日本，形成80万件（套）的年生产能力。

2006年，蔡建华又在港闸经济开发区的华都工业园创办了天峰服装有限公司。

2007年，"天一"又在如皋下原创办了南通天松服装有限公司。

在激烈的市场竞争中，嗅觉灵敏的蔡建华敏锐地察觉到，传统的来料加工方式已不适应时代的发展，必须转变经营模式。2008年8月8日，北京奥运会开幕那天，蔡建华召开了一次全体中层干部会议，分析了市场变化的情况，决定采取分散经营策略。同时，他觉得南通一些农村地区有不少富余劳动力，作为一名有社会责任感的企业家，他想在这些"巧媳妇"的家门口办厂，帮助她们就业。

一花独放不是春，万紫千红春满园。天一服装公司在南通市区创办了4家企业以后，决定孵化一批"天字号"新成员。蔡建华在公司内部挑选了一批诚信好、责任心强、会技术、懂生产管理的中高层管理人员返乡创业，为他们筹划办厂，从流水生产线到订单都给予保证，还选派生产技术骨干帮助他们发展。

从2008年开始，"天一"先后在南通孵化了天顺服装厂、天喜服装厂、天鹏服装厂、天秋服装厂、天久服装厂、天虎服装厂、晓波服装厂、久豪服装厂等14家微型服装厂，共为当地提供1500多个就业岗位。

为顺应市场变化，从2001年开始，天一服装公司还先后成立天瑞、天甲、天俊3家贸易型公司。

据了解，除了亲手创建的4家全资工厂、14家小微工厂、3家贸易公司外，蔡建华的"天字号兵团"共有20多位成员，这支队伍浩浩荡荡，成为南通服装界的一支劲旅。

天长地久：以人为本 不忘初心

世纪之交，天一服装在收回成本后，渐入佳境。在其后七八年时间里，"天一"的出口创汇一直在南通众多涉外企业中名列前茅。

这么多年来，不管在哪家公司，蔡建华的严苛都是出了名的。他曾经告诉我，在车间里巡检时，一线工人看到他，双手都有些微微颤抖，说话也结结巴巴，因为他们深知蔡总太内行了，一点瑕疵也逃不过他敏锐的双眼。

蔡建华对自己的要求非常严格，要求部下做到的，自己肯定要先做到。他常常是最早到厂里，又是最晚离开工厂的人。筹建新厂时，他甚至几天几夜不回家，有时就睡在厂里的台板上。

在对员工严格要求的同时，在蔡建华的心灵深处，又深藏着一颗火热的心。

"让员工共享改革开放的成果。"多年来，蔡建华一直以人为本，始终把员工的福利放在心里，尽最大努力提高他们的生活质量。

熟悉天一服装和蔡建华的人都知道，"天一"员工的宿舍、伙食和福利，都是同行业中最好的，让人羡慕。比如宿舍，"天一"每间宿舍里皆有彩电、空调、小厨房和淋浴房，一日四餐都免费，员工过生日会收到蛋糕，生病时都会得到慰问，每年的重要节日都会收到礼品。员工们最期待每年的年会，届时公司给优秀员工的奖品从汽车、彩电、冰箱、摩托车、轻骑等"大件"，到金手链、金手镯等"细软"，

多姿多彩的天一服装陈列室

林林总总，不一而足。

在蔡建华眼里，只要员工进了公司，就是天一服装的家人，不管遇到什么情况，他本人和公司都会全力以赴地给予帮助。有一年，刚来公司不久的员工小杨不幸罹患白血病，蔡建华知道后，马上帮助安排进医院治疗。他本人和松村秀征、天一公司共捐款20万元，用于小杨的治疗。小杨出院后，也一直得到公司的关心和照顾，10多年来，公司对她不离不弃，直到退休。

在近半个世纪的职业生涯里，无论是在体制内还是体制外，无论是在民营企业还是独资企业做高管，以及近10年来自己做老板后，蔡建华总是以人为本，孜孜矻矻，朝斯夕斯，不忘初心，全力以赴去圆一个"云裳梦"。

晨雾缥缈听山泉，一曲云裳羽衣恋，这是多年来蔡建华一直追求的意境。即使已过花甲之年，他依然有这种情怀。正是因为有这种情怀，2019年年底，他才接下南通市服装协会会长这副重担。他全身心地投入这项工作之中，本着"团结服务企业，汇聚行业力量，促进产业发展"的宗旨，深入主城区和各个县市区的服装企业调研，还跨省到河南、安徽等地，慰问"千里跃进大别山"、实行产业梯度转移的南通服装企业。

2020年1月，蔡建华履新担任南通市服装协会会长才一个月，就遇到一场突如其来的疫情。3年里，疫情反反复复，给协会工作带来不少困难。但老蔡和协会其他同仁一天也没有懈怠，卓有成效地开展了一系列活动。他们积极联系中国服装协会、江苏省服装协会、南通市政府各职能部门、市区（县）工商联等上级部门和机构，全面对接行业发展资源和渠道，赋能产业后劲，聚焦行业痛点，促进转型升级，强化供应链协同，推动品牌设计创新。协会通过举办论坛、年会、成立分会等形式，积极探索南通服装业品质化、数智化、品牌化、时尚化发展道路。

蔡建华常说，张謇先生在那么艰难的环境中能做出那么伟大的事业，开创近代中华民族纺织工业的先河，也奠定了南通纺织服装业的雄厚基础。我们南通服装制造业曾经是国内的一支劲旅，至今在国内、省内都占有一席之地，在我们这一代手上，没有理由不好好传承。无论是我个人还是协会，要努力做好"一二事"，"不与草木同腐"，把南通建成"中国云裳华服的梦工厂"。

月升平潮腾飞龙

——江苏南明集团纪实

鲍冬和

"春江潮水连海平，海上明月共潮生。"这是唐朝著名诗人张若虚《春江花月夜》中的名句。于是，平潮，这个地名似乎也有了几分诗情画意。

平潮镇位于南通市北15公里处的长江之滨，俗称"三十里"，已有1300多年历史。这里高速公路、高铁枢纽交会成网，构成了现代化综合立体交通体系，为平潮的经济社会发展奠定了雄厚的基础。2019年，平潮镇昂首跨入"全国综合实力千强镇"（排名第472位）的行列。

2023年6月27日，"奋进的通州"大型融媒体新闻行动暨高质量发展基层采风活动走进平潮镇，近距离感受当地经济社会发展新气象。其中，平潮镇服装行业的龙头企业——江苏南明集团的兴旺景象，引起了媒体的广泛关注。

让我们一起走进"南明"，探究这家企业的前世今生，领略"崛起平潮，蛟龙腾飞"的时代风采。

勇于开拓，是"南明"不断前进的原动力

南明集团位于平潮镇三官殿村，其前身是南通县服装三厂，是

一家规模很小的村办企业。后来成为南明集团创始人的钱志林,是这家村办企业的厂长。

钱志林出生于1956年,年轻时学得一手裁缝本领,开了一家裁缝店,由于他手艺精湛,待人热情,客人络绎不绝。1979年,23岁的钱志林应招进了服装三厂,成了一名德才兼备的技术骨干。起先,服装三厂在平潮镇尚能占有一席之地,但随着市场竞争日趋激烈,企业管理不善,连年亏损,到1990年时,已资不抵债,亏损达30多万元。在企业濒临倒闭之时,钱志林毅然站了出来,担任了这家村办企业的厂长。从走马上任的第一天,钱志林便有了一股发自内心的远大理想:以自己毕生的精力,把服装三厂发展成平潮乃至南通服装行业的领军企业。

面对日渐衰落的企业现状,钱志林明白,再也不能墨守成规、故步自封,必须改变思路,开拓创新,蹚出一条起死回生、转危为安的振兴之路,方能挽企业于将倒,创服装之翘楚。

当时,中日合资服装企业在南通一带逐渐兴起,思维敏捷的钱志林从中嗅到了商机,便通过各种关系,到处寻找合资对象。1992年5月初,钱志林经过多方打听,终于了解到日本汤峰株式会社的一位客商有意来华投资搞服装的信息。他知道,机不可失,时不再来,创业的激情,促使他迸发出强大的动力。当时工厂一贫如洗,他也囊中羞涩,于是便东拼西凑,借了5000元,立即赶往上海。尽管他与这位日商素不相识,但他那勇于开拓、敢想实干的精神感动了日商。经过多轮洽谈,双方最终签订了合资协议,并于1992年5月30日正式成立了中日合资"南通汤峰时装有限公司"。其速度之快、效率之高,令许多人为之惊叹。当时,公司注册资金70万美元,中日双方出资比例为1:1,互不控股。虽然是中日合资,但南通县服装三厂仍为集体所有制企业。

汤峰公司成立后,企业得到跨越式发展。1993年,销售额155

江苏南明集团大门

万元；1994年，销售额804万元；1995年，销售额1100万元。仅用了3年时间，公司便跻身南通"三资"百强企业行列。1996年，为适应服装加工业务快速发展，公司新建了6000平方米的厂房，产量翻了一番。

勇于开拓，不断创新，是支撑钱志林永不停步、敢为人先的强大精神原动力。面对汤峰公司蒸蒸日上的大好局面，钱志林没有停止前进的步伐，而是踌躇满志，勇往直前。

1997年3月28日，钱志林以通州市服装三厂和通州市帘子布厂为核心，组建了江苏南明集团。2000年，南明集团改制为由钱志林控股的民营企业，再次与日本汤峰株式会社合资，成立了南通瑞峰时装有限公司。至此，"汤峰"和"瑞峰"成为南明集团"双峰"并秀、比翼齐飞的坚强支柱。

大视野洞察市场，大手笔投资扩容，使钱志林成为一名具有远见卓识和宏观谋略的企业家。2002年，南明集团征地130多亩（约8.67公顷），新建了5万多平方米的现代化办公大楼，并成立了南明服饰工业园。新大楼高大恢宏，气势非凡，厂区内绿树成荫，花团锦簇，成为当时平潮镇上最令人瞩目的标志性建筑。

2005年之后，南明集团又先后在如皋市郭园镇、九华镇龙舌乡、九华镇营防乡和搬经镇，成立了"瑞昌""瑞旺""瑞帧""明伟"等4家服饰公司，形成了一派鹤鸣九皋、"瑞"气霞蔚的繁荣景象。

近30年来，南明集团先后被评为"南通市明星企业""江苏省质量管理先进企业""国家农业部全国质量管理达标企业"等一系列先进集体。钱志林本人也先后被授予南通市明星企业家、江苏省明星企业家、江苏省劳动模范、全国优秀乡镇企业家等荣誉称号。

在南明集团荣誉室的墙柜上，陈列着上百种奖状、奖牌和奖杯，犹如一道道蔚为壮观的荣誉光环，折射出南明人披荆斩棘的时代风采，激励着南明人追星赶月的凌云壮志！

强化管理，是"南明"不断壮大的内生力

从一个村办企业的小厂长，到南明集团的董事长，钱志林已成为经验丰富、运筹帷幄的明星企业家。他深知，传统的粗放型企业管理模式已不能适应集团化大企业的需求，必须不断强化现代企业管理理念，完善法人治理结构，健全现代企业制度，创新企业文化精神，才能在企业内部形成源源不断的内生力，推动南明集团在风高浪急的市场经济大潮中勇立潮头、扬帆远航。

那么，企业发展壮大的内生动力从何而来？走进南明集团一楼大厅，首先映入眼帘的是"诚信为本、合作双赢"8个大字，醒目地镌刻在大厅正面的墙上，背面则是"以一流的质量和服务求生存，靠先进的技术和管理促发展"，这是钱志林亲自为南明集团总结提炼的经营理念和管理原则——这就是南明集团经久不衰、良性发展的力量源泉。

"工欲善其事，必先利其器。"企业要做大做强，必须舍得投资，在增强企业发展后劲上下大力气。早在 1999 年，钱志林就花巨资先后从日本和德国引进 7 台当时最为先进的电脑绣花机，并从外地引进了一名技术骨干担任绣花车间负责人，通过对员工的严格培训管理，有效地提高了产品的质量和产量，在满足本公司加工需求的同时，还对外承接了大量的绣花加工订单，实现了投资效益最大化。在以后的 20 多年里，随着不断引进一批批先进设备、不断增加一条条流水线，公司的现代化、自动化工艺水平也不断提高，就连特别挑剔的外商客户也都啧啧称赞、钦佩不已。如今的南明集团拥有 13 条生产线，各类先进生产设备 1000 多台（套），12 家外协工厂拥有 16 条生产线，从设计、制版、剪裁到缝制、熨烫、检验，使用的全部是国际一流的高端设备，成为集团赖以发展壮大的尖兵利器。

俗话说，没有规矩不成方圆。为了营造浓厚的现代化企业管理氛围，钱志林和他的管理团队建立健全了劳动纪律、人员考勤、工价薪资、质量检验、仓库保管、采购流程、财务结算等一系列规章制度。这些制度不仅体现了原则性，同时也注入了人性化理念，使得公司各个部门都能做到管而不死、活而不乱，犹如一套结构严密的系统工程，确保了企业在健康发展的轨道上高速运转。

在所有的管理制度中，钱志林最重视的是质量管理。一件合格的服装成品出厂，必须经过十多道工序，要确保产品质量不出问题，任何一道工序都不能疏忽。为了使公司上下的每个干部、每个班组长，直至每个工人，都能自觉地参与质量管理，南明集团制定了各部门生产管理要求、各岗位工作标准及部门标准作业流程，紧紧围绕质量和效率，强化过程控制，严格按章办事。各岗位工作标准从微观处着手，树立所有岗位人员牢固的质量观、品质观。如今，通过几十年的管理沉淀，南明集团已拥有了一大批质量意识高、技术能力强的管理人员。

钱志林身体力行抓质量，把产品质量作为南明集团的"一把手工程",无论大会小会、不管人前人后,他都会把"质量是企业的生命""宁可亏本,不可亏心"挂在嘴边。他一有时间就到车间里转转,发现好的典型,及时推广;发现问题,立即召开技术攻坚会,就地解决。为了提高企业职工队伍素质,钱志林还经常聘请日本专家来公司讲课,介绍日本的管理模式、先进生产技术和世界服装生产趋势,让广大职工开阔了眼界,增长了知识。在汤峰时装创立初期,公司花费了巨大的财力,派遣职工去日本研修,学习先进管理理念和生产模式。这些优秀员工日后都成为南明集团的骨干力量,成为企业发展壮大不可或缺的"主力军"。

以人为本,是"南明"不断兴旺的凝聚力

在钱志林长达 40 年的职业生涯中,深谙"人是企业发展中最宝贵的资源",他认为,除了客观物质条件外,企业之间的竞争,其实就是人力资源的竞争。员工的向心力和凝聚力,对企业生产力的发展和企业经营战略的实施,发挥着不可替代的决定性作用。因此,"以人为本"理念始终贯穿在他的经营之道中。

自 1992 年汤峰公司成立,他就按时足额发放员工工资,不断完善和提高职工的福利待遇,每逢春节、三八妇女节、中秋节等节日,都给每名员工发放购物卡和慰问品。自 1998 年开始,公司为职工全员缴纳"五险一金"。这在当时的民营企业中也是屈指可数、难能可贵的。

随着生产规模的不断扩大,企业也不断扩员。本地人力资源已不能满足需求,他们只好把招工范围扩大到平潮远郊和毗邻如皋的乡镇。2006 年,公司扩建了标准化职工公寓,为来自外省市的员工提供免费住宿。公司还购买和租赁了 14 辆大巴,开辟 10 条专线,接送路途较远的职工上下班。每天清晨和傍晚,浩浩荡荡的车队从公司大

门口进入和启程的盛况，成为周围市民惊羡不已、争相围观的一道亮丽风景。

平时，凡是职工家中有红白大事，钱志林都会尽量抽空亲自到场送上礼金，以示祝贺或慰问。对于家庭有特殊困难的，公司也会及时给予 800—2000 元不等的补助。

2002 年，公司员工顾淑兰在厂休期间，与其丈夫在宁通公路上发生交通事故，夫妻双亡。按政府有关规定，职工在工休期间发生的伤亡事故，用人单位不必担责，但钱志林却以其仁爱之心，每年向其女儿资助 1000 元学费，直到孩子大学毕业后才停止资助。女孩后来送来一面锦旗，感谢公司多年来对她的资助之恩。

2017 年，公司员工陈红霞因病提前离职，经钱志林特批，公司一次性给予其 7.6 万元医疗补助金，令其全家感动不已。

回馈社会，反哺乡梓，也是钱志林持之以恒的人本情怀。平西村需要修筑道路，公司慷慨捐款 20 万元。从 2002 年起，每年春节前，公司都要备足年货，派人慰问敬老院所有老人，每隔两三年的重阳节，还为老人们量身定做崭新的衣服……

日复一日，年复一年。所有的一切，全公司职工都看在眼里，记在心上。在南明集团，职工们的向心力和凝聚力也与日俱增。他们对公司的信赖和感恩之情转化成全心全意为公司尽责尽力的巨大动力，助推企业不断攻坚克难、阔步前进。

2017 年年底，正当南明集团勇往直前、高歌猛进之时，年仅 63 岁的钱志林，因常年奔波，积劳成疾，病入膏肓。在逝世前 3 个月，他把南明集团的法人权杖移交给儿子钱飞龙，顺利完成了承前启后的历史使命。南通服装界都为这位创造了无数奇迹的卓越人才壮志未酬而扼腕痛惜、唏嘘不已。

今年 41 岁的钱飞龙，2009 年毕业于中央民族大学行政管理专业，后分配在中石化南通石油分公司从事行政管理工作。子承父业，薪火相传，钱飞龙接班后，在集团高层管理团队的鼎力相助下，迅速调整心态，转换角色，深入生产车间，到一线岗位学习，积累经验，很快熟悉了服装加工的所有工艺流程。在日常管理工作中，凡是遇到难题，他都以一名小学生的姿态，及时召集骨干管理人员共同分析，商讨对策，紧紧依靠团队的智慧，确保了公司的正常运营。

可喜的是，南明集团的老员工和管理干部基本都是与钱志林一起工作奋斗了几十年的老战友，对南明集团有着深厚的感情。因此，他们对钱飞龙也是全心全意，百般呵护。各个部门的业务骨干都亲自带他熟悉各自的业务，把他们积累多年的经验、教训也毫无保留地倾囊相授。

钱飞龙也不负众望，入行5年来，他立足"南明"，集思广益，孜孜不倦，运用现代企业管理理念，通过狠抓产品质量、强化过程管理、从严奖惩考核，充分发扬父辈艰苦创业、科学管理、人文关怀的光荣传统，与时俱进，开拓创新，使南明集团迎来了又一个高质量发展的繁荣期。

当年，钱志林为儿子取名"飞龙"，也许是寄托了"月升平潮，飞龙在天"的寓意和期望。如今，风华正茂的钱飞龙，立志继承父辈未竟的事业，已在心中为南明集团绘制了一幅崭新的宏伟蓝图……

随着国内人口不断老龄化，对于服装加工密集型企业来说，国内服装加工从业人员将越来越少，而东南亚国家人口众多，劳动力成本较低，我国一些边境城市也在通过政策吸纳邻国富余劳动力。因此，未来南明集团将在立足本地的同时，积极开拓国际国内新工厂、新基地，探索打造一个以南通为基地的贸易中心、国内外工厂为生产基地的新的发展模式。

与此同时，钱飞龙决心在稳守服装外贸主业的基础上，一方面，积极实施品牌战略，促进企业实现从贴牌生产到自创品牌的更新换代；另一方面，不断进行多元化探索，初步形成以服装外贸为主，品

钱飞龙在车间里

牌服装、钢制门窗幕墙系统等多元拓展的经营格局。

江山代有才人出，一代更比一代强。正值不惑之年的钱飞龙，未来可期，大有作为，正是蛟龙出海、一飞冲天的人生最佳年华。未来，南明集团，一定是南通服装行业崛起平潮、追星赶月的"龙头巨擘"！

黄海边上抢潮记
——南通华伟运动服饰有限公司纪事

吴雪琪

见过这样惊心动魄的一幕吗？

大海涨潮了。潮水呼啸而来，一波接着一波，一浪叠着一浪。下海人，此时纷纷抢滩上岸。也就在此时，却有一群身体健硕的年轻男子抢潮下海，他们迎着滚滚而来的波涛撒网，网网不落空。有丰盈收获的同时，他们也有随时卷入大海的风险，让人紧张得喘不过气来。

——他们就是南黄海边上的抢潮人。

不知道因为什么，笔者在采访南通华伟集团董事长张华伟，听他讲述华伟集团公司的发展历程时，眼前不禁浮现出南黄海边上抢潮的那一幕。感觉在改革开放的大潮中，张华伟那果断的决策、敏捷的行动、取得的效果，仿佛跟那些抢潮人一样。

铁的纪律

1984年，一个初春的早晨。一位身材修长、脸庞刚毅的年轻人，走进了南通县纺织机械厂。他就是刚从部队转业回乡的张华伟。

次年，他被调到南通县针织总厂销售科，走遍千山万水，吃尽千辛万苦，道尽千言万语，他把销售工作做得有声有色，先后从销售

张华伟近影

员做到销售科长，继而在全厂干部职工的推荐下，得到上级主管部门的考察认可，成为南通县针织总厂厂长。

时光飞逝。1998年10月，企业面临改制，由集体企业改为民营企业。全厂工人将热切的目光投向他——张华伟，希望他能够站出来，和大家同舟共济。在和亲朋好友商议后，他果断地买下了这家集体企业，改名为南通华伟运动服饰有限公司。

企业属性变了，企业名称变了，企业经营思路、经营模式也得变。做过几年销售的张华伟对市场的跌宕起伏有着一种天然的敏感性。他认识到，如今之计一是要维持传统产品生产，确保工人有活干、有饭吃；二是要开拓新市场。他和公司经营层干部认真分析了未来几年服装行业的发展趋势，认为企业要获得长远的发展，产品应定位在品牌化、高档化、欧美化，立足中高端，贴近市民崇尚舒适高雅的穿着理念，进行产品设计和生产。与此同时，积极采购生产设备，竭力开拓国内外市场。一切有条不紊地进行着。对产品的营销，张华伟坚持内外并举，不一条腿走路。日本、欧美订单纷至沓来，国内市场经营也风生水起，北京、上海等大城市也有了华伟的服饰经营专卖店。到21世纪初，南通华伟已在南通服饰行业占有了一席之地，企业年销售额突破了10亿元人民币。

2008年，亚洲金融危机爆发，各行各业受到冲击，中国服饰行业也不例外。面对严峻的形势，张华伟审时度势，曾经当过军人的他深知，办企业犹如作战，不进则退，落后就要被淘汰。战场上，两军对阵，狭路相逢勇者胜。市场竞争中，也要靠"快、准、狠"。快，产品设计要新颖，生产速度要快；准，市场行情瞬息万变，只有捕捉到市场潮流，吃透市场流行趋势，方能屹立于市场潮头；狠，苦练内功，生产现场按国际一流的生产线模式重新整合，有效提高生产效率。

华伟公司办公室主任老周告诉笔者，华伟公司在张华伟董事长的带领下，如今已基本形成了"言必行、行必果的军队型，有所学、学有用的学校型，荣辱与共、利益分享的家庭型企业"。他笑着向笔者解释，华伟公司职工执行生产任务时如军人一样要保证完成任务；服饰行业虽是传统产业，但设备时时在更新，产品款式花样迭出，这就要求企业员工不断加强学习，方能进步；华伟公司总部就有员工1200多名，如何使大家心往一处想，劲往一处使，这就需要公司上下有一种亲如兄弟姐妹的家人情怀。

一支军队能不能打胜仗，除了要有当兵人的素养以外，还有纪律的执行情况，要做到令出必行，令行禁止。在采访中，张华伟没有多谈他如何管理好服饰企业，却谈起了一件题外事。

"你相信我养过猪吗？"张华伟点燃一支烟，烟雾袅袅中，他微微一笑看着我。

养猪？与做服装八竿子打不着啊！可事实上，张华伟还真的养过猪。据张华伟介绍，前几年，他曾和朋友一起在安徽开办过养猪场，养的不是十头八头猪，而是规模养殖，办了36家养猪场，年出栏量60万头。

笔者曾在南通电台编辑过《市县各农村大联播》节目，也曾采访过养猪专业户，年出栏量100多头的养猪户比较普遍，年出栏量1000多头的就算养猪大户了。张华伟养猪年出栏量60万头，那是如何做到的？

挑选好的苗猪品种，按时计量喂食，聘请专职兽医进行诊查。对于这些，张华伟和别的养猪专业户所做的也差不多啊！他的窍门在哪里呢？

张华伟不卖关子："军事化管理！"

"猪能听从指挥吗？"

张华伟哈哈大笑："养猪的是人啊！我只要管好人就行了。"他告诉笔者，他的养猪场是绝不允许外人参观的，为的是预防外界将细菌带进养猪场。一头猪病了不要紧，但病源一旦传播开来，整个猪场就会血本无归。养了两年猪，张华伟赚了几百万元。后来，他把养猪场转让给了别人，别人不知道这个诀窍，结果猪瘟暴发，亏惨了。

养猪场是农业企业，华伟服饰有限公司是工业企业，如果上升到管理层面，其原理是一样的。那就是管理要不留任何死角，制度不是贴在墙上的，而是要让员工们记在心里、落实到行动上。哪一个环节出了差错，只要逆向寻找，很快就能找到问题的症结，并将其解决。这就是南通华伟运动服饰有限公司20多年来，由小到大滚动发展的真谛吧。

紧跟潮流

眼观六路，耳听八方。

张华伟经营华伟运动服饰公司，并没有"躲进小院成一统"，而是时刻紧盯服饰市场的变化，捕捉市场潮流的方向。他亲自带领设计师团队到广州、上海、北京等地参加当地举办的服饰展览会，细心比对服装产品的设计理念和独特风格,研判未来的服饰流行趋势。

一路走、一路看、一路研讨。窗外的山川田垄是那么壮美,他们都没有放在心上。一路上,他们一直在议论着甚至争议着某家同行企业的某种款式、某种面料的打版、设计、加工等优劣。哪些是可值得借鉴的,哪些是可以改进的。一路探讨下来,往往某种运动休闲服装就在设计师们的脑海中浮现出来。新产品出来后,被摆上专柜,让消费者试穿。看到顾客满意的笑容,那是张华伟最为惬意的时刻。即便到日本或欧美等国家考察,最能吸引张华伟目光的也不是那些异域风情,而是各国的服饰款式、色彩、面料等这些和服饰相关的元素。每次回国后,他和华伟公司的设计师、营销人员分享得最多的是那些在商场里、街头上拍摄的图片和视频,以及那些在脑海中灵光闪耀的想法,为下一个新产品的诞生提供助推剂。

从南通华伟公司办公室主任老周提供的资料上看,历经 20 多年的发展,华伟公司逐渐形成了较为成熟的企业文化。

在管理上,华伟公司认真落实 6S 管理理念,以标准化、系统化、规范化的经济管理,彻底取代传统的粗犷式管理,从细微入手,从基础抓起。

——改管理为服务。客户是上帝,员工是公司发展的源泉。华伟的每一名员工都是展示华伟素质的展台。如果员工没有奉献精神,企业就失去了活力和动力。张华伟认为华伟公司今天的成功离不开员工的创造。因此,为员工的发展做好学习服务,为员工的工作做好技术支持服务,为员工的生活做好帮助服务……这一系列为员工服务的工作已经成了华伟企业文化的重要组成部分。

——改被动为主动。进一步增强华伟公司的凝聚力和执行力,让员工都体会到单枪匹马的无奈和团队攻坚的荣誉感。把过去的"要我做"转变为"我要做",有了积极正确的工作态度,执行的结果将不再平庸,不但可以做出优异的成绩,还可以得到意想不到的收获。

——改传统为先进。华伟为增强硬实力，先后更新了大批的综合性自动化设备，提高了工作效率，降低了员工的劳动强度。要在当今小批量、多样化的现代服装行业中做大做强，就必须在管理上下功夫，从现场管理的基础细节开始，及时改造更新设备，不让故障设备影响效率。

品质是诚信的体现。企业唯有生产品质过硬的产品，才能成为全球服装行业顶尖的供应商。华伟人奉行不制造不良品、不接受不良品、不传递不良品的原则。狠抓原材料检验、裁片检验、半成品终检、后道总检，道道把关，杜绝了不良品流入下一道工序，间接地提升了生产效率，也减少了浪费。公司定期召开品质分析会，设立反思专栏，让华伟品质成为员工的自我要求，成为服装标准和行业参照。目前，公司已经取得检品公司送检合格率95%以上、客户抽检合格率100%的喜人成果。

走进南通华伟集团公司宽敞明亮的生产车间，放眼望去，生产流水线上的工人们聚精会神地工作着，一件件时尚高雅的运动休闲服饰走下了生产线，整烫、折叠、装箱，整装待发，穿山越湖销往全国，或漂洋过海走向世界。

深耕主业

这几年，中国房地产市场风起云涌，各地房价也一路飙升。

有人曾劝张华伟投资房地产。

"我也曾动过这方面的脑筋。"张华伟坦言，"不过，那是赚快钱，不能持久。会下棋的人，讲究举棋想到三步后，谋定而后动。"

在经过深思熟虑后，张华伟和公司经营层商议："怎样把华伟运动休闲服饰设计、生产和销售的优势和当下的房地产热结合起来？"

华伟服饰和华伟工业园

  商议的结论是：搞服装工厂。办工厂也要圈地，也要建房，华伟公司还可以达到可持续发展的目的。

  策略定了，思路清晰了，行动立即展开。继南通华伟运动服饰有限公司成功创办后，他们又相继创办了南通金创服装有限公司、南通三海服饰有限公司、淮安金秀时装有限公司、南通秀伟服装有限公司、南通辉华服装有限公司、南通华圣制衣有限公司、安徽华伟有限公司、山东华伟有限公司、南通华圣制衣有限公司……

  目前，华伟公司关联子公司总注册资本超6亿元人民币，固定资产1800万美元，总资产3800万美元。公司现有专业缝制平车3000余台，从业人员近4000人，年产量2000万件（套），主要加工生产的产品大类涵盖女士服装、套装、裙子、夹克、大衣、连衣裙、羽绒服等，产品除国内流行的各大品牌外，还有占较大出口份额的日本、欧美、东南亚等国外品牌。公司目前已通过ISO9001质量管理体系认证、ISO14001环境管理体系认证、ISO45001职业健康安全管理体系认证等。

  沉着冷静的思考、快速敏捷的行动，使南通华伟集团公司不断发展壮大，如今正在向年销售额 50 亿元的目标冲刺。"要实现这一目标，就要借助互联网的新技术，线上线下互联互动。"

边求索边实践，如今，南通华伟集团公司已和 20 多家网络平台建立了紧密的合作关系，线下设计生产，线上展示售卖。据张华伟透露，2023 年上半年，南通华伟集团公司仅网上销售额已占到公司总销售额的 60%。

面对这一串亮丽数据，笔者不禁深深感叹：张华伟，这个抢潮人，始终抢在时代潮头的前列！

梅花香自苦寒来
——激情时尚的南通三润叙事

云 墅

"长江东流,黄海浩荡,江海孕育三润茁壮成长;挥洒汗水,播种梦想,三润是我们共同的家园。长江奔腾,黄海欢唱,江海演绎三润激情时尚;团结奋进,避短扬长,三润人擎起超越的力量。"一首《三润之歌》蓬勃激荡,既展示出企业创业成长的豪情,又饱含了令人感动的人间温情!这是一家充满魅力的服装企业——江苏三润服装集团股份有限公司。

景爱梅近影

三润创立于1993年,集团本部坐落于中国纺织古城——江苏南通,是一家集面料研发、服装设计、生产销售等于一体的中国百强服装企业。其业务包括 ODM 和 OEM 贴牌生产及自营内销品牌（OBM）运营，ODM 和 OEM 贴牌生产业务中 50% 出口日本、35% 出口欧美、15% 服务于国内各类品牌商。公司自营内销品牌包括：SUNVIEW 尚约"时尚简约、知性优雅、低调奢华"的高端精致女装品牌、SVG"让运动更时尚，让时尚更健康"的高尔夫高端时尚运动服饰品牌。集团旗下拥有位于南通、上海、中国香港及日本的 4 家贸易公司，以及 8 家国内外大型现代化工厂，其中国内 4 家、缅甸 2 家、柬埔寨 1 家，还有 1 家正在越南建设中。此外，集团在西班牙、丹麦等地设有海外办事处。集团服装从业人员 5000 余名，年生产成衣 3000 多万件，年销售额达到 2.8 亿美元。

SOLAMODA：以服装的力量让世界更美好

三润外贸品牌 SOLAMODA，也是三润的初创及主打品牌，它取意于美丽、浪漫的西班牙语。SOLA 即为 SOLAR，意为太阳和阳光，延伸为"激情"，SOLA 又与 SOLO 谐音，所以还包含有独特的意思，MODA 意为"时尚"。SOLAMODA 的 LOGO 也意蕴不凡，红色的圆形图案意为"运转不息的太阳（Running Sun）"，圆形图案之外蔓延开去的线条意为"流动往前的水（Flowing Water）"。

整个 SOLAMODA 的品牌叙事，无论是语言词汇还是图像描绘，都展示出三润的创业初衷，那就是"永驻心中的激情（Forever Passion）""诞生灵感的时尚（Fashion Idea）"，以及独特——独特思路、独特品质、独特 Style，而三润正是秉承这样的初衷，书写了一部辉煌的事业发展史。

用三润集团董事长景爱梅的话来说，三润的发展就像她个人的成长一样，从 1993 年至 2023 年，正好经历了三个十年——三个辛苦但非凡的十年、三个有成绩也有遗憾的十年、三个最终将坚定坚持下去的十年。

第一个十年,自1993年到2002年,景爱梅带领一支只有12人的队伍,从零开始,跑客户、建团队、拉业务,硬生生地从无到有,实现了零的突破,业务量做到了年均1200万美元的出口规模。

第二个十年,自2003年到2012年,是公司攻城略地、飞速发展的十年。除去自主内销品牌SUNVIEW与SVG业务开展的阶段,其中有几个属于外贸业务跳跃式发展的时间节点必须成为公司历史上的里程碑:2003年2月9日,上海三润服装有限公司成立;2003年6月,上海三润服装有限公司由国有企业正式改制为民营企业;2004年4月28日,南通三润服装有限公司开业;2004年11月,南通三润贸易有限公司成立;2006年4月28日,宿迁三润服装有限公司成立;2007年7月1日,如东三润服装有限公司成立;2009年11月,香港三润实业有限公司成立;2010年6月18日,南通三润贸易有限公司乔迁新大楼;2012年6月18日,南通三润贸易有限公司正式更名为江苏三润服装集团股份有限公司。在这十年中,公司实现了从年均出口1200万美元到年均出口5亿美元的飞跃式发展。

第三个十年,自2013年至2022年,是公司与时俱进、广泛进行海外扩张的十年。2013年9月和10月,国家提出建设"一带一路"区域合作倡议,景爱梅带领公司的创建团队,积极响应国家政策,以10亿元的规模在东南亚地区进行了生产基地的建设和投产。虽然在这十年中,由于种种原因,公司所经历的挫折多于所取得的成绩,但是,这十年的扩张之路却显示出三润高瞻远瞩的全球眼光和国际主义情怀,同时,这十年在海外经营与管理的历练也给公司积累了不少成功的经验与信心。2023年,一家新的工厂正在越南如火如荼地建设,不日,崭新的厂区就会正式投入使用。

景爱梅满怀信心和激情地说,在未来的十年,三润团队会持续进行资源整合,积累势能,充分利用"一带一路"合作伙伴优势的劳动力资源，打造公司各品牌垂直一体化模式，建立产能事业部，制订目标和计划，从品质、效率、创新、数字化和人才等方面实现全方位业绩增长和实力提升，并始终将"以服装的力量让世界更美好"作为自己的使命，为全世界的消费者提供品质精良、新颖时尚的服装，切切实实带给全世界消费者美丽、自信、快乐的美好感受。

SUNVIEW & SVG："绝不做平庸之辈"的三润宣言

三润集团总部位于南通市永和路，穿过宽敞气派的大门，进入电梯来到五楼，便是公司"最强大脑"、最精华部分和精英团队的集中地。一出电梯，一块装裱精致的"三润"牌匾即映入眼帘：淡雅的颜色、飘逸的字体，还有极具东方古典意蕴的"三润"两字，一下子就给人留下清晰而深刻的印象。再往里移步，过道左边木色背景的公司形象墙，简洁明了地介绍了三润品牌的意义及初创时间，而右边白色墙壁上第二道立式宣传画框中，"三润宣言"的第一行字着实令人眼前一亮："我发愿，绝不做平庸之辈，虚度一生。"这行宣言不仅表达出三润人的人生理想，而且更准确地概括了三润人一直以来都秉承的理念——绝不做平庸之辈！这不仅表现在三润的灵魂人物——景爱梅的身上，更体现在三润自主研发、生产和销售的内销品牌"SUNVIEW 尚约"和"SVG"上。

为何要在国际品牌和外贸订单已经源源不断的情况下，还要腾出精力创建内销品牌？要知道，作为一家以外贸起家的服装公司，它拥有非常特别的企业基因，这是优势，它能使企业在发展过程中轻盈而顺畅、高效而高能。这个基因其实就是稳定而成熟的行业订货周期，只要抓住并遵循这个周期，它就可以对客户精准定位——从品质打样到参展布展，从实质性洽谈到最后签约。第一步的成功基本是大概率事件，然后就交给原料充足、分工明确的生产线生产，顺利出货。但做内销，工作程序就繁琐得多，尤其是开拓市场，虽然品牌本身会定位于基本的目标人群，但如何能够让这些游弋在大海里的鱼儿进入网兜里？除了广撒网之外，让鱼儿自己觅食而来是非常主要而关键的，那就需要进行大量的品牌宣传和营销，而品牌宣传营销的成本是非常高昂的。同时，国内服装行业的品牌竞争也存在"水大鱼大"的情况，市场份额有限，很难再分得一杯羹。

三润与生俱来就是一家绝不让自己平庸的企业，景爱梅也绝不是一个平庸的领导者。三润人的骨子里天生就有一股创造和创新的激情，更关键的是，他们都有一个要为全世界消费者提供品质精良、新颖时尚的服装，并带给全世界消费者美丽、自信和快乐的，以及博大温暖的情怀！

2007年，"SUNVIEW尚约"创建。其品牌灵感源自欧洲，寓意为"以太阳的视野"或者"以阳光的态度"，旨在为日益成长而变得越来越优秀的都市女性提供日常工作、休闲、宴会等各种场合的着装，传达都市女性自信、阳光、豁达、优雅的生活态度，塑造她们"宛若蕙兰、瑰姿静逸"的美丽形象。从创建至今十多年来，三润团队缔造出城市街道上一道又一道流动的风景，一场又一场不只属于服装，也属于女性气质和气场的视觉盛宴。他们凭借对时尚的敏锐直觉、对设计的精确把握、对品质一如既往的精益求精而打造出只属于现代女性的"仪尚奢美、低调奢华"。都市女人们在尚约的拥抱下，仪态万方、身姿绰约，她们是那么淑雅而静逸，最美时光的记忆已然镌刻在每一个拥有尚约的瞬间，与妩媚"真我"的倾情相约也将在未来的每一个日子里上演。

如果说SUNVIEW是对都市女性美好温婉形象的呈现，那么在SUNVIEW之后创建的高尔夫运动品牌SVG则是对"阳光女神"动如脱兔、活力自信的呈现。不仅如此，SVG还加入了对高尔夫"胜利男神"的设计与制造，仿佛是要完成一场"女神"与"男神"的和谐对话，又仿佛是要探索"阳光"与"胜利"的相融共生。SVG 的 LOGO 中有一只小鹿，取意于《音乐之声》中 doe 的意象："Doe, a deer, a female deer"，doe 是五线谱的第一个音符，doe 又是一只快乐的小鹿，所以它代表了初心，代表了运动、活力与友谊，代表了高尔夫球场上挥杆一击的完美弧线。而这也正是 SVG 品牌所倡导的全新高尔夫服饰文化——"让运动更时尚，让时尚更健康"。SVG 服装在注重运动功能性设计的同时，融入了流行时尚元素，它开启了全新的时尚运动领域，引领了时尚运动品牌的新浪潮，为高尔夫爱好者塑造出"时尚、自信、活力、友谊"的全新形象。它是属于"阳光女神"和"胜利男神"的运动物语，也是在每个人的成长中，无时无刻不面临着的变化与挑战。只要沉着、自信，不轻言放弃，时刻葆有一颗少年之心，调整心态、筹谋得度，总有一天会厚积薄发、乘风破浪。这不仅是高尔夫运动及 SVG 给人的启示，也是三润人自己的精神宣言。

"我发愿，绝不做平庸之人，虚度一生。"事实证明，内销品牌 SUNVIEW 与 SVG 在公司总销售额中约占 10%，这在全国以外贸为主营业务的服装公司中是佼佼者。景爱梅说，未来十年，公司还将持续开展极具互联网时代特色的线上营销、社群营销，并计划将自主品牌向外输出，推向世界，实现更大的目标。

樱花跑道与三润文化展馆：温暖人情与张謇精神的传承

三润总部大厦二楼的最东端，既是紫气东来的地方，也是朝阳升起的地方，因为这个位置坐落着三润集团公司的健身房、球室、瑜伽室，还有浪漫的樱花跑道。公司董事长景爱梅酷爱运动，她每月坚持跑步 100 公里以上，参加过日本富士山河口湖全程马拉松，多次参加上海马拉松、上海半程马拉松、戈壁三日拉练赛，可以说运动是她除去工作最重要的日常事务之一。

在她的影响和带领下，公司员工也养成了珍惜生命、塑造强健体魄、树立健康心态的习惯。用景爱梅的话说：生活不只是物质，还要有精神；工作也不只是埋头苦干，还要有诗和远方；环境不只是金山银山，还要有田园和绿水青山。所以樱花跑道除了它的跑步意义，还承载着"美好环境"与"和谐生活"的意义。可以说，你看得到的是环境中的硬件建设，看不到的是他们对生活火一般的热爱。为促使这些精神文化设施的多频率使用，也为激发员工们积极互爱的情感，公司建立了数十个兴趣小组和社团，它们几乎涵括了所有的领域，比如绘画、摄影、读书会、羽毛球、瑜伽、乐跑……公司还鼓励员工打破部门界限，加深不同部门之间同事的友谊和联系，建立一个充满温暖人情的企业大家庭。

不仅如此，有大家也要有小家，关爱家人，合理兼顾工作和家庭是三润作为一家知名服装企业对于员工的责任感。三润不仅是员工实现理想的家园，是员工工作、生活的物质保障，也是员工实现个人发展及人生价值的舞台。2014年2月19日，集团公司从董事长景

爱，是三润的主旋律

爱梅开始直至各部门一线员工,共同出资 100 万元人民币成立了"爱润基金会"。基金会自成立以来,每年都会对社会上的困难人群进行资助,其中也包括公司的困难职工。

在三润公司的核心价值观中有两点特别值得关注,那就是责任感与关爱。其实这两者是缺一不可、相辅相成的关系:只有时刻以责任感鞭策自己,你才能学会关爱他人;也只有做到了关爱他人,你才能真正实现自己的责任感。除此之外,三润始终不忘回馈社会,它将"解决就业、贡献税收、奉献爱心"作为百年三润矢志不渝的初心与目标,同时在企业发展的这些年中,他们也一直在身体力行。2018 年 6 月 18 日,三润成立了 38 个爱心小组,建立了爱心小组启动基金,各小组的员工自发走进贫困家庭、孤儿院、老人院等场所送去爱心、传递爱心和温暖人情;每个季度各地的工厂也都会在当地发起"献爱心"的公益活动,给困难家庭送去米、油、衣服等生活用品。将来,公司还计划成立读书基金会,给社会上需要帮助的人送去书籍等精神食粮。

三润总部大厦的内涵总是挖掘不尽的,其二楼就设有一间微型博物馆——三润服饰文化展馆。展馆安静典雅,一进门即看到一排玻璃橱窗,里面展示着中国传统服装的历史演变过程,南面墙上则陈列着南通的国家级非遗手工艺——沈绣,还挂有同为国家级非遗的蓝印花布艺术小品。再往里逶迤而去,则是既令人肃然起敬又让人感觉亲切的南通近代先贤张謇先生的展馆,从先生生平的介绍到他亲手创办的大生集团,从先生经营实业的先进理念到先生实业救国的宏大理想,从先生对于科学精神的思考到以产业力量和经济力量推动社会变革和进步的探索,从先生家教的高风亮节到先生大公无私的爱国情怀、乡土意识和奉献精神,三润人都以自己崇高的敬意和对布展细节乃至每一行文字的精心雕琢,进行了呈现,充分表达了三润人对先贤的追随和传承。

三润集团董事长景爱梅真诚而平静地说："我们要求每一名员工，见贤思齐，我也从自身做起，正如张先生所言，'天之生人，与草木无异，若遗留一二有用事业，与草木同生，即不与草木同腐。'"事实正是如此，三润人正以踏踏实实的敬业精神弘扬和践行着张謇精神。我们有理由相信，三润已经成为张謇精神的现代版本。

"我们携手，携手，让品质优良新颖时尚，绘成三润印章；我们追求，追求，让优质服务美好感受，永驻在每个人心上。SOLAMODA 三润，责任感行动力编织未来；SOLAMODA 三润，诚信关爱铸就新的辉煌。"《三润之歌》的旋律又一次奏响，它动人而自豪地回顾着光辉的往昔，它同时展望着辉煌的未来。它不仅拥有一个知性时尚、充满智慧、"宛若蕙兰、瑰姿静逸"的卓越领导者，更打造了一支勇于创新、开拓进取，时尚而年轻、运动而高效的专业队伍。

梅花香自苦寒来。半个世纪前，景爱梅的父母为她取名时肯定没想到，爱梅的三润，如今已香飘世界。未来的三润，还将永不停歇、踔厉奋发，怀着最美的初心，抱着最纯的信仰，像太阳那样运转不息，像水流那样涌动不息，脚踏实地、不断发展，为三润跨入百年，实现百年畅想而贡献出最帅的激情、最靓的时尚。

进无止境写传奇

——南通三荣贸易有限公司巡礼

梁天明

凭借得天独厚的自然禀赋、伟大时代的厚爱垂青以及江海儿女的接续奋斗，南通儿女以梦想为帆、以奋斗为桨，携手驶向创新创业的新时代。大江奔腾、大势已至的南通正处于蓄势腾飞、扶摇直上的"新风口"；海阔天空、海纳百川的南通搭建了施展才华、成就梦想的"大舞台"。在这潮涌的大海中，南通三荣贸易有限公司，坚守本土成长的大舞台，成就了加速释放的新成就，成长为长三角地区较有实力的服装制造公司。

今天，我们领略这位从艰难的"创业者"成长为服装企业"管理者"，再到一位卓越的"领导者"所经历的艰难心路历程。

创业者：在艰难中创业

古语有云："究议宁民，劝课农桑。"南通本地人在谈起当地的纺织行业时，一定会骄傲地说，南通是我国近代纺织业的发祥地，是闻名海内外的纺织之乡、家纺名城、服装出口基地。高端家纺规模位居世界第三、全国第一，在国际市场与德国法兰克福、美国纽约第五大道并称为"世界三大家纺中心"。

就在这样的纺织之乡，1999年7月，一个斗志昂扬、充满激情且富有创业精神的30多岁小伙子在南通市工农路226号银星大厦创建了一家小小的服装公司——南通三荣贸易有限公司。这个小伙子就是后来蜚声通城纺织服装界的王建华。1963年出生的王建华曾在南通纺织工学院工作，生活安逸。然而，这一切都不是他的理想，他要创业。不久，又一个20岁刚出头的年轻人周克华以及一批有志青年加入了他的团队。从此，他们开始了形影不离的创业与拼搏。

创业初始，公司只有10个人，区区100万元注册资金。王建华带领这批志同道合的年轻人，开始了难以想象的艰难创业。王建华以惊人的魄力和勇气在虎视眈眈的服装业竞争对手中保全下来，顺利推进公司的每一笔生意，在南通数百家服装公司中强势突围。

董事长王建华展现了非同一般的"创业者"气质。现在，我们来探讨一个问题：三荣贸易为什么能从0到1创立自己的企业？

此时的王建华不仅是一个站在十字路口的创业者，重要的是他带领他的团队开始"撰写"一家服装企业，也是他自己的生存故事，来证明他的商场洞察力。任何一位成功的创业者都会告诉人们，意志坚韧的人都可以创造出伟大的东西，但要创造伟大的事业，仅凭意志坚韧是远远不够的。

一次，王建华带领员工上街卖服装，一天只卖掉两件。他们跌跌撞撞，销量惨不忍睹，王建华的内心也是五味杂陈。在强手如云的南通服装界，刚刚在襁褓中诞生的三荣贸易还能存活吗？如何存活下来？

多数人可能不知道，5年后，也就是2003年，三荣贸易不仅活着，而且还活得很好。这一年年底，三荣的账面上有了7000多万元的余额。一天深夜，在银星大厦的八楼，窗外一轮明月高悬，月光透射进来，从窗外远望，工农路上人车稀少。王建华和他创业团队的兄弟们，以茶代酒，秉烛长谈，他们心情十分愉悦，一直畅谈到深夜。

王建华（右一）、周克华（左一）和优衣库老板合影

　　他们回忆着创业的艰难，畅想着今后的发展，规划着未来的蓝图……这一年，王建华整整40岁，周克华还不到30岁，其他兄弟则更年轻，他们充满激情，对未来满怀信心，准备迎接更美好的春天。

　　当时的三荣贸易，主营各类服装的进出口业务。那时只要有订单，不愁没有企业生产，因此很多外贸公司都没有自己的实体工厂。王建华敏锐地意识到，随着国际产业大转移，国内产业结构会有一个大调整，在这样内外环境演变的情形下，如国际市场需求不旺、原材料价格大幅波动、劳动力成本持续攀升、企业融资难度增加，以及人民币升值、通胀和节能减排的持续压力等，这些因素将使以加工贸易贴牌（OEM）为主要特征的贸易纺织企业面临前所未有的严峻挑战。

　　面对挑战，唯有勇敢面对，才能扭转外贸业务越来越不景气、客户对实体工厂越来越重视的局面。为谋求生存发展、实现战略突围，他们不断调整企业发展战略，三荣贸易建立了第一家自己的生产基地——南通三荣实业有限公司。

一支鲜活的团队、一家曾经无比成功的服装公司，通过自己的审时度势，强势转型，走向成功。三荣贸易创始人王建华值得我们去了解。如果我告诉你，这位创业者白手起家，经过5年，资本已积累到7000万元，可能小说家都不敢这样写，但这就是三荣贸易的真实创业故事。

年轻的三荣贸易只用了短短5年时间，完成了创业。这个速度让人眩晕，对于创业者来说，他不得不在"火箭"冲向太空的同时学习驾驭"火箭"。王建华自从拥有了第一家自己的生产基地和第一批员工后，开始拼命地学习经营管理。王建华的高强度工作，常常让他的员工们感到筋疲力尽。但他们明白，唯有在这种服装竞争的高压下才可能更加茁壮成长。

5年，从1999年到2003年，短短5年，三荣贸易迈过了创业历程的艰难第一步，王建华也书写了他人生的创业故事"第一章"。

一个人、一家企业，一次成功可能是踩对了点，而一再成功则一定有密码。

管理者：在创业中守业

"创新、务实、舍得、诚信、共赢"，三荣贸易的企业精神时刻激励着每一名员工，更激励着王建华前进的脚步。他秉持人与人之间的彼此信任关系，携手共创美好未来。王建华先后成立了南通三荣实业有限公司、三荣服装检品有限公司、东台三荣服装有限公司、三抗服装有限公司、三荣技术管理中心、河南三源制衣有限公司、河南洋荣服饰有限公司、河南荣驰服装有限公司等，形成了以贸易为主业、制造为支撑、资管为辅助的综合性外贸企业集团。员工也从企业成立之初的10人发展到现在的3000多人。

服装产业是南通一张独特的城市名片。经过24年的不懈奋斗，三荣贸易至今已是坐拥10多亿元资产、4家工厂的大企业,累计创收达18亿美元,已成为南通服装界一张亮丽的名片。

南通正围绕"建设世界级纺织产业先进区"的目标,持续拼搏、接续奋斗,努力成为全球纺织产业价值链高端的引领者。在全市上下一心全力打造的"3+3+N"现代产业体系中,将高端纺织业列为传统产业重点发展的首位。随着"中国制造2025"的实施推进,南通纺织业正朝着以数字化、网络化、智能化装备和技术为代表的制造过程高端化;以互联网、物联网、云计算、大数据等集成为代表的服务过程高端化;以技术创新、模式创新、方法创新、原创设计、品牌营运为代表的产品价值高端化而迈进。

目前,纺织服装行业已由劳动密集型的人海战向信息化、智能化、绿色化、专业化、服务化转变。于是,三荣贸易加大了智能设备的投入,添置了很多新的信息化、智能化的高端设备,引进了专业人才,生产效率大幅提高。这些高端设备替代了原来的部分人工,使得同等生产任务用工人数大大减少,工人的劳动强度也大大降低,生产效率大幅提升,如今公司人力成本节省20%—30%,生产效率提升30%以上。

纺织产业转移有三种途径:一是省内转移,二是向中西部转移,三是向海外转移。纺织服装产业转移到哪里,主要看哪里更有吸引力。政府希望企业向省内转移,到山区和东西两翼地区去。这样既能带动省内其他地区的就业发展,在GDP和税收方面又"肥水不流外人田"。纺织企业向中西部转移,能够充分利用当地的资源优势、能源优势及劳动力优势,将大幅节省经营成本,同时,纺织产业向中西部转移可以兼顾出口和内需的双重要求。再就是向海外转移。在纺织产业链的形成和配置上,周边一些国家如越南、孟加拉国、巴基斯坦、印度和泰国在短期内很难复制中国的竞争优势和比较优势,目前,他们的主要优势在于政策和成本方面。这些国家的外贸基本上不受欧美设限,因此此类转移过程主要考虑的是改变贸易环境,同时也有部分成本因素的考量。通过跨国资源配置来规避贸易壁垒和降低生产成本，成立了一种有效的策略。这些国家对欧美出口不受配额限制，并能够享受普惠制待遇。同时，这些国家在税收等政策方面给予国外企业很大的优惠空间。因此，企业应根据自身的现状，选择合适的转移方式，以找到企业转移的契合点。

经过多方考察，三荣贸易作出了具有战略眼光的"双赢"构想，并找到、找准了这样的契合点。

近两年，三荣贸易与UR（Urban Revivo）、利郎等品牌商有较多合作，目前已形成以优衣库为中心、其他优质客户并存的结构合理的客户体系，裤子和上装为主打、面料和辅料相配套的特色系列产品体系和以日本市场为主，欧美、内销为辅的完善的市场营销体系。

很多时候，企业会被打上创始人的烙印，显现出创始人的基因。而创始人也往往将企业视为自己的荣誉和生命。就像比尔·盖茨之于微软、乔布斯之于苹果、贝佐斯之于亚马逊。同样，王建华的三荣贸易也几乎贯穿了他的全部生命，他对这家公司的感情已经超越了利益的衡量。

三荣贸易的整体思路是把总部放在南通，把样品设计、生产、物流、检品放在总部所在地区，把生产基地转移到河南省，先后在河南建立了三家服装公司。另外，三荣还积极拓展海外生产基地，把工厂建到东南亚国家，在缅甸参股了一家工厂，可以享受欧美发达国家给予的普惠制待遇等贸易优惠条件，有利于规避贸易壁垒。

从2003年到2016年，整整14年，三荣贸易完成了贸易加服装的第二步，王建华完成了企业管理的"第二章"。

历经大风大浪，在艰难险阻中始终屹立不倒。创业者可以凭借眼光、激情和时运，但要成就一个伟大的企业，需要创业者持续地作出正确的抉择。

领导者：在守业中腾飞

王建华曾说："创业精神于我而言，就像呼吸的空气那般平常。我很早就发现自己喜欢忙碌，这是生活的一种充实，也是人生的一种快乐。我觉得很有趣！"是的，他有极为敏锐、极有天赋的商业头脑，而且紧追时代、充满斗志。在三荣贸易，王建华竭尽全力培养、支持周克华这个年轻人，让他担当总经理一职，给他压重担，培养他成为青年企业家。1996年，周克华毕业于南通工学院服装工程专业，现在是南通市总商会党委委员、南通市首批高级"两新"组织党务工作者。

适应时代之变、顺应时代之需，这是企业多年来不断迈向更高台阶的关键因素。有王建华这样的领导者，三荣贸易的事业顺风顺水，预示着三荣贸易即将一飞冲天。

资产管理是"一个支点撬动整个地球"的事业。王建华敏锐地意识到这一"支点"的重要性。于是，从2017年开始，三荣贸易进入了这一领域。

中美贸易战导致关税增加、宏观经济下行、环保政策趋严、劳动力成本提高，四座大山压身，纺织服装外贸企业的生存越来越艰难。压力对行业发展而言，既是企业发展的困难，也是企业转变的动力。在这样的形势下，三荣贸易这种外销出口主导型的企业，坚持外销和内销两条腿走路，在巩固外贸订单的同时，又大力开发国内市场，逐步加大内销比例。

三荣贸易千方百计地挖掘国内市场的巨大潜力，他们探索出"扩大内需"的战略方针，面向国内品牌商开展高级定制等个性化、差异化服务，满足多样化市场需求。三荣贸易近几年与国内一些新的品牌商合作，取得了不错的效果。同时，它注重自主品牌建设，拓展传统销售渠道，创新商业销售模式，大力发展网上销售。在自主品牌建设方面，三荣贸易多年来在为国际品牌做 OEM 时，积累了技术和管理经验，建立起了销售网络。在国外以自建销售公司、收购国际品牌等方式，变贴牌生产为创牌经营。在拓展传统销售渠道的同时，他们快速进入电商领域，通过互联网销售、自我直播平台的创新销售模式，使得服装行业得到了一个全新的发展。

南通三荣贸易全资和控股投资建设了包括南通三荣实业有限公司等 7 家服装生产、检品企业在内的服装制造基地群，年产能 1500 余万件（套）。三荣贸易先后荣获"全国纺织工业先进集体""南通市优秀民营企业""南通市十大纳税大户""南通市高质量发展优秀企业""南通市纺织工业协会副会长单位"等荣誉称号；董事长王建华也多次荣获江苏省及南通市劳动模范；总经理周克华被授予"全国纺织工业劳动模范"，并光荣当选为江苏省第十四次党代会代表。

一系列荣誉，预示着压力越来越大。促进效益增长，已成为三荣贸易的擅长之道。

一位具有领导者气魄的创业者、管理者如何在当今激烈的市场竞争中，领导企业生存下去？这是王建华时刻在思考的课题。

当领导一个团队时，如果一次只专注于一件事，面临的风险将极高。王建华善于同时兼顾许多事情：领导公司、激励团队、进行战略决策、拓展资金，并同时还要做一个好父亲、好丈夫和好儿子……

一个真正的企业领导者，是能从更大的系统、更高的维度来看待企业的员工。而真正的领导者精神，是使命和担当。王建华总结了他的成功原则和领导者特质，包括赤诚、坚韧、乐观、自信、思变和执行力等。正是王建华一直以来展现出的领导者品质，使得员工和合作伙伴选择了对他信任。

从 2018 年至今，又是一个短短的 5 年，三荣贸易完成了它腾飞的第三步，王建华也写完了人生故事的领导者"第三章"。

从创业者、管理者到领导者，我们看到了创业精神在企业发展

三荣生产车间剪影

中的巨大作用。在成功背后，在创业中守业，在守业中腾飞，比起第一次创业所书写的传奇，王建华的创业故事更显厚重。

结　语

历史只会眷顾坚定者、奋进者、搏击者。

作为立足南通的纺织服装企业，三荣贸易有责任、有义务为南通市由纺织大市向纺织强市转变作出努力，以张謇为楷模，为南通向全球纺织产业价值链高端迈进贡献力量，巩固提升纺织服装传统产业优势，向高端化、智能化、绿色化、服务化转型，坚守实业，专注制造，建立"以高品质制造为支撑、外贸服务为主业的稳健创新型综合集团"，成为区域和行业的标杆企业。

三荣贸易是这样想的，也是这样做的！

用励志剪裁人生

——新林进出口贸易（集团）有限公司董事长周新印象

梁天明

周新近影

每年春天，是日本樱花绚烂盛放的时候，像一片片粉色的云朵，美丽而温柔。

2022年5月20日，一位来自中国南通的中年人精神抖擞地走在世界知名学府日本早稻田大学的"樱花大道"上，这所坐落于东京都新宿区的著名私立大学不仅拥有现代化的设施，更有百年来所积淀下的丰富人文资源。

这天，它将迎来一位中国企业家的重要演讲。

他身着自己公司生产的西装，身披即将落下的夕阳，从早稻田大学的村上春树图书馆查阅资料出来，来到大隈庭园小憩，这里除了有学生社团在活动外,还有游客在观枫、赏樱和野餐。从大隈庭园步行约 1 分钟,著名的大隈讲堂矗立于早稻田大学正门口,它以创校者大隈重信命名。

早稻田大学校长田中爱治亲自主持演讲仪式,300 多名来自世界各地的留学生抱着各种期待的目光凝视着讲台,无论是学生还是老师,都努力期待着。田中爱治校长深情地说:"周新先生是我们早稻田大学建校以来第二位站在这个讲堂上的中国企业家,第一位是马云。相信今天周新先生一定会以他充满智慧和洞察力的语言,探讨并释放出他满满的励志故事,让我们看一看中国优秀企业家的人生轨迹……"

苦难是人生的老师

"我出生在中国一个贫穷的普通家庭,兄弟姐妹共五人。从我呱呱坠地、被'巨灵之掌'托入人间的那一瞬间起,苦难就伴随着我,同时也激励着我。我的父母是最善良、最勤劳的中国人。父母不但用他们高大的身躯为我遮风挡雨,更用坚韧的毅力成为我日后的人生榜样……"周新用平实的话语开始了他在早稻田大学的精彩演讲。

1984 年,周新在南通商校毕业后,被分配到人民公园当会计,当时工资只有 40 元。这么微薄的收入,显然无法和父母一起承担支撑贫困家庭的重任。艰难的生活往往会使人沉沦,对于具有坚强意志、积极进取精神的人,却可以发挥相反的作用。处境越困难,人就越能发奋努力,困难被克服了,就会有出色的成就。这就是所谓"艰难玉成"。工作不到一年,周新辞职了,他要在创业中闯出一条属于自己的人生道路。苦难成了一条生路上的必经之途,一旦相遇,除了迎头搏击外别无他法;若畏缩退避,即等于自绝前途。

随着改革开放的不断深入,先进的日本文化对年轻的周新产生了巨大的吸引力。一次，周新的老师突然拿出一本日语书递给他。可能是命中注定吧，周新一看便爱不释手。老师说："你若愿意学，这书就送给你。"然后还送给他一本练习本、一支圆珠笔。那个时候，周新拿到这一点点东西，感动得眼泪都要流下来了，因为他太穷了。这是周新第一次了解日本，了解到我们与日本在科技、人文各方面的差异。他下定决心学习日文。每天夜晚，在当时的西濠小学，周新随着青年人自学的大军挤在小学课堂上，如饥似渴地听着、读着、学着；直到深夜，他还要躲在被窝里，至少再学两三个小时。每天中午，当大家都午休的时候，周新一人躲在没人的地方，啃一口冷馒头，用收音机收听中央人民广播电台的日语讲座。周新很拼命，他要奋发努力。他知道，像他这样穷苦人家出身的孩子，要吃别人两辈子的苦，才能出人头地。在西濠小学的日语培训班上，他是最刻苦的。结业时，他的成绩排在全班第一，勤奋的学习使他娴熟地掌握了日语会话技巧。后来，周新又刻苦自学，考取了中国人民解放军海军指挥学院经济管理专业，攻读研究生，他要向更高的方向挺进！

机遇来啦！不久，周新顺利受聘于南通首家中外合资服装企业——南通时装有限公司从事日文翻译，并被派往日本岐阜县关市的三泰衣料株式会社工作3年。从此，周新在人生的跑道上开始艰难起飞。在日本工作期间，一本厚厚的日语字典他一直带在身边，不懂就问，中午休息或下班后，他就跟着日本师傅学，白天问的东西，晚上回到宿舍还要翻字典、记笔记。在日本3年，他不敢懈怠，哪怕发热咳嗽也不休息。就这样，周新拼命地工作，拼命地记笔记，当他回国时，那本厚厚的字典已被翻烂了，他密密麻麻的笔记已经积累了四大本。这3年，他的日语突飞猛进，不但学到了日本先进的管理理念，更学到了日本人的坚毅、人文和文明。

1987年，周新回国后经过一段时间的锻炼，由翻译，到裁剪主任，再升职为总经理助理，5年后被提拔为副总经理。在日本三泰衣料株式会社，周新系统学习了从裁剪、缝制到后套的全部服装流程知识。三泰衣料株式会社社长常川公男对他的影响很大。常川公男从小就饱学日本文化，学比山成，辩同河泻，明经擢秀，风度翩翩，很有学养，对中国文化也有研究，对中国人民十分友好。第二次世界大战后，他对服装感兴趣，进入服装界，成为日本非常有名的企业家。就是他，后来成了蜚声世界的"三泰服饰"的创始人。在日本各行各业经营萧条冷清的情况下，"三泰服饰"却蒸蒸日上，销售额持续增长。周新惊讶地发现，常川公男社长以率直情感传达出的不仅仅是企业家的经营，而是他日积月累不断升华的对人类的深刻理解，对社会人生乃至宇宙的丰富又深邃的哲学家般的隽永洞见。在日本，他记住了常川公男社长对他说的语重心长的一番话："要想成为一名出色的企业家，必须学习、学习，还是学习；吃苦、吃苦，还是吃苦。"这句概括了常川公男一生的哲学名言成了周新以后工作的座右铭，并时常以此来激励他的员工。

从此，周新成为南通纺织服装界一位不可小觑的人物。

学习是人生的永恒

"我希望在中国能培育出让人终身受益并引以为傲的文化。而这一切必须靠学习和拼命。我所编纂的《日汉简明服饰词典》《日英汉服饰词典》和《新日汉汉日服饰词典》，那几百万饱蘸心血的铅字，是我不知用多少不眠之夜才换来的，而这一切又是以我的健康和快乐为代价的……"周新在早稻田大学的精彩演讲充满活力，双眼噙着泪花。

南通是全国首批14个沿海开放城市之一。威尼斯商人马可·波罗曾在游记中将南通描述为一座精巧繁荣、商贾互通的"海州小城"。经过改革开放的洗礼，南通正以昂扬的姿态，陆海联动，扬帆远航。

周新敏锐地意识到某种机遇的到来。聪明的周新摒弃了死读书的方法，而是拿起日语书苦读不辍。

伴随着经济全球化，中国服饰对外贸易快速发展，对外交流和合作也日益增多。日本是我们的近邻，中日之间在服饰业方面的交流和贸易源远流长，进入21世纪后，这种交流、合作更为频繁、密切。在日本研修期间，为了精益求精学习缝制技术，周新几乎跑遍了东京大大小小的书店去寻找汉语版的缝制词典，但是当时并没有那样的词典，他深感相关工具书的缺乏。周新跃跃欲试，决心编纂一本《日汉简明服饰词典》，从而使中日交流、合作更加便捷、高效，也可以帮助双方克服语言不通的障碍，这是两国许多相关人士的共同愿望。于是，周新在紧张的工作之余，全力以赴，埋头于编纂词典的浩大工程中。他春节也不回家，地上和床头铺的全是资料，光词条卡片就做了几万张。现在他还清楚地记得，当他把编写好的词典初稿拿给常川公男社长看时，社长高度评价："做得很好！非常棒！"1990年，第一本近70万字的《日汉简明服饰词典》由南京大学出版社正式出版，专家们称它是"一本十分有用的工具书"。那一刻，他充满了自信。

回国后，周新凭借在编纂第一本词典中获得的知识、技术和文化，创办了自己的服装公司。他以该公司为据点开展业务，和日本知名服装厂商建立稳定的合作关系。1994年，他又完成了另一部36万字的《日英汉服饰词典》的编纂并出版。此时，周新还不到30岁。如今，周新又查阅大量中外资料，并结合多年来从事服装和服饰行业以及对日贸易的工作经验，在日益繁忙的工作之余，编纂了又一部近80万字的《新日汉汉日服饰词典》，所收词条经反复筛选，精心提炼，释义更加简洁、准确。在做到最大限度地收集常用专用词汇之外，他还广泛收集了近年来在服装、服饰业及贸易中新出现的且使用频率较高的新词新语。

校对完书稿，周新毫无那种如释重负之感，反倒感到心里很沉重。

他又想起常川公男对他所说的话,词典的理论体系更多地要从认识论的意义上去把握和构建,把它作为掌握已知世界的一种认识工具。因此,周新必须站在更高的哲学层次上才能探索和构建新的理论体系。而这些正是他不断"学习、学习、还是学习"的巨大动力。原南通市委书记吴镕为该书作序时说:"周新对中日文化和习俗做过较为深入的研究。他凭着对中日两国文化习俗的了解和对日服装、服饰贸易的经验,编撰的这部日汉汉日服饰词典,对希望了解两国文化习俗的读者,消除语言交流上的困难具有很深的意义。"是啊,周新的三本词典阐释了他人生经历的一次次尝试。这些文字提供给人们的是一股清澈的水流,它不会冲淡服饰文化原本应有的肃穆神韵。对此,手捧油墨未干的《新日汉汉日服饰词典》,周新感到欣慰与遗憾并存。

无论有怎样的遗憾,一个思考过程总算可以结束了,周新得以松弛一下长期紧张的神经,在桌前站一会儿,深呼吸……就在他深呼吸的时候,他又想起了艰难跋涉中经历过的一切,想起了那些引以为傲的所挚爱着的日本朋友。他感到充实、富有,因为他学习着、思考着……

他要全身心投入更富有挑战性的创业中去。

创业是人生的修行

"我的创业经历了两次扩张期和稳定成长期。展望今后,在日本的市场上,我要确立与日本优质企业成为伙伴的意识,优先与有自主品牌的客户合作,不停留于现状,以不断创新、不断开拓新市场为根本。我要构建服装产业全球化体制!"周新在早稻田大学的精彩演讲,为人们描绘了一位中国企业家的美好蓝图。

1994年年底,周新辞去了令人艳羡的经理职务,自己单干。当时,不少人为之惋惜,然而,燕雀安知鸿鹄之志?

周新在日本工作期间，他的内心被日本同事那种对于工作的认真度、对于技术的精湛度、对于经商的诚信度所深深打动。这对他以后的创业产生了很大的影响。"东渡"归来，周新投资创办了自己的公司——南通新林时装有限公司。周新认为人要走出去，多看多学多听，这对创业特别重要。

善于学习的周新不是简单地仿效，而是真正将日本企业的精髓融合到自己的企业中。比如服装厂"工人是站着操作还是坐着操作"这个问题曾困扰着他很久。直到他到日本考察之后，发现日本企业里都是站立式缝纫机，工人都站着操作，问题也就迎刃而解。公司创立之初，经历了很多困难，最为记忆犹新的是一次吊牌挂错的事故。由于这次事故，最终成品给客户造成了很大的麻烦，公司作了巨额赔偿。由此周新意识到成衣检品体制的重要性，为了能够准确无误地将最终商品出货给客户，他成立了南通第一家服装检品公司，对生产的商品进行严格的检品与检针，小到一根细线头都有质量标准。对通过检验的产品，公司还征求客户的意见，并根据他们的要求，对产品重新搭配包装，直至顾客满意。在产品无可挑剔的同时，也为公司带来了丰厚的利润。当时，在全市众多服装企业只能勉强维持生存的情况下，"新林"却屡创佳绩。

第一扩张期（1996—2009年）。1996年，周新创立了第一家缝制工厂，以生产睡衣、围裙以及款式比较简单的裤子为主。2000年创立了第二家工厂，以生产护士服为主。随着客户的不断增加，产品的种类也相应多样化，周新不断加强技术创新，提高工厂的缝制能力，增添相应的专业设备，并且在全国各地引进专业技术人员，由仅能简单加工服装的工厂转型为生产复杂时装的企业。除此之外，周新密切关注日本市场的动向，针对客户的要求抓住时机调整方案。

第二扩张期（2010—2015年）。由于国内的人工成本不断上涨，周新意识到开设海外工厂的必要性。他开始了对东南亚国家的旋风式

考察。缅甸作为"佛系之国",其国民特征比较接近日本与中国,人工成本极低,并且享有对日出口的免税政策。作为首选,他多次访问缅甸,与当地政府进行洽谈。2013年,他在缅甸成立了第一家工厂,在当地招聘员工1000多人,并从中国派遣20名技术人员去参与管理。发展至今,周新在缅甸已拥有7家工厂,拥有当地员工8500人,中国派遣的技术人员100多人。

周新在央视大型访谈节目《崛起中国》拍摄现场

稳定成长期（2015年至今）。为了满足客户的要求,打造出每家工厂的特色,企业不仅要保证商品品质,更要有效提高生产效率。周新与日本友人小堀先生共同出资成立了时装公司,扩大和开发更多的客源。由于日本时装的价格竞争激烈,周新不再经由中间商,而是直接面向客户,这样时装贸易量也相应地增加。在深谙日本市场的小堀社长的大力支持下,公司能自如地应对客户需求,及时调整订单,得到客户的高度信任。在缅甸受到新冠肺炎疫情影响时,周新第一个在缅甸设立了口罩专用缝制流水线,生产了大批量的口罩,无偿提供给该国的相关部门,得到缅甸社会各界的广泛好评。2022年下半年,周新多次考察越南,在清化省收购了一家近千人的民营服装企业。同时在工厂附近购买土地,建造2万平方米的厂房,员工达3000名。除了日本市场,周新还将开发欧美市场,从而实现他服装产业全球化的梦想。

目前,周新与优衣库、Adastria、永旺、CROSS PLUS、好俪姿、帝人等几十家世界知名品牌建立了合作伙伴关系,被他们赞誉为"真正的伙伴"。集团在国内和东南亚共有 11 家工厂,员工超 12000 人。2022 年,集团年营业额近 3 亿美元。今后 3 年,周新决心率领集团踔厉奋发、勇毅前行,目标直指年营业额超 5 亿美元。

结　语

周新在早稻田大学激情四射的演讲一共延续了 110 分钟,被掌声打断数十次。经早稻田大学校长田中爱治的一再邀请,周新推迟了回程,第二天又来到大隈讲堂再次发表演讲。田中爱治校长动情地说:"来自中国的周新先生与我们一起分享了他经历的苦难、创业的案例和对日本的贡献。周新先生给我们的启示是一个成功的人士必须胸怀天下,才能培育出让人终身受益并引以为傲的文化,从而构建起服装产业全球化的蓝图。"

霓裳羽衣逐梦旅

——南通东润之"衣"恋故事

云 墅

在南通东润时装有限公司总部的会议室里,有一只硕大的地球仪,无论是进来参加会议的公司员工,还是慕名而来洽谈业务的客户,都会第一眼就被这个蓝色星球深深吸引。它仿佛在无言之中宣示着东润公司掌门人刘继东及所有东润人具有"世界的眼光、全球的视角、寰宇的远景"!

刘继东在崇川区重大项目签约仪式上致辞

回顾公司20年的创业历程，再展望未来20年的发展布局，东润始终以"霓裳羽衣"作为不变的轴心，从只有几间破旧小厂房的代工厂，到成长为在国际市场上深得信任的集团公司；从只能进行来料加工与指派生产，到能够独立开展面料开发、产品设计与自主品牌的创立，它以20年的逐梦之旅向世界讲述了一个民族企业是如何从中国制造走向中国创造、从中国国内走向世界各地的辉煌故事。不仅如此，它还于2020年成立了智能科技有限公司，注册资金5500万美元，全力沉潜于科技型服装的研发，积极向纺织智能产业、新型材料业进军。此后两年，它又在市北科技城建成了17层的办公大楼与现代厂房。东润的未来，正以更加蓬勃的气势滚滚向前。

青春舞动梦想的羽衣

要追溯一家企业的发展历程，创始人是一个绕不过去的话题，就像我们读到一部精彩的小说时，会不知不觉去关注小说的作者。南通东润之所以能取得如此辉煌的成就，离不开东润掌门人刘继东个人的学习和成长。

1989年，刘继东刚刚20出头，人生真正的起点才开始，是通过高考进入国内的高等院校继续学习，还是走一条不同寻常的路？年少的刘继东明显成熟于同年龄段的孩子，悸动的青春已经舞动了梦想的羽衣，他在冥冥之中感受到了一份难得的机遇。我国的改革开放始于1979年年初，至1989年正是第11个年头，国内经济发展虽然已摸索出一条清晰的道路，但所有一切还处于初步发展阶段，国内经济水平依然与国外差距甚远，出国留学无疑会获得比别人更多的机会。经过慎重考虑，刘继东选择了赴一衣带水的日本留学。他后来谈及这一选择时，说首先是受了父亲的影响。父亲一直从事对日贸易，是中国改革开放以后最早一批从事对外贸易的老前辈，其次是因为喜爱日

东润揭开新的腾飞序幕

本文化,并对日本先进的经营管理心生好奇并产生学习的欲望。

刘继东东渡日本之后,努力不懈,以优异的成绩考取了日本立命馆大学,并在1995年大学毕业之时,获得了立命馆大学的研究生保送资格。然而,就在这个时候,日本国内排名前三位的纤维公司旭化成开始面向日本社会进行职员招聘。抱着试一试的心态,刘继东也参加了这一次招聘。在日本全国上万份简历的投递者当中,仅有7个人最终通过了层层筛选,进入录取的名单,其中就有刘继东。到底是继续读研,还是进入世界500强的公司边学习边实践?刘继东又一次作出了果断的选择。对于他来说,实践比理论更重要,早一点进入规模大、管理体系健全的公司,体验世界一流的管理理念和方法,收获会更大、成长会更快。事实上,当刘继东结束一年培训实习期,成为旭化成一名真正的员工时,他对整个纺织品行业从上到下都已有了全面而深入的了解,无论是财务处理还是产品生产工艺都已烂熟于心,这为他后来的事业发展打下了深厚的专业基础。

同时,在开发客户方面,刘继东也学习和积累了不少的经验。旭化成与所有公司一样,并不会给员工派遣现成的客户,但又有严格的 KPI 要求，每一个人的销售额、销售利润都要进行评比公示。这意味着，刘继东必须从无到有自己开发客户，而且还要努力不让 KPI 数据太难看。在经过一年半到两年几乎是"白手起家、单打独斗"的辛苦努力之后，刘继东的整体销售业绩竟然超过了他的师傅，到第三年，已经做到了全公司第一。除此之外，一大批忠实的老客户在与他长久的合作当中也建立深厚的信任，这也成为他日后创建东润集团的一笔宝贵的财富。在被问及是什么技巧使他在"一穷二白"的基础上，在如此短暂的时间内就能取得如此骄人的成绩时，刘继东甚至有些害羞地回答："其实也谈不上什么经验，我总结起来最主要有三点——产品的质量、产品的交期、具有一定竞争力的价格，也就是说是决定我们竞争力的三大元素，一个是质量，一个是交货期，一个是加工。最重要的当然是质量，没有质量和服务，所有技巧都没用。"

在旭化成公司工作的 7 年时间里，刘继东还全面掌握了纺织品市场的发展规律，从布料、用材到成衣风格等各类流行趋势，没有一个环节能够逃出他的掌控，同时他也日渐养成了一种"将服务做到精细、做到极致"的职业习惯，而这所有最初的良好习惯与追求完美的匠心投射到意识和行动上，便化成了一股所向披靡、战无不胜的力量，这种力量将贯穿刘继东从学习到创业再到腾飞的始终。

霓裳之梦的落地生根

2001 年，中国加入 WTO，国内经济发展形势一片大好，无数的实业公司如雨后春笋一般，开始在中国大地上崭露头角。纺织业市场也开始有了非常大的发展，尤其是在国民收入水平不断提高的背景之下，内需在不断加大。刘继东素来具有敏锐的眼光，他的心中也始终有一个霓裳之梦，他想将自己这些年来在异国他乡学习和练就的技艺发挥和应用到一个更大的舞台！同时，从小家的角度看，尽孝也是个他所心心念念思考的问题，从留学到工作，他已经在外整整漂泊了11年之久，父母正在渐渐老去，如何将事业与承欢膝下两者兼顾必须被提上日程。所以在经过深思熟虑之后，刘继东毅然决定：回国让霓裳之梦落地生根！从这一刻开始，他的人生故事将开始续写一个全新的篇章。

创业之初，由于资金少、人员少、环境陌生，公司就在城北一个工业园区内租了几间矮旧的小厂房。刘继东的父亲虽然已经到了含饴弄孙的年纪，但仍然给予了儿子最大的支持与帮助。刘老先生退休之前在国营企业负责企业内勤管理，有二十几年的工作经验。刘继东就和父亲做了分工，工厂内部管理大部分由父亲来处理，刘继东主要负责开拓市场，与客户沟通，并研发新产品。俗话说，打虎亲兄弟，上阵父子兵。两个人一个主内一个主外，这样的优势组合很快就显现出强大的功效，创业不过3年，公司就呈现出飞跃式的发展。公司规模从原来只有六七人，一路扩充到几百人，再到上千人。更重要的是，在产能和体量迅速扩张的同时，东润的订单量也一直稳步上升，东润时装公司逐渐走上正轨。2003年，为了满足生产的需求，刘继东将公司迁到更现代、更宽敞的如皋九华工业园区，工厂占地45亩（约30000平方米），建筑面积达到18000多平方米，可以容纳更多的员工进行生产与办公，公司产能与订单呈现出非常健康的良性循环。

公司自创业以来一帆风顺、不断壮大，除了父子兵的通力合作之外，刘继东的个人魅力是不得不说的重要一环。有一位日本客商如是评价刘继东："来往这十几年，刘先生充满了个人魅力。无论是百元店、特色店，还是品牌店，他都能考虑到不同客人的需求和想法，这真是一件不可思议的事情，刘先生很擅长这一点；刘先生还是位特别认真、热爱工作的人，他热爱工作的程度比日本人还深，同时在合作上他也是一位非常值得信赖的人。"

2007年，为了促进企业更进一步地发展转型，刘继东花费了3年的时间，从产品附加值和劳动力成本优化这两个方面入手，对企业的战略布局进行了重大的改革，将以往单一的OEM生产方式逐渐转为ODM，通俗一点说就是：将单一的代工模式转变成有主动性的市场经营产品的导向模式，企业发展有了更明确的方向。东润集团汇集国内工艺精良、质地舒适、质量上乘的纺织布料，并利用自身厂区布料的生产模式，研发出全新的成衣面料，再将布料推荐给订单客户，帮助他们生产更受消费者喜欢的产品。随着这样的模式日渐取得客户的信任，刘继东开始组建设计团队，根据对面料特性的了解，进行样板模型的主动设计，在推荐布料的同时也将东润的设计进行推荐，形成一体化的服务系统，全面提升了企业的效益和竞争力。

一体化服务系统的成功与完善，使刘继东又产生了一个大胆的想法，那就是建立自己的品牌！对此，刘继东自豪而充满信心地分析展望说："现在，我们已经将脚渐渐伸出来了，但是我们还要将脚再伸出去，走出国门。如果我们自己能建立一个强大的品牌，那么公司的发展就会保持一个永远发展的势头。只要公司保持持续性发展，我们就能走出国门。当然我们的自主品牌首先要在国内站稳脚跟，而国内服装市场方兴未艾、前景广阔，对此我十分有信心。"刘继东借助前期企业在转型上的成功经验，迅速创建了自己的设计团队，并结合当前年轻人的喜好及中国流行元素，成功创立了梦巴利品牌，此后公司还先后注册了"Dream Pairs""迪丫""多瑙河""蒂雅尔"等时尚品牌，并开设了大批分店。

落地生根的霓裳之梦正变得越来越绚烂，虽然这是一场并不轻松的旅程，但凭借国内市场的天然优势，父亲给予的鼎力支持，以及自己多年经验的积累，刘继东终究是带领东润成功开辟了一条属于自己的发展之路，也给自己与父亲交了一份完美的答卷。接下来，他还将继续开拓出更为广阔的市场，并提升自己的软实力，与现代科技接轨,将公司打造成一家标准的现代化企业。

再度出征与逐梦未来

如果说当年正逢青春的刘继东出国留学是为了学习取经,那么24年之后东润的再度出征则是为了进一步优化产业效能并同时开疆拓土、回报祖国。东润集团在十几年的发展过程中建立起了一套自己的价值体系,无论是在对客户的服务上,还是在对自己产品的质量上,东润一直都以精益求精的态度去践行对客户的承诺,但随着国内服装业成本的不断提高,公司应对客户的压力也在不断提升。

为了分散压力,从而保证不会因服务问题而使客户流失,刘继东设计出一种别具匠心的生产基地布局模式,那就是将生产基地分成三个区域组成:沿海,主要组织高档和短平快成衣的生产;内地,组织生产批量大、交期长的产品;而海外,因为劳动力成本低廉、优惠的税收政策,还有对外来"和尚"更友善的人文环境,则非常适合品质适中且需求量大的产品生产。前两者早已布局和运营成熟,那么第三者,万事俱备只欠东风。这东风吹来了!2013年,国家发出了"一带一路"倡议,刘继东马上积极响应,踊跃加入丝绸之路的复兴计划。

他带领团队到柬埔寨进行实地考察之后,当机立断收购了当地Hamon服装公司,更名为柬埔寨东润PLATINA,这就是东润建立的第一家海外工厂。因为有着成熟的经验和丰富的资源,东润集团在柬埔寨的发展势如破竹,仅仅3年的时间,员工人数已经有两三千人之多,整体产能也翻了一番,同时它还带动了当地纺织产业的发展,从内而外创建了一个和谐、互助、共赢的国际商业环境,赢得了良好的市场口碑。这是一条多方共赢的发展道路,一则通过各种利好政策,东润公司优化了成本与利润的对比关系。从而大大提升了总体效益;二则带动了那些发展中国家和地区的经济发展,从而与他们建立起了亲切友好的睦邻关系。这第二者应该说，是恰恰体现和实现了刘继东作为一个企业家一直以来就有的家国情怀，就如他自己所说："响应祖国'一带一路'倡议，支持国家推行的海上丝绸之路，为实现丝绸之路的再度辉煌贡献我们微薄的力量。"

因为提前对再度出征进行了布局，优化了产能，又因为对市场的品类细分，东润集团的发展呈现出不断增长的趋势，即便是在这两年市场经济增长缓慢，国际环境动荡不安，自然环境不可预测，许多企业出现亏损的情况下，东润集团的业务量非但没有下降，反而呈逆势上涨。

在东润集团的发展之路上，真诚携手、互惠共赢，是刘继东一直坚持的理念，不管是在代工生产上，还是在自有品牌的开发上，刘继东都会在细节之处做到无可挑剔。除却严格的质量管理理念与服务理念，东润集团先进的生产技术也是赢得客户的根本。凭借于此，东润与日本23区、ONWARD、ASPRI、CROSS PLUS、三井等公司建立了长期的合作关系，东润公司的产品也普遍得到他们的信赖与好评。

对于技术的未来，刘继东将有进一步的规划，他一边沉思一边说："作为一家企业，要看到它将来发展的瓶颈，20年、30年、50年之后，东南亚低廉的劳动力红利必将失去价值，既然如此，我们就要在它失去之前，提早进行更前瞻的布局，把企业做成真正技术型的现代化企业。我如果能够提前把它建立起来，它就将会成为东润集团真正的核心竞争力，使东润长久屹立于行业的潮头。"刘继东提到的真正核心竞争力就是他在纺织智能科技领域的布局，投资5500万美元，与全球技术翘楚公司合作，到目前为止，项目已取得非常大的进展，一旦落地，不仅会为东润带来质的飞跃，也会给整个服装行业乃至整个世界带来巨大的价值。

20多年来，霓裳羽衣的逐梦之旅从未停歇，依依不舍的"衣"恋生涯永不休止，他和它已经做好了充分的准备，他们将向更高的山峰攀登，向更远的梦想前行，对于崭新而充满挑战的未来，他们正张开激情的怀抱，"世界的眼光，全球的视角，寰宇的远景"是他们对自己的要求和激励，他们矢志实现并保持。

东润正风华，继东正青春。

咫尺匠心绘芳华
——探寻南通富美服饰的成功密码

云 墅

南通富美服饰有限公司掌门人孙建华曾戏称自己的企业是做"头"等大事的小众行业。事实上，到目前为止，南通富美是全国品类最全、最具文化与艺术内核，融设计、研发、生产和销售于一体的全能型帽饰企业。其旗下帽仕汇 HATTERSHUB 不仅拥有自营品牌 KEYONE、CHICMAX、JEFFSUN、SINOSSANCE、HATART，还与其他国际品牌，诸如 BORSALINO、FRASCONI、ALEX、SERRANO、MAXIM、TONAK 达成长期合作。它是全球精品帽饰品牌企业的集大成者，公司旗下有 8 家企业，员工 1300 余人，行业规模和综合竞争力均名列前茅，是国内帽饰设计制造的专业工厂，并因为拥有一家非国有帽饰博物馆而在业界声名赫赫。

正如富美服饰创始人孙建华所言，帽饰行业终究是一个小众行业，怎么看也不容易成为市场"大鱼"。那么富美是如何一步一步走向成功并成长为行业翘楚，甚至是一家卓越的艺术品公司的呢？到底是一种怎样的理想和信念、灵感和激情支持孙建华带领他年轻的团队一路披荆斩棘、斩风破浪，从只有 20 多平方米、四五个人的作坊起家，到给阿玛尼、TOMMY、CK、G-STAR 品牌做贴牌生产、代工、OEM（原始设备制造商），再到富美的自有品牌帽仕汇 HATTERSHUB 在上海成立，

不断创造惊喜的孙建华（右一）

直至如今年均 6 亿元的产值，并计划在未来十年成为全球行业一流？让我们一起来探秘。

"帽"美如花——风摇青玉枝，依依似君子

"风摇青玉枝，依依似君子：朦胧纱笼，掩映竹叶，墨染竹林，虚实交错。流苏盘扣，摇曳生姿，行时动静时止，举手投足间散发东方韵味。""袅袅千丝翠蔓长，紫玉乳圆秋结穗：飘逸葡萄扣装饰，乘云游心，曲线流畅，寓意圆满收获，硕果累累。"多美的诗词，多美的韵味，你千万不要以为这是矫情少女为赋新词堆砌辞藻，这是帽仕汇国风系列帽饰新品的阐释和说明。像这样如诗如画的描写，只要你打开公司的公众号，就会发现俯拾皆是，帽仕汇的每一次信息发布都是那么唯美和精致，而事实上这正是它最明亮和最明媚的标签——美和艺术！帽仕汇将每一款产品都做成了艺术品，美和艺术是帽仕汇

每一顶帽子的灵魂。

这种对美的追寻，对艺术的定位，对"帽子应是第一时尚单品"理念的秉持可以追溯到帽仕汇第一个国际品牌，它就是KEYONE。

KEYONE于2002年诞生于意大利威尼斯一个叫San Dona Di Piave的小镇，其因独树一帜的艺术风格，在有着强大艺术基因的意大利小有名气。富美董事长孙建华初识KEYONE，就被这个名字深深打动：KEY——关键，ONE——唯一，KEYONE即用极致的追求打破了定式想象，解码了帽饰时尚，塑造了都市摩登风格，并把握品质，倾注欢喜，成为展现自我的有力宣言。KEYONE鼓励跳脱束缚，张扬个性，大胆做自己——BE YOURSELF，BE KEYONE！这正如孙建华自己的信仰——坚持自我、大胆不羁，独一无二、万里挑一。于是，他毅然决定收购KEYONE，之后于2004年建立了自己的设计师团队，并迅速扩充针织帽、草帽、毡帽、运动帽等全品类生产线，4年后，帽仕汇HATTERSHUB在上海成立。

孙建华并没有就此止步。2016年，孙建华从洛杉矶珠宝设计师Rose处获悉，RODEO大道上有一家为美国总统定制服装帽饰的高级品牌Bijan。凭着一股对最高品质探索的执着，孙建华想一窥全貌。在Rose的帮助下，孙建华终于如愿以偿，但他发觉对方销售的顶级帽子并不完美，虽直言不讳地说了出来，但却被当场反唇相讥。两周后，不甘心的孙建华带了自己公司的两顶帽子再次拜访，他成功地以产品的时尚与精良品质为"中国制造"赢得了肯定和赞誉并当场获得订单。在这次经历之后，一个定位于全球高级艺术帽饰的品牌CHICMAX应运而生。

孙建华对艺术和美的喜爱，也许是与生俱来的，这种刻在骨子里的东西，一旦被激发，便永无止境。喜爱会成长为痴情，喜爱会成长为分享，喜爱会成长为执着。它们不仅缭绕在孙建华工作和生活的方方面面，也会像金文一样镌刻在公司每一名设计师的心上，像春天的阳光一样洒落在公司的每一个角落。

"那天遇见你,像经历了一场以心脏为中心的地震,那一刻,怦然心动,凝聚成清晰的爱意,我将心事藏于帽身,满怀悸动,与你赴约,每一颗星上都是一句告白。"这是一款缀满爱心的帽子。

"躲往迷人的蝴蝶花园,感受繁花间蝶舞翩翩,在脱俗曼妙的绮境里,收藏珍贵的美与浪漫,从赤面纹路攫取灵感,采用细麦秆儿手工编构,环蝶声纹、蝴蝶剪影与流光缱绻交织,细腻精致,立体生动。"这是一款蝴蝶系列的帽饰。

帽仕汇的产品还有很多系列,令人惊艳和意犹未尽,它们都有一个共同的特点,那就是通通"帽"美如花,充满艺术的气质。一只可爱的生肖动物,一抹风竹夜影,一片万花筒里缤纷的色彩,都可以成为设计的灵感,它们经由设计师的屏幕落地到车间的缝纫机,然后蜕变成一件件艺术品,像精灵一样,只要飞停在哪个人的头上,哪个人就一定"顶"呱呱。市场反馈是最有力的回声:

"在帽仕汇总能选购到适合自己的帽子,戴上好看得体的帽子让我更自信,越来越喜欢帽子啦。"

"我试了白色、蓝色、粉色,最后入了粉色,很温柔,很少女,很独特,一个毛茸茸的圆球,谁能拒绝啊?"

"我被带到了一排草帽区,从没想过草帽竟也能被做得如此精致,说是艺术品也不为过,'这顶帽子由经验丰富的匠人用超细麦秆纯手工编织,耗时20天完成……'我们追逐着国外奢侈品的匠人工艺,殊不知令人惊叹的手艺都是国人的。"

"它实在是太好看了!不管从哪方面来说,帽仕汇的帽子真的好绝啊,颜色的搭配、设计的时尚造型、品牌理念和服务态度都可以说是一顶一的完美。"

才"帽"双全——帽饰博物馆与帽饰文化的传播与创新

曾经在《中国艺术家》杂志上看到一篇文化研究学者王超鹰对

孙建华的采访文章，孙建华有一段关于创新与博物馆之间关系的回答特别耐人寻味，他说："（产品）创新要结合博物馆或艺术馆才行，因为我们不能光看未来，还要看过去。博物馆能够存在，与它收藏的几千年的东西有关，这些东西很有价值（不仅只是经济价值，更主要是其文化和艺术价值），现在有好多的创新其实源自博物馆，博物馆能让你追根溯源，是对文化艺术品位的培养和提升。文化和艺术是任何人都无法抗拒的。在一个文化人或艺术家面前，我们会感觉到自己很俗。当你面对一个文化人，他说了几句有哲理的话，或者吟了两句诗，如果发现自己几乎听不懂，就会感到卑微。又比如看艺术作品，觉得这幅画非常漂亮，可是看不懂，艺术家要跟我解释半天，我就感觉不行，所以我做博物馆的目的是提升品位，提升品位是为了更好地创新。"

　　孙建华的这番话似乎为帽仕汇为何能不断推出新品且款款"帽"美如花作出了注脚，同时亦道出了他创办那闻名遐迩的"冠饰博物馆"的初衷，他要让HATTERSHUB才"帽"双全、才华横溢、才情永驻，他要身体力行去打造一个使帽仕汇设计灵感取之不尽的宝藏。不仅如此，他还要借此给全世界同行、客户、消费者，以及所有艺术与文化的爱好者、帽子的有缘人提供永远不会错过的历史记忆与收藏。

　　位于公司总部艺术大厅的帽饰博物馆璀璨夺目、光芒耀眼，有4000件左右的精美帽饰收藏来自世界各地。时间上，它几乎跨越5000年，空间上，它也纵横八万里，从清代的银点翠七凤冠，到现当代设计名家的经典之作；从巴拿马草帽到印第安鹰羽帽，再到中国各民族的帽饰；从各类帽架、帽盒到顶戴花翎、眉勒，再到各色荷包、暖耳、云肩，所有藏品都精美绝伦，令人叹为观止。这些是孙建华历时十余年，踏访了全球各地的收获，也是他对企业、行业乃至整个服饰文化与艺术的巨大贡献。在他看来，收藏帽饰不仅是因其精湛的工艺，更源于历史所赋予的文化积淀，源于对祖先文化的认知和敬仰，源于对传统文化艺术的保护和传承。

除此之外,"我们不仅要收藏老帽子,我们还要为未来收藏今天。"孙建华总能将他的理念付诸实施。为未来收藏今天,第一是对帽饰文化不遗余力地进行传播和延续,第二是要从传统中不断寻找灵感进行创新。为此,公司在2012年、2016年发起了两届"中国国际帽饰设计大赛";2014年、2015年、2018年主办了三届"中国帽子节"。未来,孙建华还计划整合全国非物质文化遗产继承者和国家级民间工艺大师,用他们的传统技艺演绎帽饰艺术,并进行全球巡展。"此举将会成为全球首创。它不仅会传播帽子作为第一时尚单品的重要性,还彰显出帽子作为手作无可替代的艺术性,同时也会大大提升帽仕汇的国际地位与行业影响力。"

与此项计划相关的是正在实施的"101计划",这项计划具体的做法是什么呢?孙建华一如既往地侃侃而谈:"我觉得100太满,99不够,101可以作为新的目标。收集101位时尚达人对帽子的一句话,收集101幅和帽子有关的摄影作品,收集101首与帽子有关的诗歌,然后邀请艺术家们在帽子上将它们创作出来,最后邀请非遗继承人用传统手工艺制作落地,并进行全球巡展,且整个过程都要记录,做成影像纪录片,配上中、英、日、法等语言,向全世界推广。"

"101计划"是群体的智慧,"101计划"是传统与创新的结合,"101计划"是帽仕汇源源不断的设计灵感,它将使帽仕汇旗下各大品牌更加才"帽"双全,"101计划"是为未来收藏今天,它无疑将是"冠饰博物馆"的延续与扩充,它会使其更加包容与宏大。

品"帽"非凡——利润不是经营的目标,是经营好人心的结果

孙建华是一位成功的企业家,是充满激情和时尚的商界精英,是"中国造隐形冠军",是将产品做成艺术品的艺术家……在诸多业界都熟悉的标签之外,他其实还是一位敏感而细腻、深沉而睿智的文人,借用古典主义经济学家亚当·斯密的自谓:letters of man。孙

建华博览群书，阅读是他广泛兴趣中最不可或缺的一项。"读而优则著"，孙建华写下了不少文字和文章，他的专业著作《厄瓜多尔——巴拿马草帽的故乡》文采斐然、情节生动，可以说它不仅是一本行业著作，也是一部不可多得的非虚构文学著作。除此之外，在业余时间，如一时兴起，孙建华也喜欢来点诗意。

他有一首诗名叫《境界》，这里摘取其中部分诗行：

"竞争"的最高境界是，不去竞争；

"财富"的最高境界是，不占有；

"成功者"的最高境界是，隐退；

"营销"的最高境界是，没有营销，守正出奇；

"认知"的最高境界是，不出门，而知天道；

"助人"的最高境界是，无形，无知，无感；

"力量"的最高境界是，柔弱胜刚强，无形胜有形；

"成事"的最高境界是，无为而无不为；

……

可以说这首诗是孙建华最成熟的思考和最极致的总结，事实上，在生意之道上，他恰是有"史"以来就奉行着这样至简的原则和初心：利润不是经营的目标，利润是经营好人心的结果，这颗心是客户的心、供应商的心、员工的心、社会责任之心。只要你将人心经营好了，做到品"帽"非凡，企业怎么可能没有利润呢？而经营人心是什么？是将每一件事情都做到极致。

对于客户来说，款式和品质、设计和创新、速度和效率就是客户的心；对于富美来说，前两者都是优势，有不少的经验和效能，但后者却是掩饰不了的短板——供应链及生产滞后。对于这个问题，富美的执行总裁直言不讳：对我们来说，前端市场开拓得再好，后端生产如果守不住也是徒劳，因为产品品质是最重要的。针对这个问题，公司借3年疫情的契机刻不容缓地重点引入了"订单快速反馈机制"，即从业务部门接单到采购生产的一整套快速反馈机制，这是一个完全区别于正常订单流程而形成的全新产业链。富美只需要保证原材料永远是现成的，到时临时打版耗时一小时，接着机械生产再耗费两小时，如果客户非要加一个商标，届时耗时两小时，如果还要求做一些绣花之类的装饰，最多也不会超过两小时。全部加起来24小时出货完全可以实现。经过实践，富美决定将这种机制常态化。孙建华对这种尝试非常满意："做企业如果不想着怎么去提升统筹能力、提高生产效率，怎么在市场上存活下去呢？这就是企业的使命，活着就要不断为客户创造价值，留住客户的心。"

对于供应商，保证货款的及时支付就是供应商的心。对此，孙建华有非常严苛的规定："如果富美在某个业务链条上发生付款延期的事情，一旦让我得知，我会第一时间通知财务查明原因，追究责任，凡所涉及之人都要向对方赔礼道歉。一个企业想做得长远，对下游环节的诚信和人心是千万不能失掉的底线。"事实上，富美在供应商中积累了非常好的口碑。

对于员工，孙建华创立了一套别具一格的企业"家文化"，就正如他在另一首诗歌《家》里写的："家，是在你漂泊之后可以停靠的港湾；家，是在你遭遇挫折和失败后的拥抱；家，是无论你怎么落魄都会向你敞开的大门；家，是你开心的时候让你畅所欲言的客厅；家，是你烦恼的时候，感同身受的目光；家，是你不如意时候的推心置腹；家，是你唠叨时，有人耐心和理解的倾听；家，是你迷茫时候的一扇窗户……"公司总部大厦设有运动场、读书室、瑜伽室及插花室，每一个角落都充满诗情画意。公司还不定期举行读书会、运动会和年会，孙建华还别出心裁地设立了有趣的基金，温情而浪漫，比如恋爱基金、关爱父母基金、创始人基金、创新基金、员工互助金等，富美已成为每一个员工积极乐活、物质富裕而精神富有的地方。

充满诗情画意的富美服饰和帽仕汇

  一路解密，除了让人叹为观止之外，也让人了解到一个事实：成功的人总在孜孜不倦学习的路上！孙建华除了每天读书写作，还经常飞到世界各个国家和地区，发掘不同的帽饰风格和流行趋势。不仅如此，他也特别擅长跨界突破，他喜欢一切美的事物，绘画、建筑、文学、大自然，古典的、现代的，只要是有艺术的地方，他都有可能产生新的灵感和心得，无论是呈现于帽子的设计，还是落笔于纸上的文字，都那样令人赏心悦目。祝福激情时尚的"头"等大事越活越年轻，一"帽"倾城的帽仕汇永远保持创新和活力，早日实现富美的愿景，让员工"物质生活更富裕，精神生活更美好"，成为行业受人尊敬的引领者。

"东方之星"亮晶晶

——南通服装界摄影达人曹海东印象

鲍冬和

2023年7月8日，星期六，上午8时许，狂风大作，暴雨如注。笔者来到位于南通市区工农路19号的源泰楼，准备采访南通东方星制衣有限公司董事长曹海东。在一楼大厅等待电梯的人群中，有位留着板寸头，蓄着络腮胡，身穿T恤衫，脚蹬旅游鞋，背着双肩包，戴着一副老式圆框眼镜的中年人，格外引人注目。市服装协会副秘书长李强介绍说："他就是曹总，南通有名的摄影大咖。"

笔者对他的第一印象就是：此君非同常人！心中不由得暗暗惊喜。惊讶的是，一身便装的曹海东，与人们习惯思维中西装革履的企业家形象大相径庭。惊喜的是，这两种看似

东方星办公楼

互不搭界的造型与气质，居然在他身上融为一体，给人以一种特立独行、卓尔不群的感觉。有幸采访这位不修边幅又颇具艺术"范儿"的老总，肯定有戏！

南通服装，升起"东方星"

曹海东对他的祖先、东汉时期的曹孟德钦佩有加，推崇备至。他对曹操《观沧海》中"日月之行，若出其中；星汉灿烂，若出其里"的名句尤为欣赏。他的名字里有大海，他的眼睛里有星光，"名中有海，灿若星辰"。他的生肖属龙，龙腾大海，遨游星空。由名及物，于是，他对浩瀚大海和灿烂星汉也情有独钟。因此，他的微信昵称是"东海潮"，他的公司名称叫"东方星"。东海潮波涛汹涌，东方星垂平野阔，大海星辰，遥相呼应，在他心中汇聚成奔腾澎湃的阳刚之气，为他在长达35年的职业生涯和摄影创作中，成为一个与众不同、别具一格的"追星族"，输入了根植在血脉骨髓里的生命基因。

曹海东出生于1964年。1984年毕业于南通纺织工业学校，由于成绩优异，表现突出，被留校任教，成为学校印染实验室的专职指导老师，培养了一大批优秀技术人才。

20世纪80年代，随着改革开放的大潮席卷全国，南通外贸企业蓬勃发展。1988年冬，各大外贸公司统一招考纳贤，曹海东既有纺织专业技术特长，又有熟练的英语表达能力，毫无悬念地考进了南通丝绸进出口公司。从一线业务员做起，很快便成为公司的创汇"明星"，仅过了4年，便先后被任命为部门经理和公司副总经理，这一干，就是12年。

在这期间，他经历了商海沉浮的磨砺，见证了外贸行业的兴衰，也品味到体制弊端的苦涩。南通丝绸进出口公司是市政府外经委领导下的国有企业，最兴旺时，拥有8000多万元银行存款，成为外贸系统的利税大户。然而，令人不解的是，"逼富济穷""吃大户"的现象也接踵而至。

20世纪90年代，南通一家制鞋企业需要出口一批产品，由于没有进出口权，便委托丝绸进出口公司代理这笔出口业务。没想到货发出后，外方却因故拒绝付款。情急之下，这家制鞋厂竟将丝绸公司告上法庭，要求赔偿损失。由于丝绸公司纯粹是代理方，更不是担保方，与外方公司没有直接业务贸易关系，法院判决丝绸公司无需承担任何责任。但是，有关主管部门却说："你们公司财大气粗，那家鞋厂快要关门倒闭了，这个损失，你们不补，谁补？"迫于压力，丝绸公司只得委曲求全，顾全"大局"，支付了这笔"冤枉钱"。

在那个计划经济严重束缚生产力发展的年代，以行政手段强迫盈利企业出资弥补财政空缺的现象时有发生，导致许多原本效益不错的"外贸大户"日渐式微，经营维艰。

在这种社会大背景下，2000年2月，不甘安于现状、随波逐流的曹海东，毅然作出了人生中的重大抉择——辞职下海，自主创业！踏上了风雨兼程、追星赶月的逐梦之旅。

2000年3月，曹海东与黄亚萍、茅琢等合伙人，合股成立了"南通东方星纺织有限公司"，经营范围包括服装、面料、辅料生产及销售等，注册资金1020万元人民币，曹海东担任法定代表人、执行董事，黄亚萍、茅琢分别担任副总经理、监事。2001年2月12日，又投资成立了第一家服装厂——南通东方星制衣有限公司，从此，灿若繁星的南通服装行业新增了一颗冉冉升起的"东方之星"。

"东方星"生产的高端时尚服装，在欧美市场畅销无阻，公司经济效益直线上升。随着公司的不断发展壮大，曹海东的"追星情结"也发挥得淋漓尽致。公司先后在南通、如皋、沭阳设立子公司，分别以"东方星""耀星""恒星"命名，及至后来在缅甸办厂，也都取名为"未来星""耀星"，公司国内外员工最多时达4000多人。一时间，群星争辉，光芒四射，璀璨夺目的"东方之星"成为蜚声海内外的"品牌明星"，为方兴未艾的南通服装行业加油助力，增光添彩。

东方之星，闪耀东南亚

熟悉曹海东的人，都知道他的性格中有一种从不满足现状、敢于打破常规的"冒险精神"。有时甚至不惜剑走偏锋、逆水行舟，做出常人意料之外却又出奇制胜之举。

当"东方星"在国内运营得风生水起之时，他的目光盯向了劳动力成本更低的东南亚国家。2012年10月，当他得知缅甸政府出台了《外国人投资法》的信息后，立刻触动了他的敏感神经，迅速带人赶去缅甸仰光实地考察。在与当地政府有关部门接洽交流中，曹海东用流利的英语和专业的阐述征服了有关工作人员，他们对这位不请自来的中国"不速之客"，表达了热情的合作意愿，双方很快签订了协议。当年11月2日，中方独资未来星制衣有限公司正式宣告成立，成为南通服装行业第一批在缅甸兴办的服装企业，曹海东也成为第一批在缅甸"吃螃蟹"的服装老板。

万事开头难，只要肯攀登。有了第一次在缅甸办厂的经验，曹海东不由得信心倍增。2017年，他又在仰光雪碧达创办了中缅合资耀星制衣有限公司，公司员工最多时达2500多人。2023年4月，奇招迭出的曹海东又转战孟加拉国，与朋友一起，成立了一家"唐时装有限公司"。与此同时，他还于2023年年底在埃及新办了一家制衣厂。在曹海东和他的团队精心运作下，"东方星"不仅闪耀于东南亚，还将在非洲大地上青云直上，绽放异彩！

值得一提的是，随着"东方星"在缅甸的影响与日俱增，曹海东在通商中的声誉也闻名遐迩。2016年12月，曹海东被推举为缅甸南通商会会长，时任南通市政府副秘书长瞿永国率队前往缅甸，代表家乡父老为缅甸南通商会授牌。2019年,曹海东当选为南通市第十二届政协委员;2022年,任期届满后,又被聘为南通市政协特邀代表,成为南通服装界目前在市政协中唯一的"民意代言人"。

最令人惊奇的是,从2005年开始,曹海东突然跨界转向,如痴如狂地一头闯进摄影圈子而不能自拔。从那之后,他几乎每年有一半的时间在国内外从事摄影创作和国际摄影大师的作品收藏活动,有时甚至整整半年都不回公司。即便如此,"东方星"仍然生机勃勃地高速运转,丝毫没有影响公司的生产秩序和业务发展。难道他有神奇的管理秘诀?或者有特殊的人格魅力?

"哪有什么秘诀和魅力,我奉行的是'无为而治'的管理信条。授权,是我凝聚公司人心最简单的'法宝'。授权,就是把公司的管理权授予副总经理、部门经理直到厂长、车间班组长,让他们各司其职,各当一面。当然,这必须建立在充分信任和理解的基础上。同时,加强财务控制也是必不可少的重要环节。我只是偶尔抽查一下各类报表,如发现问题,就开个小会,几个人碰一下头,拿出解决方案就万事大吉了。"说这番话时,曹海东脸上露出灿烂的笑容,圆形镜片后的双目闪烁着自信的柔光。

的确,自从2001年"东方星"成立23年来,曹海东与两位股东和部门经理建立了绝对的信任和真诚的友谊,形成了牢不可破的精英团队。公司每天的生产报表和财务报表,每月的绩效考核,都落实到各个部门和业务员,保证了公司有条不紊地正常运转。公司员工按劳取酬,薪资从优;按时足额缴纳五险一金,坚持带薪年假制度;每年提供一次免费体检、旅游;每年举办一次职工运动会,最多时有1000多人参加;逢年过节发放慰问品;年终还要举行全员联欢和聚餐活动……如今,"东方星"年产值达4000多万美元,成为地方利税大户,为南通服装行业高质量发展作出了应有的贡献。

天上星,亮晶晶,"东方星"聚人心。如果说,"东方星"的每一个员工都是不可或缺的满天星斗,那么,在众星捧月的气场和氛围中,又何愁"东方星"不会兴旺发达、魅力四射呢?曹海东这个"甩手掌柜",当得真是既潇洒又滋润,难怪他能够心无旁骛,经常背着行囊周游四海,跋涉于尘世之外,纵情于山水之间。诚如白居易所云:"飞鸟灭时宜极目,远风来处好开襟。谁知不离簪缨内,长得逍遥自在心"呀!

佽规错矩,跨国"追星族"

在浩瀚的宇宙中,星星没有太阳那样热烈,也没有月亮那么冷寂。然而,如果没有星星,天空一定会黯然失色。曹海东对星星的偏爱,不仅表现在他为公司取名"东方星"的奇思妙想上,而且也体现在他对摄影艺术超凡脱俗的不懈追求中,继而使他成为一名佽规错矩的跨界"追星族"。

2005年,在一次朋友聚会中,曹海东机缘巧合地结识了南通摄影界大咖严永华,其作品曾荣获中国摄影家协会评选的金奖。一番交流之后,在服装行业干了17年的曹海东,突然萌发了学习摄影的想法,随后便拜严永华为师,一脚跨进了这个神奇莫测的陌生领域。

诚所谓"师傅领进门,修行靠自己"。对于摄影,曹海东虽然起步较晚,但起点却很高。这得益于他天资聪慧、悟性极高的形象思维。为提高自己的艺术修养,曹海东认真阅读了大量国内外摄影大师的理论著作。然而,百闻不如一见,在积累了一定的摄影技巧后,他便开始了更高的追求,不仅"跨界",而且"跨国",犹如"苦行僧"与"独行侠"一般,不远万里,奔赴国外参观顶级的摄影作品展。这一"跨",让他看到了不一样的摄影世界,开阔了眼界,拓宽了视野,也结识了不少著名的现当代国际摄影大师。

为了观摩、收藏经典作品,他甚至不揣冒昧,登门拜访,与素不相识的摄影大师面对面切磋技艺，交流心得，并不惜耗费巨资，收藏大师们的经典作品。尤其是一些具有独特艺术个性的优秀摄影作品，在他的心灵深处产生了强烈的共鸣。那些看似不合常规的奇特构思和影像画面，恰恰契合了他那不甘平庸的性格特征，把他从最初对摄影"技术"窍门的兴趣爱好，迅速升华到对摄影"艺术"真谛的反思和追求之中。久而久之，他对摄影艺术的审美观和价值观，也与传统的"规矩"和"法则"渐行渐远，成为"超现实主义流派"的拥趸，执着地沉浸于非对称线条、大色块差异、抽象派构图之中而不能自拔。他要把自己对人性的思考和艺术的觉悟，通过镜头，定格在按下快门的每一个瞬间。

在东方星制衣有限公司的会议室墙上，有一张新疆喀斯特地貌的巨幅照片，是曹海东拍摄于海拔 3000 米以上的得意之作。照片中寸草不生的山峦峭壁，由黄、褐、灰、黑、白五种颜色组成，远近各异的山体上犬牙交错，裂缝纵横，形如瀑布。群山环绕之间，有一片波光潋滟的水潭，倒映着淡灰色调的天空，与怪石嶙峋、五彩斑斓的群山融为一体，组合成凝重深沉而又通灵剔透的奇异画面，给人以强烈的视觉冲击力。这种构思与境界，与常规会议室里布置的"国色天香""蒸蒸日上""锦绣河山"等寓意美好、吉祥的画作截然不同，从另一个侧面印证了曹海东摄影艺术创作的审美情趣与匠心独运。

据不完全统计，曹海东在近 18 年的时间里，他拍摄了上万幅各种题材的照片，其中不乏出类拔萃的精品力作。2019 年，他被推选为南通市摄影家协会副秘书长。有意思的是，虽然作品数不胜数，但他从不对外投稿或参加展览，也没有举办个人作品展览或出版作品专辑，仅在摄影圈子里与志同道合的朋友"孤芳自赏"，自得其乐。这种不按常理出牌的"离经叛道"，也不由得令人啧啧称奇。

多年来，曹海东奔走在国际著名的摄影大师之间，成为名副其实的跨国"追星族"。如今，他已收藏了 500 多幅名家原创作品。

2020年，他曾花8万元人民币收藏了日本摄影家荒木经惟的一幅《爱的束缚》。后来有人出资40万元求购，被他婉言谢绝。他说："我收藏的初心，不是为了赚钱，而是为了学习鉴赏，提高修养。"

2014年，当他获悉中国美术馆要举办国际直接摄影（注：一种摄影流派的专业名称）作品展（1839—2014）时，却毫不犹豫地慷慨捐赠了他所收藏的5名国际大师的摄

企业家出身的摄影家曹海东（左一）

影原作，每幅价值2万美元，成为国家美术馆的永久藏品。这次参展作品，后来汇集成题为《乘物游心》的大型精美影册，由中国摄影出版社出版，如今已成为独一无二的绝世孤本，其艺术价值已不是金钱所能衡量的了。

南通京扬广场D座501室的两层展厅，是曹海东投资的S&S私人画廊。2023年5月5日至26日，他在这里举办了题为《倗规错矩》的曼·雷摄影及版画作品展。展出的作品，表现的全是超出传统观念和艺术规律的"奇画异影"，令观者直呼"闻所未闻""惊世骇俗"。曹海东则见怪不怪，泰然若定。他说："它山之石，可以攻玉。随着时代的发展，如何让摄影摆脱'记录'和'证据'的属性，像绘画一样插上想象的翅膀，已成为很多摄影艺术家探索的课题。我办这个展览，无非是想在循规蹈矩的固化模式中，引发一种'倗规错矩'

的思考而已。"

艺术无国界,天涯有知音。也许,曹海东的美学观念与普通大众的审美习惯存在"天壤地别"的差距。然而,正是这种认知上的差距与探索,才是推动人类文明和艺术创新不断进步的那双看不见的"手"。如同"东方星"在浩渺无垠的太空中,也许只是微不足道的一颗明星,但任何人也不能否认这颗星的客观存在。少了这颗"星",星空便少了一分"光"。

摄影艺术是如此,创办企业又何尝不是这个理呢?曹海东,祝你在锲而不舍的跨界跨国"追星"之路上,勇往直前,再攀高峰!

四代工匠一米布

——南通东帝纺织品有限公司巡礼

梁天明

"枢机之发动乎天地，衣被所及遍我东南。"这副对联是清末著名实业家、教育家张謇的恩师翁同龢先生为张謇创建大生纱厂写的贺联。光绪二十一年（1895年）冬，清末状元张謇秉持"实业报国"理想，在家乡垦牧植棉，创办纺织企业，取名"大生纱厂"，昭示张謇先生实业报国之心，又兼怀儒商诚信之本和壮美宏图大志。

穿越百年历史烟云，身为中国纺织业的摇篮，南通蕴藏着丰富的文化底蕴，是闻名遐迩的"纺织之乡"。

"从我爷爷、父亲开始，就与纺织业结下不解之缘。我们葛氏纺织家族80多年来都是以张謇为榜样，与织机相伴，见证着纺织业从江海平原起步，一步步壮大。"葛荣德，葛氏纺织家族的第三代传人、南通东帝纺织品有限公司原董事长。在不大的办公室里，他精神矍铄、神采奕奕，饱含深情地侃侃而谈，他的身后是"天地之大德曰生"的书法横幅。

精准定位，锁定目标确立行业地位

葛氏纺织家族延绵四代，真正的兴盛起点伴随着改革大潮的风

葛荣德（左四）在传授技艺

起云涌而到来。作为葛氏纺织家族的第三代传人，葛荣德子承父业，怀着对纺织的深厚情结，发挥家族优势，创办了南通东帝纺织品有限公司。东帝，集"东方神韵、帝王风范"之意，隐含着葛荣德的大气、魄力和抱负。

"我立志要为中国服装提供精美面料，那年我已48岁，要做自己喜欢做的事情，成为葛氏纺织家族的第三代传人。"葛荣德没有循规蹈矩，2001年，他决意辞去通州市外贸公司总经理的职务，开始了"人生创业第二春"，以了却自己的"纺织情缘"。

他先是在观音山镇办起一家纺织厂，后又前往兴仁镇办起纺织品公司，取名"南通东帝纺织品有限公司"。为什么要在兴仁办厂？葛荣德淡淡地说出四个字："怀旧、感恩。"他是通州人，是通州这片热土养育了他，于是，他想趁有生之年继续为通州尽点绵薄之力，作点贡献。从此，东帝在葛荣德的精心呵护下茁壮成长。如今，东帝已下设面料、服装两家工厂，还有产品检验检整、纺织面料服务、色织工程技术等机构。

纺织业竞争激烈，尽管葛氏纺织抱有织好"一米布"的初心，但在当代，必须不断通过技术创新开发新产品，才能在色织行业站稳脚跟，拥有一席之地。于是，"领先一步，与众不同"便成了葛荣德的执念。经过锐意研发，"曲线布""波浪布""中空纱色织布""柔软棉色织布"等产品先后畅销国内市场，还打入国际市场。

中国不缺服装面料生产企业，但能做出品质、做出细节、做出特色的不多。经过多方考察和反复思考，葛荣德最终选择男性中高档商务、休闲类服装面料为主攻方向，原料以天然的麻、棉类为主，风格为色织厚重毛感，同时具备时尚、舒适、功能强、好打理的特色。这一大胆决策确立了东帝的企业走向和行业定位。

这是一个很有挑战性的选择。男性中高档商务、休闲服装面料生产难度大，工艺复杂，技术含量高，对织机设备要求更高，必须要有独具匠心的工人去操作。20多年来，葛荣德一直重视培养高技术人才，员工中涌现了一大批能工巧匠、劳动模范，不断设计、生产出领先潮流的高端面料产品。

目前，东帝纺织已是男性中高档商务、休闲类服装面料单项冠军，从而在激烈的市场竞争中杀出了一条血路。葛荣德就此非常感慨：这20多年，东帝纺织只做一件事，那就是织好"一米布"。

细节决定成败！葛荣德追求的"一米布精神"，细节大到制作工艺，小到线头处理，严格把关，从不放松。一个新产品出来，他总要先做一件试穿，亲身体验新品的各种性能，达到至臻至美，才投放市场。

坚守创新，提升设计激发企业活力

葛荣德对父辈们的"一米布精神"有着更深的认识和理解，他希望自己精心织造的布有更好的呈现，被更多消费者所用、所喜欢。

于是，他在设计上发力。

他慕名聘请欧洲一位著名服装设计师，这位设计师曾先后与国内14家企业合作过。葛荣德高薪聘请他，是希望他设计出的产品能很快投入生产运作中。几次试水后，葛荣德意识到，设计其实是一个上下游互动的体系。外籍设计师初来乍到，往往找不到定位，也不能明确设计的作品是针对哪些群体。

葛荣德决定大力培养自己的技术团队。葛荣德有个"牛人"朋友，40年的专注练就了他西装制版的独门绝技，任何体形的人只要穿上他制作的西装无不合身，在视觉上达到"胖子变瘦，瘦子变胖；高个变矮，矮个长高"的效果。他的技能被授予国家专利，南通没有第二人，全国凤毛麟角。然而，他制一个版型一般需三四个小时，特殊体形则需要七八个小时。

东帝纺织增加西装制服定制业务，使东帝做好"一米布"的精神有了延续——更专注于做精、做透、做好、做优秀。

东帝纺织还利用科技手段，把西装定制的技术要点融入大数据中。通过智能软件三维扫描，将人体的1000多个部位要素输入程序、克隆定制，使效率提高一二十倍，一次性成功率在95%以上，工艺差错率为零。葛荣德称之为"东帝的4.0工业革命"。

东帝的360°全景展示厅在业内颇具名气，琳琅满目的面料和服装让人仿佛置身于款式丰富的服饰专卖店。作为色织面料企业，这种用成衣凸显面料的做法，不可谓不是一项创新。

葛荣德坦陈，对真正热爱的事业，要怀有初心。东帝在业内并不属于大规模的企业。一年生产400万米色织面料，以及30万件（套）服装。长久以来，在别的企业盲目追求扩张规模的时候，东帝静下心来将产品做精、做专、做细、做强是很困难的。令人高兴的是，葛荣德做到了，他守住了一辈子织好"一米布"的初心！

励志奋进，笃实拼搏扛下接班重任

"我老啦！我要退居二线，颐养天年。但祖传工艺不能变，葛氏纺织家族的'一米布精神'不能丢。我很高兴，女儿葛晔与女婿卢红卫心有灵犀，加盟葛氏纺织家族，成为第四代传人。"葛荣德欣慰地说道。

要做好"一米布"，传承是必须的。葛氏纺织家族的第四代传人以卢红卫、葛晔为核心代表。前辈"做事先做人"的言传身教，在他们心灵上打下了深深的烙印。10余年来，他们坚守"崇德正行"的祖训不变、"励志渐进"的精神不丢。

卢红卫原来也是在被称为"金饭碗"的国家机关工作。2009年，他怀着一颗创业的雄心，毅然作出一个出人意料的大胆抉择——放下"金饭碗"，辞职来到东帝应聘总经理。经过短短几年磨炼，卢红卫已初步成长为纺织品领域的行家里手。业内人士赞誉他是"少帅之才"。和他交谈，会让人感到一种享受，因为他对各种问题的分析是那样透彻和精辟。他做事笃实，每做一件事都是一步一个脚印，尽心尽力，踏踏实实。

创新是社会进步的永恒主题，是企业发展的不竭动力和源泉。企业创新最重要的是思想、理念创新。只有思想、理念创新，才有产品创新。卢红卫、葛晔古为今用，不断创新，开发的三大明星系列产品均定位于麻棉面料、商务品质。他们首先选择麻料为突破口。麻料的缺点是易皱、麻点多。他们潜心研究，攻克难关，提高了麻面料的抗皱性能，把麻面料做轻做薄，让麻面料的西服变为商务服，更轻薄、好打理。同时研究肌理面料，市场上的肌理面料风格上偏强烈，适合商务人士的不多，手感和光泽上也欠缺。他们不断摸索，反复试验，生产的肌理面料取得了突破性创新效果，手感上保持了毛料的质感和垂悬性，且比毛料更柔、更易打理。他们研发的色织四面弹面料，生产难度更大，在国内市场"绝无仅有"，其显著特点是横向纵向都有弹力，做成的衣服能随人体活动自由伸缩，轻快舒适，外形美观。他们坚持"让服装定制走进寻常百姓生活"的服饰美学理念，在"新、特、奇"上下功夫，在"新材料、优组合"上做文章，打造了别具一格的集柔软性、亲肤性和延展性于一体的创新工艺组合拳。

葛氏纺织家族第四代传人将"一米布"做到了极致

接班这些年来，卢红卫、葛晔带领其团队自主研发的新品种、新花型、新面料有200多种，拥有发明专利3个、实用新型专利3个、软件著作权2个、外观设计专利608个。新产品的研发倾注了这批年轻人的心血。卢红卫既当总经理又是技术员，从面料的设计、纺纱、织造、后整理再到产品销售，一丝不苟，谨慎行事。他常常深入车间，听取职工的建议和意见，以自己认真、踏实的精神感染每一个人，带动一批批青年员工勤奋工作、积极上进，起到良好的示范引领作用。

葛氏纺织家族第四代传人将这"一米布"做到了极致、做出了艺术。目前，国内使用东帝面料的知名服装品牌有威可多、报喜鸟、雅戈尔、九牧王、利郎、佛伦斯等。

他们成立了集信息传递、实物展示、贸易成交、产品检测、物流服务于一体的服务平台——江苏省纺织面料服务中心，成为南通纺织品企业中少有的省级高新技术企业。他们还与江南大学、南通大学等高等院校合作，组建新产品开发团队，潜心研发纺织新技术、新产品。他们自主研发的"经纱曲线面料"，在业内被称为传统色织面料的一场革命，给人一种立体交叉的感觉、一种"飘"起来的气质，荣获国家发明专利，其知识产权受到多个国家保护。他们参与制定的《色织提花布》国家标准，是目前国内纺织界普遍执行的国家标准。在2010年上海世博会上，东帝有幸成为世博会的特许生产供应商，近200款服装通过严格审查进入世博园各国展馆，一夜名扬海内外……他们的"一米布"唱响了一曲曲引导市场的主旋律，进入了新一轮创新发展的快车道，一步步走向了成功的顶峰。

在卢红卫的人生哲学词典里，只有"拼搏"和"奋进"两个词，这也是他的座右铭。"人无远虑，必有近忧。"这是他常挂在嘴边的一句话。卢红卫走过的并不是一条平坦无阻的阳光大道，在商海中搏击，碰到险滩暗礁在所难免。卢红卫凭着这几年在商海打拼中积累的智慧，磨砺了淡泊谦逊、豁达大度的心境，锻造了攻坚克难、砥砺奋进的韧性。他常对员工说："没有谁能够随随便便成功，不经历风雨，怎能见彩虹！因为目标高远，我们同舟共济，齐心协力；因为信心百倍，我们义无反顾，只争朝夕。"

强毅力行，筑基纺织家族延绵传承

看着后辈们的成就，看着这些新产品，葛氏纺织家族第二代传人——葛荣德的父亲，已是期颐之年的葛祖勋看着儿孙们用心、用情织出的"一米布"，不禁感慨万千。回想当年，这些产品是想都不敢想的，如今，南通人的纺织产品在世界舞台上不断展现，屡获好评。"能造出世界级的好产品，这也证明了我们南通人的智慧是无穷的。"

葛荣德回忆，爷爷葛洪秀是当地有名的织布巧匠，一家人靠他的织布手艺为生，日子虽然过得清贫，却也温馨，他是葛氏纺织家族的第一代传人。

民国初年，葛洪秀，一个不满20岁的年轻人，穿着破破烂烂的衣裳，被一阵"吱扭、哐、哐哐"有节奏的声音所吸引。循声望去，昏黄的煤油灯下，一位年过五旬的老妇佝偻着腰，在穿梭织布。他站在织坊前，目不转睛地看着、想着，不知过了多久，他凝望着煤油灯橘红色的火苗，满满一屋金色的光亮犹如老妇脚下的布机声，如涓涓细流绵绵不绝……他爱上了这布机声，爱上了这土布。不久，葛洪秀成为这家土布织坊的徒弟。两年后，他开始自己钻研土布工艺，立志一生要织好这"一米布"。从此，在这个织坊里，整天闪动着葛洪秀择捻子、纺棉、拐线、浆线、打筒、经布、穿缯、穿杼、缠穗子的身影；从此，在葛洪秀手上，一米米土布以其精湛的手艺、独特的印染以及粗厚坚牢、耐洗耐穿的特性享誉街坊四邻。到20世纪初，葛洪秀已成为远近闻名的土布高手。他每天手摇纺车纺纱，脚踏手投梭木机织造。耳濡目染，十几岁的儿子葛祖勋也渐渐喜欢上这土布，稚嫩地跟在大人屁股后面，学着摇筒、牵经、络纬、穿综、嵌箝、染色……

1941年，战火烧到长江边，通城惨遭蹂躏。葛洪秀不幸去世，双重打击使家人平静的生活被彻底打乱。作为家中长子，年仅16岁的葛祖勋传承了父亲的织布手艺，开始了他的织布卖布生涯。那时通城观音山地区织染土布使用铁木机，织出来的土布有"条格布""黑平布"，这些都是很粗糙、简易的土纱布。当时正值战争年代，靠织布手艺谋生的人家还不多，而土布也算不上商品，只能自己用来做衣服穿。过了一段时间，在如今的灰堆坝一带，出现了第一个土布市场，葛祖勋是这土布市场里的第一批经商者，那年他正好20岁。虽说市场不大，但这个年轻人的土布却在市场上小有名气。不久，葛祖勋这3个字似乎成了这个市场上的土布"商标"，很快传了出去，泰州、盐城等地的老百姓都慕名前来购买。

中华人民共和国成立后，观音山地区成立了一家花纱布公司，国家棉纱产品实行统购统销。葛祖勋在村里成立互助组，组织村民纺纱织布。那时，土布的品种也多了起来，黑哔叽、鞋面布、元贡呢等产品出现在市面上。1956年，我国对纺织业越来越重视，实施手工业合作化。这样，观音山地区的纺织规模扩大了，设备改善了，生产的产品在国内也越来越有名气。时隔两年，观音山八一染织厂开始建设，这也是观音山的第一家国营企业，它被称为南通纺织业的"黄埔军校"，培养了大批纺织人才。此后20多年，葛祖勋在八一染织厂里兢兢业业，从生产科长升到了厂长和党委书记。

葛祖勋，葛氏纺织家族的第二代传人，精心织着每一米布，他的"一米布精神"是他干一行、爱一行、专一行、精一行，务实肯干、坚持不懈、精雕细琢的敬业精神；是他守专长、制精品、创技术、建标准，持之以恒、精益求精、开拓创新的工匠精神。从八一染织厂退休后，葛祖勋没有远离纺织业，仍然悉心钻研着生产工艺，并研发了中国第一代麻面产品。

他的"一米布精神"感染着下一代！

葛荣德，葛氏纺织家族的第三代传人，坚守祖业，升级不转行，匠心永专注；持之以恒，只做专业的、塔尖的、有品质感的"一米布"。让天下人士"穿着春装过夏天"，穿出气质、身份、风度；穿出前沿、高端、卓越！

葛晔与卢红卫，葛氏纺织家族的第四代传人，顺利接班，用智慧与汗水，将"葛氏纺织"的金字招牌打磨得熠熠生辉！

结　语

在今天的南通，许多公园、广场都竖有张謇塑像，或站或坐，目光炯炯地注视着这座他深爱的城市。

工业化是现代化的首要指标，纺织业是传统经济向工业化转型的先导产业。百年前，著名实业家、教育家张謇先生的近代纺织历程，对今人仍有着一定的借鉴意义。葛氏纺织家族正是踏着先贤的足迹，凭借着永无止境的探索精神和民族担当，在中国纺织业创下了一段又一段佳话。四代人的呕心沥血，80年的拼搏努力，他们以独具匠心的技术研发和追求卓越的精神品质，坚守"一米布精神"。葛氏纺织家族四代工匠阐释着大国工匠的精神内涵，走出了一条民族企业从中国制造到中国创造的匠心之路。

葛氏纺织家族告诉我们：工匠精神是人类文明的基础！工匠精神不仅过去，而且现在乃至将来，都会在人类文明发展的历史长河中发挥重要作用！

一枝独秀绽"菲菘"

——南通信一服饰品牌发展侧记

鲍冬和

2023年4月15日,风和日丽,晴空万里。

位于紫琅湖畔的南通国际会议中心,洋溢着一派喜庆的气氛。"信一集团春夏新品展"在富丽堂皇的二楼大厅惊艳亮相。

500多名各级政府部门负责人和社会各界人士把展示大厅四周挤坐得水泄不通,来自法国、德国、意大利等国家的10名模特与国内的顶级模特,步履轻盈,婀娜多姿,行云流水似的展示了80套"菲菘""亮樱子"等4个系列品牌女装。琳琅满目的各式时装,不时引起台下热烈的掌声。

出席展示活动的江苏省服装协会副会长、南通市服装协会会长蔡建华不无赞叹地说:"作为南通独有的本土时装品牌,信一集团的'菲菘'女装不愧为'中国驰名商标',这是南通服装行业的光荣与骄傲。"

2001年成立的南通信一集团,其前身是创办于1987年的南通信一服饰有限公司,36年来,从当初家庭作坊式的小微企业,发展为集科、工、贸为一体,专业开发设计、制造、零售及特许经营的全业务链大型化时装公司,并且独创了属于自己的专利"菲菘""亮樱子"女装品牌,跻身"江苏省著名商标"和"中国驰名商标"的行列。究

顾东亮近影

竟有什么"独门秘籍"?

现任集团董事长兼总经理顾东亮一语道破"天机"——"公司之所以由小到大、由弱变强,凝聚了我们父女两代共同艰辛奋斗和不懈追求。最终成功走出了一条转型传统模式、打造品牌战略之路。"

蔡建华盛赞的"独有"二字,概括了信一集团的精髓,言简意赅,一语中的。纵观"信一"的发展历史,始终离不开一个"独"字,真的可谓"怎一个独字了得"。

特立独行,需要的不仅仅是勇气

现年 68 岁的顾有智,2008 年入党,2014 年当选为通州区政协委员,是南通信一服饰有限公司的创办人。俗话说"人如其名",顾有智确实是个有大志气、大智慧的人。

顾有智出生在南通县(现为南通市通州区)十总镇一个普通农民家庭。他自幼热爱学习,智商超群。20 世纪 60 年代,当时的南通县水利局在十总镇兴办了一家低压电器厂,性质为地方国营企业。

1967年，工厂招募新工人，高中毕业不久的顾有智，从60多名应聘者中脱颖而出，独有他一人被录取。那个年代，能够百里挑一进入国营企业工作的人可谓凤毛麟角，足以光宗耀祖。

在低压电器厂，顾有智从一个普通的电工做起，一步一个脚印，逐步成长为技术熟练的多面手，还培养了不少徒弟，最后当上了厂长，并被评为"江苏省劳动模范"。照理说，一厂之长，有职有权，应是如鱼得水、人生得意之时。然而，顾有智却不满足于一张报纸一杯茶的闲适岗位。1972年，他主动向上级打报告，要求辞去厂长职务，停薪留职，自主创业，转身投入服装行业。

这一石破天惊的举动，把周围的人都整蒙了：放着好好的厂长不当，要去搞与本职专业毫不搭界的服装，顾有智是不是脑子进水了？

其实，顾有智的特立独行、急流勇退，需要的并不仅仅是勇气，而是凭着本能的感知能力和超前意识，敏锐地捕捉到潜在的经商机遇——这就必须感谢妻子晁学平为他提供的创业"灵感"了。

原来，晁学平是南通市东风绣衣厂在十总镇服装加工点的一名"绣花女"，主要是为出口日本的和服进行手工绣花。有时，一件高档和服，要一针一线刺绣一年的时间，虽然耗时费力，但效益可观。顾有智从中受到启发，这才下决心辞职下海，夫妻俩共同创办自己的服装加工厂，开始了与日本商人携手合作之旅。

在此过程中，顾有智不仅掌握了日本服装市场的行情，也学会了日语，并能够熟练地与客户进行语言交流。1980年，经过一段时间的合作，日本老板对顾有智诚实、守信的人品和特立独行的性格十分钦佩，主动提出投资30台"兄弟牌"针织机，主要生产当时市场紧俏的羊毛衫。

在积累了一定的外贸加工经验和资金储备后，顾有智又购买了30多台缝纫机，新招了30多名工人，成立了南通信一服饰有限公司（中日合资)。信一者,信誉第一,守信如一也。公司专为日本市场生产国际知名品牌的精品女装。原先在低压电器厂租用的厂房不够用了,他便开始在十总镇工业园区征地建新厂房。首期征地25亩(约1.67公顷),随着企业规模越来越大,机器设备越来越多,员工数量也不断增加,顾有智又先后两次征地扩建。现在的厂区不仅占地近90亩(约6公顷),建筑面积达3万多平方米,厂区内还有100多亩(约6.67公顷)的水面池塘,在蓝天白云的映衬下,波光潋滟,氤氲荡漾,为厂容厂貌增添了一抹充满灵气的亮丽景色。

经过十多年的打拼,信一服饰的年产值达到了超亿元的规模,成为南通服装行业的主力军。

然而,国际服装市场风云变幻,暗流涌动。自2008年金融危机爆发后,中国服装外贸形势也不容乐观。过去依靠来料加工、补偿贸易、外贸OEM贴牌加工等生产模式,已严重束缚了国内服装行业的发展后劲,信一公司也未能独善其身。在新形势下,企业该如何发展?顾有智陷入了沉思。当他徘徊在宽敞明亮的制衣车间,面对一件件精致典雅的国际品牌女装时,突然灵光乍现:与其贴牌为他人做嫁衣,为何不自创品牌,自主生产,自立门户呢?

于是,一个大胆的设想在他的脑海里逐渐清晰——公司必须实行"蟹脱壳"式的嬗变,转型升级传统服装生产模式,实施自创品牌战略。恰在此时,顾有智的女儿顾东亮从日本留学归来,他又一次毅然激流勇退——主动退居二线,把千斤重担压在了顾东亮的肩上。

两次激流勇退,需要的不仅仅是勇气,而是机智与理性的选择,再一次折射出顾有智独特的睿智明义和深谋远虑。

独树一帜,依靠的不仅仅是灵气

顾东亮是顾有智与晁学平爱情的结晶,也是他们的掌上明珠。

但是，夫妻俩对女儿并没有娇生惯养。顾东亮七八岁时，就经常凌晨起床，陪着父母背着装满服装的蛇皮袋，从十总镇挤乘公共汽车，辗转送到位于南通开发区的长江绣衣厂（佐滕制衣厂）。父母的奋斗经历成为她人生的宝贵财富，在体验到父母创业艰辛的同时，也潜移默化地培养了吃苦耐劳、敢为人先的优良品德，并树立了继承父辈事业、书写精彩人生的坚强信念。

2000年，顾东亮考取南京大学商务英语专业，2004年毕业后，她又遵从父母之命，远赴日本留学，在大阪YMCA日本语学校继续深造，刻苦攻读。2006年年底，顾东亮以优异的成绩毕业回乡，进入父母创办的公司，立志为家乡的经济发展建功立业。

为了让顾东亮尽快熟悉业务，挑起振兴信一公司、实施品牌战略的重任，顾有智将她安排在公司外贸部当业务员，让她从最基层开始磨炼。随着对生产工艺流程和客户业务往来不断熟稔，她在大学里学到的商务知识也开始发挥点石成金的效应，并逐渐形成了自己的经营管理理念。

在此期间，顾有智为了尽快实现品牌战略的成果，从深圳、上海、浙江等地高薪聘请专业团队，为公司设计新品，前后两三年，耗资5000多万元，但"专家"们设计出的款式都不尽如人意。为了实现自创品牌的战略目标，公司不惜投入2亿元，由顾东亮领衔成立了自己的研发团队。

顾东亮对公司为外商加工生产的各种国际品牌女装进行了深入的剖析和研究，在积累了大量的知识储备后，厚积薄发的创作灵感蜂拥而至。2009年，她不负众望，把中国服饰文化和欧日服饰元素进行融合，另辟蹊径，匠心独运地设计出了适应中国知识分子、公务人员和白领阶层女性审美观的时装，其精致的款式、精湛的工艺、精美的面料，乃至纽扣、拉链、领子、袖口等细节的精妙搭配，无不呈现出一种优雅、浪漫、经典的品位和情怀，令人耳目一新。

在为新产品构思品牌名称时，顾东亮想到了素有"时尚之都"之称的法国巴黎。在法语中，"FEB CEPISE"是"优雅、漂亮的女士"之意，中文音译则是"非松"。因为父母都属羊，羊是吃草的，于是她便为"非松"两字各加了草字头，成为"菲菘"。有意思的是，顾东亮后来又设计了一款名为"亮樱子"的新品牌。之所以取这个带有日本风情的名称，是因为"亮"寓意是顾东亮独创的品牌，"樱"则是母亲晁学平第一次为日商加工的和服上绣的"樱花"，而"子"，在日语中有漂亮女生和时尚女性的意思。顾东亮虽然身为信一集团的掌门人，但从她为品牌取名的趣闻逸事中，人们不难发现，女性特有的灵性和缜密也在她身上体现出与众不同的活泼与机智。"知识改变命运"更是被她演绎得淋漓尽致。

2009年7月，"菲菘"牌女装在法国顺利注册并在中国备案，2015年获"中国驰名商标"荣誉称号，成为南通服装行业独树一帜的女装品牌。

2010年，"亮樱子"在中国注册，在后来的市场销售中，这两个"姐妹品牌"的女装一直齐头并进，不分伯仲，成为信一集团响当当的"拳头"产品，市场口碑一路高歌，经济效益一路狂飙。

在此期间，公司先后引进最具代表性的国际品牌 Issey Miyake、CK、APMANI、Biancert 和 NOLLEY'S 等进入中国市场。可喜的是，借助"菲菘"和"亮樱子"的良性市场效应，这"五朵金花"在国内市场上争奇斗艳，各领风骚，成为广大女性消费者乐此不疲的热门"打卡点"。

随着企业现代化管理和国际化标准的不断完善和升级，"信一服饰"已成为南通服装行业地标性企业，"江苏省高新技术产品""消费者信赖的知名品牌""315重点保护荣誉产品"等桂冠也纷至沓来，熠熠生辉。

回顾公司这些年走过的品牌战略之路，顾东亮深有感触地说：

"在国际市场上摸爬滚打,单有灵气是远远不够的,唯有大胆创新,不断进取,拥有自立研创的品牌,才能在激烈的服装市场竞争中纵横捭阖,稳操胜券。"

一枝独秀,依靠的不仅仅是运气

有了自己独创的品牌,还必须布局谋篇,把产品推向市场,得到商家认可,才能形成规模效益。

起先,他们把"菲菘"样品带到上海一家大型商场,希望能在此占有一席之地,设立销售专柜。商场的服装专家对其产品款式、质量都赞不绝口,十分满意,可一听到生产厂家位于南通县十总镇,立即不屑一顾,将其拒之门外。他们不相信,如此精美的服装竟然出自一家名不见经传的"乡镇企业","菲菘"这个品牌,他们也闻所未闻、见所未见,莫非是冒牌的水货?

手中有粮心不慌,胸有成竹神自定。虽然首战失利,但顾东亮一点也不气馁。凭着多年来对世界名牌服装深入研究的感知和体验,她对自己的团队精心打造的杰作充满了信心。顾有智与晁学平也对自己的女儿和她的设计团队毫无保留地坚信不疑。晁学平更是以一句"农村包围城市"的名言,点拨了顾东亮的心灯。于是,他们把目光转向南通的文峰大世界、金鹰国际等大型商超。也许是慧眼识珠,看到了"菲菘"的市场潜力,也许是出于本土情结,支持本地企业,他们慷慨地接纳了这个新客户。

没想到,"菲菘"刚一亮相,便博得了许多时尚女性的青睐,销售情况出乎意料的火爆。一时间,南通市区和通州区大街上行走的职业女白领、公务员、教师、医生、银行职员,几乎清一色穿的都是"菲菘",南通电视台"城市日历"栏目的主持人也成了"菲菘"女装的免费"代言人"。

"菲崧"的时装秀

"一枝独秀不是春,一花引来百花开。"从此之后,在公司管理层和销售团队的共同精心运作下,他们先后转战上海、重庆、成都、天津、杭州、北京等城市,公司与国内一批最具实力和知名度的商场建立了长期稳固的合作伙伴关系,销售渠道不断拓展。目前,"菲崧"已在国内17个省份的30多个地级以上城市设立了72家高档商品专柜,从业人数达500多人。其中上海久光百货、武汉国际广场、合肥银泰百货等旗舰店,年销售额均达1000多万元。产品还远销日本、法国、西班牙、德国、葡萄牙等11个国家和地区,"菲崧"品牌的知名度和美誉度与日俱增。

在此期间,"亮樱子"也在日本完成商标注册,风姿绰约、亭亭玉立,成为公司线上销售的独有品牌,与"菲崧"形成优势互补、齐头并进的"并蒂莲"。《中国服饰导报》《中国服饰之苑》《中国服装》《服装时报》等专业报刊都为其摇旗呐喊,赞不绝口。

南通有句民谚"运气来了,城墙也挡不住"。有人说,信一服饰依靠"菲菘""亮樱子"带来了好运气，才使得公司时来运转，芝麻开花节节高。然而，顾有智对此说法却很不以为然。因为，一般人看到的是公司兴旺光鲜的外表现象，却不知信一人为创造机遇和时运付出了多少心血和艰辛呀！而顾东亮则深有体会地说："父辈创业固然困难，我辈守业也很艰难，而要发展壮大，更是难上加难。目前无论南通还是全国，服装企业密集林立，市场竞争日益激烈，唯有不断创新，运筹帷幄，才能与时俱进，独领风骚，立于不败之地。"

为了使信一服饰进一步做大做强，顾东亮没有陶醉于"菲菘"和"亮樱子"的成功与喜悦之中，而是未雨绸缪，运筹帷幄，把品牌战略的触角延伸扩展到国际品牌领域，筑巢引凤，借船出海，成为信一服饰新的品牌战略目标。

2019年，为更好地开展国际贸易，信一集团在上海注册成立威奥国际贸易有限公司，由顾东亮的丈夫缪震宇担任董事长。缪震宇毕业于辽宁工业大学计算机专业，他之后在日本大阪YMCA日本语学校学习日语和国际贸易。机缘巧合之下，与同在大阪留学的顾东亮相识、相恋，毕业后，与顾东亮一起来到信一公司。缪震宇与顾东亮喜结连理后，顾有智与晁学平对这个乘龙快婿视如己出，关爱有加。缪震宇也不负众望，虽说"隔行如隔山"，但他在岳父母的栽培下，与爱妻共同在信一努力打拼，已成为业务精通、办事干练的行家里手，为公司的发展壮大立下了汗马功劳。

"花开不并百花丛，独立疏篱趣未穷。"面对姹紫嫣红、欣欣向荣的大好局面，信一人始终保持着清醒的头脑。顾有智说："我们将继续发扬团结、诚信、创新、高效的企业精神，坚持走品牌战略之路，稳中求进，把公司打造成南通服装行业的领军企业。"顾东亮则为信一的未来描绘了新的蓝图——把品牌战略理念拓展到男装领域，为中国服装品牌跻身国际一流行列而不懈奋斗！

2023年6月1日，《环球时报》引用美国波士顿咨询公司（BCG）

的调查报告称，中国时尚消费已进入"需求深化期"。因为，随着中国中高收入人群的不断增加，必将推动中高档服装品牌市场的进一步扩张。顾东亮谋划的"信一蓝图"理念，几乎与上述论断不谋而合。

我们坚信，在"品牌战略"的引领下，以"独特"为标志的"南通信一"，也将会成为中国服装行业独具一格的"NUMBER ONE"（拿摩温）！

鸿鹄之志铸梦想

——南通佳可贸易有限公司董事长邹浩印象

梁天明

对于经历了改革开放洪流的中国人来说,1984年似乎没有什么特别。可是这一年,又确确实实非同寻常,许多后来的巨大变革,都在这一年埋下了伏笔。

这一年春天,美国总统里根访华前夕,美国《时代》周刊的封面——"中国的新面貌?"大标题下,一个穿着军大衣的年轻人站在长城上,手里拿着可口可乐,这是历史上第一个登上《时代》周刊封面的普通中国人;这一年秋天,在天安门广场上,国庆游行人群中,打出了"小平,您好"的横幅。

这一年,无数创业的精彩故事激荡着一颗年轻而勇敢的心。7月,这个风华正茂、朝气蓬勃的年轻人从四川大学外文系日语专业毕业了,他叫邹浩,一个刚满20岁的毛头小伙子……

邹浩和无数青年人一样,永远不服输,不随大流,怀揣着梦想,坚持做自己认准的事,哪怕这是非常艰难的事。

而这样的鸿鹄之志,也正是1984年的精神内核所在。

艰难"闯"业

1984年7月,邹浩还未过完20岁生日,就从四川大学外文系奔

佳可美丽的厂区

赴自己的岗位，开始了人生道路。邹浩被分配到西安石油大学从事日语教学。在从事教师生涯的4年中，他时刻为创业而准备着。因为1984年中国的创业大潮正汹涌澎湃，所以目光敏锐的他不会在象牙之塔的书斋里待上一辈子！决不会！

1988年8月，他"闯"到了14个沿海开放城市之一的南通。南通——"据江海之会、扼南北之喉"，是长三角北翼经济中心、现代化港口城市，地处我国黄金海岸线中部、长江入海口北岸，面向太平洋，背靠整个长江流域。邹浩一踏上这片热土，立即被这里的创业热潮所感染。他来到江苏南通纺织品联合进出口公司从事对日服装外贸工作，之后又应聘到南通开发区炜赋对外贸易有限公司工作。

炜赋贸易是中国最早一批国家级开发区国有控股的专业外贸公司，自1991年横空出世，就是南通对外开放的前沿阵地。它播撒南通服装业对外开放的火种，并引来南通服装业"三资"企业的万紫千红。邹浩在这个培养南通服装业外贸俊杰的"黄埔军校"学到了很多很多。可以说，他的创业之路是从炜赋贸易起步的。不久，他与三个志同道合的兄弟一起创办了南通佳可贸易有限公司。

在他们风华正茂的年纪，留下了珍贵的创业印记。一个白手起家的创业故事，一个南通服装的行业传奇在邹浩的日记上开始撰写。

三个创业的年轻人挤在华艺大厦一间十几平方米的房间里，他们什么都不懂，没学过服装，也不懂设计，但凭着一腔热血，不放

日本客户 ONWARD 给邹浩（右一）颁发认证书

过任何学习创新的机会，共同开启了一场波澜壮阔的服装创业之旅。创业之初，他们主要是从事针织品出口到日本的业务。当时，他们一无客户、二无工厂，眼前一片茫然。对此，他们并没有灰心，不断地通过朋友、熟人、日本在中国的办事处等各种渠道，终于开拓了自己的第一个客户。虽然产品属于中、低档，但当年的销售额就达到200万美元。这在当时的南通服装界堪称奇迹之一，这也成为企业的发展基石。

天时、地利、人和，三者兼备，而他毕生的事业才刚刚开始。他一展宏图的天地是那么广阔，那么令人兴奋。

古人云：有志者，事竟成。苦心人，天不负。也许，只有当真实的故事摆在面前，我们方能真正感受到这句话的力量！

为了进一步扩大出口额，公司在2000年收购了海安一家濒临倒闭的针织厂，成立了海安佳可服饰有限公司。工厂的成立为外贸出口增加了活力，到2001年出口额扩大到500万美元。

此时，邹浩坚信：服装将是他要一辈子坚持的事业！

随着业务的发展，中、低档次的产品虽然质量要求不高，但价格竞争非常激烈，长此以往，会严重影响企业的最终目标——利润最大化。

为了提高企业的竞争力，南通佳可着手转变——成立面料开发部门。服装的生产和销售源头就在于面料，没有面料就没有以后的一切。在敏锐地认识到这一点后，公司立即招聘面料专业人才，成立了面料部，专注面料的开发，为企业的持续发展开拓前行。

从白手起家到成立一家有规模的企业，在外人看来，这也许是一个"一夜之间平地起高楼"的奇迹，但只有邹浩知道，这期间他经历了多少挫折。

一生一"事"

在邹浩硕大的办公桌上，有一个座右铭：做一行、敬一行！

当然，企业的发展也不是一帆风顺的。在这些年的发展过程中，南通佳可也经历了很多挫折。而最令人遗憾的是自主品牌运营的失败。虽然公司投入了大量的人力、财力去开拓自主品牌，但却以失败告终。这也是南通佳可永远的伤痛。

在个人创业最艰难的时刻，在企业遇到挫折的时刻，邹浩不是没想过放弃。但他付出了超出常人数倍的努力，才取得和别人不同的成就。他不愿意就这样轻易放弃。因为热爱，所以所有艰难都不是问题。"我的企业就像我带大的小孩一样，一路走过来，单是情感上就难以割舍。"每每想到这里，邹浩的眼里总是噙着泪花。

虽然面料的开发使产品的销售额得到提升，但由于没有摆脱中、低档次的束缚，就算开发了一些新的面料，也很容易被模仿而失去竞争力。为此，公司决定增加梭织服装，并将产品定位在中、高档。于是，从2002年开始，邹浩开始筹办南通佳可服饰有限公司。

2003年11月，在南通经济技术开发区通富南路15号，一家新的服装生产企业——南通佳可服饰有限公司正式开业啦！开业当天，邹浩身穿笔挺的西装，身挂大红绸带，他站在话筒前庄严宣布："南通佳可服饰有限公司的成立,将标志着我们企业的发展迈上了一个崭新的台阶。"全场鞭炮齐鸣,掌声雷动,开发区领导对此给予了高度评价。

南通佳可服饰有限公司总投资 3000 万元,引进了先进的服装生产设备及服装设计辅助系统,致力于中、高档女装的生产。2004 年,又投资 2000 万元,重建了海安佳可制衣有限公司,提升了针织服装的产品档次。不久,如皋佳可服饰有限公司诞生了,这是一家专门生产梭织服装的企业,拥有梭织服装生产流水线 5 条,月生产能力 2 万件。2004 年,南通佳可服饰有限公司通过 ISO9001 质量管理体系认证;2006 年,公司通过国家质检总局过程检验并获得国家出口一类企业资格,成为南通轻纺行业首批获得此资格的企业;2008 年,公司经受住了金融风暴的洗礼,并取得业绩,持续稳步增长。2009 年 7 月,南通佳服时装有限公司在如皋九华镇正式开业,这是佳可公司投资的一家面、辅料检品和服装检品的专业工厂,月检品数达 15 万件,为面、辅料的质量和服装成品的顺利出运提供保障。2010 年 2 月,徐州佳可服饰有限公司在徐州睢宁成立,是专注于梭织服装生产的企业,在服装行业劳动力普遍缺乏的今天,这一全新生产基地的成立大大提高了公司的服装加工生产能力。

随着生产能力的不断提升及对服装和面料设计开发力度的不断加大,公司已成为集面料与辅料的开发采购、服装的设计开发、生产加工、检品物流、进出口贸易于一体的综合性服装企业。公司主要生产和销售中、高档时尚女装,年销售额超过 5000 万美元。

随着企业的发展,公司在经营管理上也有了新的认识,邹浩带领班子,制定了严格的规章制度,提出了团队、创新、卓越的企业理念,使企业的发展有了一个新的目标。用标准化、规范化、科学化的管理模式去管理,避免了一些个人行为对企业的影响,保证了企业平稳地发展。

挺"进"中原

2018年，这是邹浩承压前行的一年。他和无数服装人一样，砥砺前行、努力奋进，助力了行业的回暖向好，托举了高质量发展的美好未来。

2018年春天，邹浩来到陕西汉中考察。

汉中，位于陕西省西南部，北依秦岭，南屏巴山，北与陕西西安、宝鸡为邻，南与四川广元、巴中相连，东与陕西安康相接，西与甘肃陇南接壤，地处中国版图的几何中心。在整个中华民族的历史进程中，汉族、汉朝、汉人、汉字、汉服、汉剧、汉隶、汉白玉等这些称谓，都源自这里。这在中国乃至全世界恐怕都绝无仅有。难怪著名学者余秋雨要说："我是汉族、我讲汉语、我写汉字，这是因为我们曾有过一个伟大的王朝——汉朝，而汉朝一个非常重要的镇，那就是汉中。"汉中，那不仅是一段历史，更是一种文化。

然而，由于长期的封闭与自然条件，汉中落伍了，贫困了。

经过考察，邹浩果断决定在汉中成立汉中克莱德服饰有限公司。让汉中也分享中国服装产业的改革发展成果。在汉中市委、市政府召开的招商推介会上，邹浩作为南通客商代表交流发言，表达了在汉中投资发展的强烈愿望。

邹浩考察后，立即召开全公司员工大会，他深情地说："汉中历史悠久、人文荟萃，生态优美、物华天宝，区位优越、交通便捷，产业兴旺、后劲十足，主要经济指标稳居陕西省第一方阵，跻身全国地级城市品牌影响力百强榜，是西部最受欢迎的投资创业城市之一。我看好汉中，我要挺"进"中原，以建汉中服饰有限公司为契机，将汉中主动融入长江经济带发展战略，吸引长三角地区纺织服装加工领域，实现优势互补、合作共赢。"

在此后的一年时间里，为建汉中工厂，邹浩驻扎汉中，呕心沥血，投资近5000万元，征地近24亩（约1.6公顷），招收员工超过360人，将沿海的服装资源引进汉中，为汉中的健康可持续发展添砖加瓦。

　　南通佳可的发展，离不开所有员工的付出和努力。在邹浩心中，员工是宝贵的财富，每一个人都会得到同样的尊重。在佳可，他们为员工提供舒适环保的环境，以规范健康的方式进行工作生产。在佳可，他们提供各种形式的培训，让员工能通过不断学习来提高自己的素养。在佳可，薪资与绩效挂钩，确保公司成为优秀员工的职业发展场所，佳可已成为员工施展才华的舞台。

　　这是一个南通企业家不断完善、超越自我的体现，更是他大爱的真情实感。

　　邹浩从20世纪90年代末创业开始，一步一个脚印，将25年的心血融入服装事业；创新争先，积极进取，他让佳可崭露头角；洞悉市场，勇于探索，他为服装行业谱写锦绣篇章。

　　这才是一名成熟企业家的风范。

结　语

　　1984年10月20日，中国共产党十二届三中全会在北京人民大会堂举行。会议一致通过《中共中央关于经济体制改革的决定》，明确提出：进一步贯彻执行对内搞活经济、对外实行开放的方针，加快以城市为重点的整个经济体制改革的步伐，是当前我国形势发展的迫切需要。改革的基本任务是建立起具有中国特色的、充满生机和活力的社会主义市场经济体制，促进社会生产力的发展……

　　1984年，真是一个神奇而富有记忆的年份。它是振奋民族精神、鼓舞爱国热情、检阅建设成就、增长四化志气的一年。"对那个时候的回忆，永远鼓舞人在新的情况下做出意志坚强的果敢决定。"——

柳青人这一生，虽充满了回忆，但永远只能猜到开头，却预料不到结局。

谁能料到，高考失败两次的马云，会有一天成为中国首富；谁能料到，10岁才第一次见到电灯的刘强东，会成为今天的电商巨头；谁能料到，当年13岁还在打电脑游戏的马化腾，会用微信服务着中国人……

同样，谁能料到，1984年刚满20岁的毛头小伙子邹浩，会成为当今南通服装界一位不可小觑的大佬。

与其说那是岁月给今天埋下的彩蛋，不如说是他们身上始终有股劲儿在不断给自己以及这个时代创造一个又一个惊喜。

为鸿鹄之志，筑服装之梦，邹浩无怨无悔。

致中和，"毅"行天下

——南通中和纺织服装有限公司的发展简史

云 墅

先秦《中庸》中有一句话："中也者，天下之大本也；和也者，天下之达道也。致中和，天地位焉，万物育焉。"可以说，南通中和纺织服装有限公司这些年在服装领域的深耕，正贴切体现了"中和"这一传统文化的精髓。

这家公司成立于2004年1月，至今已有20年的历史，目前拥有南通中友时装、如皋中诚时装、徐州中装、柬埔寨中和制衣、柬埔寨中利制衣5家自营公司，现有员工2000人（中国籍400人、柬埔寨籍1600人），年生产量600万件（套），年出口创汇近4000万美元。总经理袁毅人如其名，虽然块头不大，但坚毅的眼神、沉稳的举手投足都无一不显现出一家公司、一个人可以取得成功的必然密码。

有志者，事竟成

作为南通罐头厂财务科的委培生，袁毅于1992年毕业，毕业之后自然要回原单位效力。罐头厂作为老字号国有工厂，财务科就有10多人，科长和副科长就有好几个，背靠大树好乘凉，国营企业吃

袁毅近影

公家饭，机构臃肿、人浮于事。作为一个才20岁出头的年轻人，袁毅不敢想象他要多少年才能"媳妇熬成婆"。同时，人那么多，事儿却并不多，每天并没有做多少具体且有意义的工作。有一句话说得好：无聊比忙碌更难过，袁毅忍受不了这种成天浑浑噩噩的生活。时值1992年邓小平发表南方谈话，中国南部的深圳，经济正开始蓬勃起飞，袁毅遂产生了南下深圳做小生意的念头。恰好当时的南通西寺路有一家劝业场，做的都是服装和服饰配套小商品的买卖。如果从南方批发过来，再到西寺路劝业场以市场价卖出，也比待在这厂里无所事事要强啊。不过这种念头最终未能转化为实际行动，一则需要勇气，二则需要机会，袁毅当时还是个毛头小伙子，初涉社会，经验不足。但这种蠢蠢欲动的商业萌动却在他心里扎下了根，随时等待发芽开花。

　　老南通人都知道，港闸区在1992年成立了港闸区服装公司隆都公司，由中日合资。机缘巧合的是，袁毅上大学时的老师陈永宏在公司里担任贸易部部长，因为他既是财会老师又精通日语，而袁毅等好几个同学在计划着去深圳做生意时曾提起让这位年长于他们的老师一起合伙、带队。老师知道了袁毅的想法后说："我支持是支持的，但还是有很多未知的风险，万一做砸了呢？如果你实在想要做一份事业，不如先锻炼锻炼，总结经验。我可以推荐你到这家合资公司做会计，一来工资待遇不错，二来合资企业管理规范，效率高、竞争强，有利于你快速成长。"老师的一番话使袁毅豁然开朗，仿佛一个人正在死胡同里进退维谷的时候，胡同的尽头打开了另一条通往光明的路口。

就这样，袁毅从老牌罐头厂离职进入合资企业隆都公司。两年后，南通设立交行，招聘高端财会人才，袁毅的老师陈永宏被聘到外环西路交行国际业务部，隆都公司贸易部主任的位子成为空缺，陈永宏向公司举荐了袁毅。说到这里，袁毅对恩师的感恩之情溢于言表："陈永宏永远是我的老师，如今他已高就于上海中信银行。我们是很好的朋友，如果没有当初恩师对我的引导和指点，我也许就会跟服装行业永远擦肩而过，因为这不是我的专业嘛。"袁毅转任贸易部之后，语言关成为首先要克服的困难。为此，袁毅毫不迟疑地报读了日语培训课，整整一年，风雨无阻，下班后就直奔位于市区铁心桥的培训教室，下课之后还要回到在狼山的家。要知道当时狼山距离市区还是很远的，交通也不方便，袁毅都是脚踏自行车，每每回到家，夜已深沉，倒头就睡。回忆起那段日子，袁毅丝毫不觉得苦，反而感到快乐和充实。他在日语班认识了两个好朋友，至今都有联系，对于他来说，他们是良师益友，是满满的正能量。

机会总是留给有志者。修完日语课之后，公司安排了三个公派名额去日本学习深造，按照惯例，这种机会都是留给生产一线的管理人员，比如车间主任，但袁毅不想放弃这么好的机会，他再三言辞恳切地向领导申请。在他坚持不懈的努力之下，领导给他破了例。当袁毅来到日本三仑公司时，他被日本公司严谨、高效、充满人文情怀和预警意识的管理手段震撼了。他到日本公司的第一件事就是接受防火救生的消防演习,还有当面临天灾时对备灾物资的准备和整理。这种以人为本、生命第一的管理理念在后来一直影响和指导着袁毅。袁毅笑着说:"这其实是一切管理的本质,日本人在这方面尤其值得我们学习。我曾记得有一位日本企业家在一台正高温熨烫的机器突然倒塌时,第一时间关心的不是价格昂贵的机器是否损坏,而是关心工人有没有被烫伤。人,才是最重要的!"袁毅因为不是技术工,他在日本学习期间不能进车间,还好他就是奔着提高日语水平去的,于是他就做起了集装箱装卸工。彼时恰逢日本又一次地震,大阪和名古屋等地区交通瘫痪,袁毅每天都要连卸带运三个集装箱,一个月下来,身体并不强壮高大的他直觉得胸闷难受。然而这一切的付出都是值得的,袁毅在与日本人一次又一次近距离交流接触之后,日语水平大大提升,不仅交谈不成问题,甚至还能做现场翻译。一年后,袁毅回国,他从贸易部进入生产部,一干就是两三年。此次岗位调整对他来说是一次难能可贵的机会,他在熟悉了贸易业务之外,又对服装生产环节进行了充分的了解和历练,这为他彻底从会计专业转行并在服装领域独立开创自己的事业积累了非常深厚的专业基础。有志者,事竟成。袁毅从一个服装行业的门外汉正渐渐将坚毅的双足踏入门内。

致中和,万物育焉

从 1998 年到 1999 年,国内合资企业如雨后春笋般涌现,它们的业务基本都是日本来料订单。依靠低廉劳动力成本的服装加工,利润本来就微薄,如今市场供大于求,利润就更是被进一步压缩。现在,加工一条裤子的费用降低了近一半,从原来的 500 日元降到现在的 250 日元。与此相反的是,随着国内经济的发展,工人工资却在不断提高,这就意味着,企业的利润在不断降低,而人工成本却在不断上升。如此一来,合资的中方为了生存不得不多方"觅食",除了日本的订单之外，必须寻找和接受来自香港或内地的加工订单。这种做法使合资双方失去了往日的和谐，矛盾日益凸显。同时，公司为了接更多的单，成立了业务部，一是找客户，二是找面料，这在过去是没有的，因为客户和面料都是现成的，都由日方提供。公司就把袁毅从生产部调到业务部。袁毅踏上这个岗位，无形之中就处在了合资双方矛盾漩涡的中心。这外部矛盾每时每刻都在继续演绎，到了2000年，内部矛盾也开始彰显。因为企业要进行股份制改革，先是全民持股，两年后，员工股份全部被收回，只允许管理人员持股。袁毅也持有公司5%的股份。但有些高管仗着一起打江山的功绩和底气，常常对大股东的决策颇有微词。俗话说"家和万事兴"，对于一个企业亦是如此，如果在一起谋事共生的人总是矛盾重重、剑拔弩张，如何能使企业激发活力呢？袁毅遂产生了退出争斗，自己成立"中和"公司的念头。之所以将公司起名"中和"，袁毅的想法纯粹而简单："第一，中国与日本和睦友好；第二，致中和，方能天地位焉，万物育焉。"

袁毅选择了以股份兑换现金的方式退出公司，投入25万元人民币作为中和纺织服装贸易公司的启动资金。2004年1月，新年伊始，元亨利贞，中和公司开门营业。一起从公司出来的业务员、车间主任，加上袁毅共3人，租用天鑫大厦501室，租金每年6万元，3个人月薪各1000元——一家年轻的公司诞生了。第一年，每一个夜晚，袁毅都是那座大厦最后一个离开的人，基本没有在晚上12点之前下过班。第一年，公司贸易总额就达到了200万美元，市场的繁荣可见一斑。也正因为此，一同出来的业务员眼红这样的机会，带走了公司的客户资源，跳槽单干。屋漏偏逢连夜雨，一同出来的车间主任也被其他工厂以高薪挖走，可以说公司成立的第二年是袁毅最焦头烂额的一年，但即便如此，公司依然创下了600万美元的产值。袁毅最终选择了原谅和理解他们，因为人总是往高处走的。许多年后，最初不够忠诚的伙伴反而成了与他信息互通的好友。袁毅将《中庸》中"中也者，天下之大本也；和也者，天下之达道也"的中和哲学成功应用到了现实之中，一方面也许是袁毅本身的性格使然，但另一方面也是他这么多年成长的表现。

随着订单的不断增多，一个新的痛点开始显现。彼时质量和服务都十分优良的服装生产企业并不多，且十分抢手，贸易公司的订单都给他们做。这样一来，后期的检整、出货就都得由贸易公司自己去完成，往往计划早晨6点出货，他们基本上要忙整个通宵才能保证准点出货。最关键的一点是，贸易公司没有主动权，不仅要亲力亲为许多本应该是工厂的事，还要看工厂脸色。袁毅强烈感觉到必须要有自己的工厂。2006年10月，袁毅注册的另一家公司——南通中友时装有限公司的厂房终于建成。然后通过朋友介绍，还喜获一位来自最早的合资工厂的车间主任的加盟，这对袁毅来说可真是双喜临门。公司一扫创业这几年的灰暗气氛，呈现出一条充满阳光和活力的康庄大道来，2006年当年就创汇1000万美元。中和纺织服装有限公司贸易加工厂的发展越来越顺利，资金实力也越来越雄厚，生产也开始规模化。此时，作为公司的掌舵人终于可以腾出身来考虑更加长远的战略化决策。

"规模化、团队化的结果是，公司不再只单纯依靠老板的个人影响力或执行力，而是依靠系统的力量、团队的力量。"袁毅如是说，"事实上，在整体化、各部门协同力的合作发展态势下，2007年至2018年成为我们公司稳定而快速发展的十年。2007年4月，公司迁址，从逼仄的天鑫大厦501室搬入华辰大厦5楼；2008年4月，公司旗下南通如皋中诚时装有限公司新厂房建成，并成立如皋中诚时装有限公司；2014年1月，公司第二次迁址，从华辰大厦5楼搬入南通中和自己的中和新大楼；2014年3月，并购徐州宏骏时装有限公司，成立徐州中骏时装有限公司。之前的2012年，应客户的要求，海外工厂也开始酝酿。起初是租赁生产线，但最终发现包租的价格高于国内，于是就与当地人合资，但合资人又突然宣布自己没钱了，最终决定还是独资办厂。2014年8月，柬埔寨中和制衣有限公司建成落地；2015年2月，又并购MAG公司，成立柬埔寨中利制衣有限公司，也就是柬埔寨二厂。2022年，公司又拿下240亩（约16公顷）土地，并于2023年投资5500万美元建设厂房，可能会将一厂二厂合并为一家更大的企业工厂，积极为第二个十年布局。可以说，中和在扩张和升级的道路上走得还是非常平稳的。"

致中和，天地位焉，万物育焉。中和公司在袁毅开阔包容的作风引领下，万事万物各归其位，繁荣昌泰。但要真正领导好一个拥有上千人的企业，除了处事的哲学和理念之外，有没有其他更为重要的具体行为、行动和方法呢？

强"毅"力行，通达天下

中和纺织服装有限公司曾经录制了一部微宣传片，片子的台词里有这样一段话："以严谨的工作态度、高效的工作速度、科学的管理制度，树立一个年轻、诚信的现代化企业形象。一群认真、高效、团结、创新的中国人，用自己的勤劳与智慧打造出一个南通外贸服装界的传奇。"其中有几个关键词：科学的管理制度、高效的工作速度和严谨的工作态度。

社会学家认为，少于200人的企业能通过信息自由流通实现运营管理，一旦超过这个规模，便需要某种层级结构或生产线管理系统来防止沟通失败所造成的大混乱。中和纺织目前拥有员工2000多人，早在2011年，袁毅就认识到如此庞大的业务系统一定需要一个科学的业务管理制度，说透了，这种管理制度并不是制定出各种文字性的流程规章，而是要依靠完全客观合理的现代化管理软件来实现。中和虽然不算是唯一但却是在南通最早使用服装管理软件ERP来管理服装行业一揽子流程的公司。ERP 提供了一种完美的管理和解决方案，以"全面内控、精细管理"为理念，主要服务于服装、鞋帽、箱包和家纺等大中型时尚企业。它具有强大而细致的数据管理能力，通过对订货、生产、采购、分销、仓储、配送、零售、财务、决策等环节的数据进行统一的信息处理，从而使系统建成一个完整高效的管理平台，有效梳理和提升企业各个部门的管理效益，帮助管理层控制生产过程，提高采购的准确性和及时性，降低库存，加强货期管理，提高准时交货能力，真正实现企业物流、信息流和资金流的一体化管理。在最初引进这个超前、时尚但相对复杂的管理软件时，各部门员工都叫苦不迭，毕竟他们都是"裁缝""粗人"，哪有搞这个花拳绣腿的功夫。但袁毅态度坚决，万事开头难，一旦学会了、了解了、熟悉了，就会事半功倍。他积极组织员工分批进行学习，甚至要求软件提供方驻通教习，员工不学会不罢休。如今 ERP 在公司的运用已长达十几年，就像"裁缝"手上那把锋利的剪刀，各个层级的员工使用 ERP 已经成为一种习惯。科学的管理制度促成了高效的工作速度。

　　实现了生产线的完善管理，那么对于 2000 多名员工是如何管理的呢？袁毅的"中和"思想又一次得到了体现。如前文所说，对于一个超大规模的企业的人员管理，公司往往会采用一种金字塔式的层级结构。实行这种架构管理有它的好处，那就是以增加管理层次的方式减少管理的难度。但很显然，在如今更强调人文情怀和关系平等的现代社会环境下，它也暴露出弊端：一方面，信息只能沿着特定渠道流通，因为只有部分个体彼此保持定期联系；另一方面，缺少人性化的联系，个人会严重缺乏归属感，而事实上世界最终的有序运行，依赖的正是这种归属感，人们只有在清楚地看到回报、善意、温情和美好的人际关系之后，才愿意互相配合帮助，甚至投桃报李。因为袁毅清晰地看到这一点，所以对于员工，他采取扁平化管理，以销售为导向，以扩大管理的幅度代替管理的层次，从而使人人都能够被看见，产生的矛盾也能在第一时间被发现和解决。当然，保证员工的平等性和被尊重并不意味着和稀泥、没原则，为了杜绝员工产生"老板真好说话"的侥幸心理，袁毅在扁平化管理的同时，设置了优胜劣汰的竞争机制，不定时进行业务竞赛，对于工作中的错位、错误和懈怠采取决不姑息的态度。事实上，这种相互制约的员工管理制度既保护了员工的积极性和主人翁意识，又保证了每一个员工严谨的工作态度和团队之间的团结与创新。

袁毅的名字里有个"毅"字，似乎是某种巧合，又似乎是某种冥冥之中注定的使命，"强毅力行、通达天下"是通商的精神，也是袁毅的精神，"毅"行必通达天下。我们有理由相信袁毅带领他的中和事业一定会走得越来越远、越来越来通达，直至天下。

南通中和纺织服装有限公司一瞥

通城服饰"不老松"
——记南通盛泰制衣有限公司总经理邓坚

鲍冬和

> 盛泰盛和逢盛世,诚心诚意铸诚信;
> 通城服饰不老松,莫道古稀犹年轻。
> ——题记

邓坚很"忙"

从 2023 年 8 月初开始,南通市服装协会领导多次与他联系有关采访事宜,他都不在南通。不是去了国外忙着联系业务,就是去了新疆忙着处理厂务。直到 8 月底,他才忙中抽空回到南通。谁知由于他劳累过度,身心疲惫,导致头晕目眩,住进医院挂水治疗。2023 年 9 月 1 日刚出院,9 月 2 日下午,他匆匆接受了两个小时的采访。第二天一大早,他便又风尘仆仆,抱恙赶去万里之外的新疆于田工厂。到于田后,他又病了几天,这才慢慢缓过劲来。

邓坚很"韧"

1953 年出生的邓坚,已到古稀之年。从 1972 年开始,他已在服

邓坚近影

装行业摸爬滚打了半个世纪，至今仍不辞劳苦，奋战在企业第一线。他说："盛泰制衣成立于1997年，36年来，我们坚韧不拔，持之以恒，早已融入了南通服装行业的整体队伍之中。目前虽然有了接班人，但还需要扶上马，送一程，继续为南通服装行业添砖加瓦。因此，我还得再发挥'韧'性，坚持干下去。"

邓坚很"坚"

172厘米的身高，身材不算高大，体形也不魁梧。但他意志坚定，性格坚强。把"盛泰""盛和""坚得利"经营得风生水起、枝繁叶茂。如今，虽年逾七旬，他仍不忘初心，奋斗不止，可谓老当益壮，老而弥坚，成为通城服饰界名副其实的"常青树"、坚强不倒的"不老松"。

一个"坚"字，把他的名字，与他一生奋斗的事业，坚不可摧地紧紧联系在一起……

坚定不移践行诚信经营、合作共赢的管理理念，使企业越走越远

1972年，风华正茂的邓坚，成为当时南通市郊区闸西乡综合社风华服装厂的一名机修工。那个年代，能进厂当工人，是很多年轻人梦寐以求、心驰神往的最高理想。因此，他特别珍惜这个机遇。好在他天资聪慧，加上勤奋好学、工作认真，很快成为技艺熟练的企业骨干，对服装生产的工艺流程和技术要领也了然于胸。

俗话说，机会总是留给有准备的人。1984年，一个偶然的机会，厂里请他负责服装销售业务，由此他逐步熟悉了服装销售的市场行情，为厂里招揽了大量的服装加工业务，同时，他也与不少客户建立了深厚的友谊。

1989年年初，在改革开放和市场经济的大潮冲击下，风华服装厂经营现状每况愈下、举步维艰。邓坚敏锐地察觉到计划经济体制对企业发展的制约不可避免，毅然决定投身商海，自主创业，在天生港闸管所创办了南通市天生港服装厂。

都说万事开头难，的确如此。天生港服装厂初创时期，只有20多名员工，大多数人只能正常操作缝纫机器，加工普通的衣服。建厂初期，由于没有什么社会资源，因此拿不到现成的加工订单。面对重重困难，邓坚没有打退堂鼓，而是自力更生，迎难而上。他凭着多年积累的技术功底，自己设计女式服装、太阳衫、西装等服饰。同时，他手把手地向工人传授有关服装制作工艺和技术标准。成品出来后，他一件一件仔细检测，连线头针脚这样的细节都不放过，只为确保每一件衣服都毫无瑕疵。

为节约运输成本，他亲自骑着自行车从天生港出发，把衣服送

到市中心的百货大楼请人代销。由于做工精细、价廉物美，市场销售一路畅通，工厂很快便正常运转，产销两旺。

与此同时，他利用过去建立的人脉关系，充分挖掘客户资源，积极物色合作对象。不久，他与上海精益服装有限公司合作，从加工出口欧美的短裤做起，逐步向高档女士时装领域挺进。由于质量过关、交货及时，他们赢得了客户的信任。从此以后，天生港服装厂迈开了"自生产"与"代加工"两条腿走路的新征程。

随着业务、产量的不断扩大，人员、设备的不断增加，原来设在天生港闸管所的厂房已难以为继。1996年秋天，邓坚把工厂迁至城港路816号，更名为南通坚得利制衣厂，并于1997年5月21日与上海客户联合成立了中外合资南通盛泰制衣有限公司，主营出口日本的服装加工业务。2006年，他又在天生路188号征地扩容，成立了盛和实业公司。由此，"盛泰""盛和"迎来了兴盛畅和的黄金时期。

值得一提的是，在公司不断发展的过程中，邓坚最大的收获就是拓宽了眼界，对国际时装界的发展趋势有了深刻的认识。同时，他也引进了大型正规企业先进的经营理念和科学的管理方法。此时的邓坚，人生的境界和精神的格局产生了质的飞跃，已不再是当初创业时只着眼于守住身边这"一亩三分地"的民企小老板了，而是华丽转身，嬗变成具有战略眼光和现代化综合素质的民营企业家。

为了树立企业形象，加强企业管理，从而更好地赢得国内外客户的信任，进一步在国内外市场上大展宏图，邓坚把"质量第一，信誉至上"奉为公司的管理铁律，把"诚信经营，合作共赢"作为公司的经营理念，围绕以质量求生存、以质量求繁荣的中心思想，坚持为客户提供最优的品质、最好的服务、最佳的价格和最准的交期。公司在生产过程中的每一个流程都严格把控，一切以数据说话，以客户至上、客户满意为宗旨，最大限度地满足了客户的需求。

正是数十年如一日坚定不移地践行"诚信经营，合作共赢"的管理理念，邓坚赢得了各方面客户的高度信任，保证了长期稳定的订单来源，使企业在高速发展的道路上越走越远。从最初的天生港服装厂到南通坚得利制衣厂、从盛泰制衣有限公司到盛和实业有限公司，直到2018年在新疆于田县阿热勒乡开设"新疆坚得利时装有限公司"，风雨兼程，披荆斩棘，不断超越自我，追梦铸就辉煌。

"轻舟已过万重山，一路风光一路歌"，邓坚的人生之路也越走越顺遂，越走越宽广。

坚韧不拔弘扬吃苦耐劳、精益求精的价值导向，使企业越做越强

服装生产是人员密集型行业，也是工作最辛苦的行业之一。因此，"吃苦耐劳，精益求精"，是服装企业从业者必备的基本素质。

多年来，邓坚特别能吃苦的精神，在公司员工和协作单位中，都是有口皆碑的。公司初创时期，资金匮乏，囊中羞涩，他曾在南通到上海的轮船上，坐过最廉价的五等舱，乘过最拥挤的公交车；在赴外省市招工过程中，他曾走过最崎岖的山间小路，到过最偏远的穷乡僻寨；直到如今，他仍然带病坚持在南通、新疆之间不辞劳苦，来回奔波……

曾任盛泰公司副总经理的顾纾郡至今还记得，2007年的夏天，为了完成一批英国订单，邓总亲自深入车间班组，带领员工夜以继日，加班加点，奋战了一个月，其中有8天通宵工作，累得眼睛通红，走路发颤，终于保质保量地完成了任务。当时，提供订单的客户也深知工期紧张，担心他们不能按时交货。当他们提前收到这批服装时，简直难以置信，当即打电话给邓总，对盛泰公司诚信守诺、效率神速大加赞赏，钦佩之至，表示将长期合作，互利双赢。

在邓坚的率先垂范下，公司上下都形成了勇于吃苦耐劳、自觉

精益求精的"工匠精神"和文化氛围。对此，邓坚也深有感触地说："吃苦耐劳、精益求精，不是贴在墙上的口号，而是以这种工匠精神和文化氛围塑造团队形象，引领价值导向，培植企业根基，使每一个员工都能自觉地把这种文化精神和价值导向贯穿于公司生产的各个环节，并且持之以恒，久久为功，才能使企业在激烈的市场竞争中行稳致远，越做越强。"

事实也正是如此。2017年3月，春节刚刚结束，邓坚便带领公司有关人员远赴新疆，在天寒地冻的于田县开展招工活动，认识了该县劳动局的蒋局长。蒋局长被邓坚不远万里顶风冒雪的意志和诚心所感动，积极帮助他们在当地广为宣传，一批新疆姑娘成为南通盛泰的正式员工。

2018年春，恰逢于田县实施招商引资工程，蒋局长率队亲临南通，一方面看望家乡姑娘们在盛泰的工作、生活情况，一方面动员邓坚到于田办厂，介绍了有关优惠政策。邓坚也为蒋局长的诚意所感动，双方相谈甚欢，一拍即合。

2018年12月，盛泰制衣新疆于田县阿热勒乡片区工厂动工建设，翌年3月建成投产，总投资4155.31万元，占地面积75亩（约5公顷），建成标准化厂房6栋，面积15170平方米，可供就业岗位1200个；配套建设消防水池350平方米，职工食堂1座，占地面积800平方米，可同时容纳500人就餐；建筑面积达2000平方米的宿舍楼，可同时满足500人住宿；另外还建成了值班室、监控室等附属设施，场区道路及硬化面积30000平方米，绿化面积4000平方米，成为当地规模最大的服装企业，也为当地群众脱贫致富作出了重要贡献。

大力弘扬艰苦奋斗、吃苦耐劳的精神，助推企业不断发展壮大，是增强企业内部动力的主观源泉。而深入贯彻精益求精、一丝不苟的经营方略，更是博得广大客户信赖和赞誉的客观效果。

有一次，盛泰公司接到了为一家客户加工出口西装的订单。这批订单不仅交货日期十分紧迫，质量要求也特别苛刻。服装的面、辅料比较繁琐，每一种都要先打样，等客户确认后再生产，只要其中一个步骤耽误了，整个生产周期都会受影响，而待到所有面辅料齐全了，生产时间又不够了。在这种情况下，邓坚一方面组织员工加班加点赶工期，另一方面为防止忙中出错，影响产品质量，他带领车间管理人员和质检部门人员深入一线，把好每一道工序、每一个关口，只要发现有一点点瑕疵，立即返工重做，即使增加成本也在所不惜。

坚持精细，造就精致。数十年来，正是凭着这种一丝不苟、一着不让的质量管理制度和精益求精的员工价值导向，才确保了"盛泰"家族3家公司"诚实守信""合作共赢"的崇高荣誉。

从小处着眼，从细节入手，这就是邓坚在企业做大做强的过程中，俯仰天地、纵横南北的成功之道。

坚持不懈培育团结一致、凝心聚力的发展根基，使企业越兴越旺

从事服装行业的人都知道，"招工难"是一个难以回避的共同问题。改革开放以来，南通地区服装企业如雨后春笋，蓬勃发展，本地年轻人往往供不应求，只能向周边地区甚至更远的外省市扩充人力资源。盛泰公司也不例外，随着公司规模的不断扩大，对员工数量的需求也不断增加。令邓坚感到欣慰的是，由于措施得力，待遇优厚，"招工难"的问题总能年复一年地得到迎刃而解。

每年从大年初二开始，公司人力资源部门便在周边地区发布招工信息。电线杆上、沿街店铺墙面上、大街小巷到处张贴公司的"招工启事"。从大年初三开始，邓坚亲自带领有关人员奔赴云南、贵州、四川、山东、河南等劳动力相对密集的边远地区。他们跋山涉水，走遍乡间小道，甚至登门入户，向当地群众介绍公司的基本情况、工作

环境、食宿条件、工资待遇、社会福利等，每年都能满载而归。与此同时，他们还发动老员工在回乡度假期间，积极介绍老乡加入"盛泰"旗下，确保了企业员工队伍的稳定和壮大。

邓坚深知，员工是企业提高生产力最根本的第一要素，不仅数量上要满足生产需求，更要在凝聚人心和提高素质上狠下功夫，才能"招得来，留得住"。为此，他们在加强员工技术培训、提高职业技能、开展岗位练兵、技术比武等活动的同时，坚持不懈地培养团结一致、凝心聚力的企业精神，不断筑牢企业发展根基，使每一名职工都能感受到真实的"以人为本"的获得感和作为"盛泰人"的自豪感，充分发挥员工的主观能动性。

在"盛泰"发展的30多年里，作为公司老总，邓坚善待员工的故事也为人们所称道。公司为正式员工按时足额缴纳"五险一金"，无论客户订单价格如何上下变动，即便有时资金周转困难，员工工资每年都有所增加，而且从不拖欠。职工食堂伙食每天花样翻新，职工宿舍的条件也不断改善提高。遇到员工有困难，他更是第一时间给予及时帮助。

2008年夏天的一个休息日，一名公司员工在外乘坐三轮车时，不慎摔下车导致头部受伤，急需手术治疗。邓坚闻讯后，立刻联系医院治疗，并安排专人去医院照顾。这名员工家庭条件比较困难，无力支付医疗费，邓坚毫不犹豫，解囊资助。同时，他发动公司员工自发捐款3万多元，一直帮助到这名员工完全恢复健康为止。直到今天，这名老员工谈起此事时，仍然感动不已地说："邓总对工人这么好，大家都把公司当作自己的家，公司才能像现在这样越来越'盛泰'，越办越兴旺。"

正是在这种浓厚的人文关怀氛围里，公司涌现了一大批视厂如家、甘于奉献的优秀员工。公司机修工马建华，几十年如一日，认真学习机修知识，刻苦钻研机修技术，不断攻克设备难关，自行设计制

邓坚近影

作了各种工具，设法改造机器功能，为公司节约成本、提高生产效率作出了显著贡献，连年被评为优秀员工。

最能体现员工"主人翁"精神的一件事，是新疆阿热勒乡片区工厂的青年女工莎拉买提。2019年4月的一天，与邓坚合作多年的上海客户，介绍杭州明成服装公司的魏总到片区工厂考察，受到邓坚的热情款待，双方虽是初次见面，但彼此都留下了美好的印象。

第二天，公司女工莎拉买提在陪同魏总参观玉石珠宝市场的过程中，主动热情地向他介绍邓总情系新疆、关爱员工及公司产销两旺的美好前景，引起了魏总的高度重视。聪明的莎拉买提当即把邓坚的手机号码告诉他，希望他能与邓总合作办厂。一个普通女员工竟然如此关心公司的发展，让魏总从侧面进一步加深了对邓坚的好感和信任。随后，他便与邓坚联系洽谈，决定由"明成"和"盛泰"合资成立"新疆坚得利时装有限公司"。"坚得利"，寓意邓坚"明成"双双得利也。

目前，该公司共开设 5 条生产线，吸纳当地 400 多人。公司集服装设计、加工、销售于一体，主要产品有西服、棉衣、衬衫、长短裤等，产品销往日本、美国、欧洲等国外市场及国内发达地区和城市，年销售额超过 1200 万元，成为继"盛泰""盛和"之后的又一利税大户，为于田县社会经济发展作出了重要的贡献。

如今，坚如磐石的"不老松"——邓坚，回首斑斓光阴，展望未来愿景，仍然踌躇满志，豪情满怀。他说："最近，国家发改委新设立了民营经济发展局，配套出台了一系列促进民营经济发展壮大的政策措施，对于我们这些民营企业来说，必将迎来新的发展机遇和鼎盛时代。躬逢盛世，国运昌盛，我愿在银龄之年，为南通服装行业高质量发展，继续尽责尽力，发挥余热，生命不止，奋斗不息！"

这真是——

岁月峥嵘留印痕，

何须惆怅近黄昏。

不用扬鞭自奋蹄，

老骥伏枥更精神！

刚柔并济"织"人生
——南通赛晖针织的事业传奇

云 墅

自古以来,中国女子仿佛都是柔弱的象征,但殊不知巾帼不让须眉,她们以各种不屈不挠的努力和壮举谱写了一曲曲生命的赞歌。古有"一去紫台连朔漠,独留青冢向黄昏"的王昭君,今有"休言女子非英物,夜夜龙泉壁上鸣"的秋瑾。她们无一不是外表柔弱,而内心充满超拔的能量和智慧。尤其是随着新时代来临,当前所未有的历史机遇出现在她们面前时,她们的潜能就更是被充分挖掘出来,如同一颗颗黑珍珠一样熠熠生辉。

南通赛晖针织服饰的董事长姚桂兰就是这样一颗黑珍珠。自20世纪90年代加入服装针织行业以来,她凭借自己扎实的专业知识、突出的实干能力、不怕吃苦的精神,当然最主要的还是那份对事业的拳拳热爱,踏踏实实地建立起了一个不仅属于自己也属于百名员工的事业帝国。

如今,姚桂兰旗下已拥有南通赛晖国际贸易股份有限公司、上海赛晖服饰有限公司、江苏唯路易实业有限公司三家全资子公司。在

姚桂兰近影

历经二十几年的稳步发展之后，截至2021年年底，公司的年销售总额达到了1.43亿元人民币，总资产也高达12472万元。一个外表看起来并不十分强悍的女子，如何能书写如此辉煌的事业传奇？

天行健，自强不息，巾帼也有须眉之功

邓小平南方谈话那年，姚桂兰刚刚参加工作，大学毕业后被分配到南通市针织厂当技术员。仅仅过了两年，姚桂兰就因为出色的工作能力和雷厉风行的工作风格，被中日合资企业喜而奇服装公司子公司喜而富服装公司相中，聘任为部门经理。姚桂兰仿佛与生俱来就有一股子"狠"劲儿："狠"抓生产效率，"狠"抓部门员工，"狠"抓自己。公司不管哪一笔单子，也不管存在什么样难度的单子，她都能带领大家同心齐力、克服万难，使公司每次的出货率达到99.3%，这是一个非常完美的数字。不仅如此，她还致力于在抓好产品质量和服务的同时，控制生产成本。在每周召开的生产大会上，其中有一个环节是她会到车间现场，身体力行、亲手示范，教导技术干部如何节

约原料、规范生产流程，并要求基层技术人员将此观念灌输给每一名员工，实行标准化作业生产，使高效率和不良率都做到极致。

1999年，姚桂兰一边勤奋工作，一边参加了中级职称考试，成功取得经济师职业资格和职称证书。与此同时，南通三喜公司乘着政策利好的东风，成功并购市针织厂并招聘总经理。姚桂兰初生牛犊不怕虎，不甘平庸的她决定应聘三喜针织品有限公司总经理一职。其时，姚桂兰在喜而富公司已干得相当不错，无论是工资收入、人际关系还是专业成长都处在上升期，公司领导也非常器重她。然而，姚桂兰生就一副敢于创新和挑战的性子，她想要开辟一片新的天地。

就这样，姚桂兰拿着800元的月薪开始了她总经理全面的管理历练。用她自己的话说，她原本在喜而富可以拿2000元的薪资，却选择了在这个只有破旧厂房、一切百废待兴的巷子工厂里重新开始"炼狱"，这就是她的使命。三喜公司并购市针织厂后实行的是四方合股的股份制，所以三喜公司组织结构复杂，既有直系也有旁系，人际关系非常微妙，各种利益掣肘也无处不在。同时，由于公司正处于先破后立的整合阶段，客户不稳定，订单奇缺，但姚桂兰说，哪怕只剩下最后一个客户，我们也要想尽办法，将业务做活、抓住客源，保持客户黏性。万事开头难，但开弓没有回头箭。姚桂兰全面统筹和把控生产管理的方方面面，从面辅料、裁剪、缝制、检品到出货，都亲自监督把关，以绝对保证出货质量与交货期。天道酬勤，商道酬信，姚桂兰的辛勤付出切切实实留住并提高了三喜在客户中的口碑。

2002年年初，在创业伙伴不断支持和鼓励之下，姚桂兰决定创办自己的公司，并取名为"赛晖"。"这是真正的一草一木白手起家。"姚桂兰爽朗地笑道："从每一块砖头每一片瓦，每一支纱线每一片布，都经过我双手的抚摸和认可再走到它们应该去的位置。"在她那超拔的大脑里已经积累起足够的智慧和勇气，它们足以伴随她征服一个又一个即将到来的事业高峰。事实证明，赛晖自成立以后，发展顺利。

但姚桂兰何曾是一个停得住脚步的人？

2006年，姚桂兰老东家南通喜而奇公司面临改制，改制下的喜而奇公司一片混乱。厂区显得破败而冷清，300多号工人群情激奋，集体罢工，工厂的生产等各项事务实际上已经停摆。姚桂兰隐约感觉这是一个实现再提升的契机。她毅然决定以现金的交易形式整体租赁喜而奇公司，并派驻赛晖公司组织机构和管理团队进行全方位管理和振兴。工人的问题也由赛晖加以解决，想留下的三天之内必须恢复生产，不想留下的拿钱走人。终于在那个令人难忘的三天三夜之后，公司恢复了生产。姚桂兰集中力量，投入资金，大刀阔斧地对原厂房进行改造，对生产线进行补充和扩展，在很短时间内就顺利实现了含织造、染色在内的完整生产链。2007年，赛晖销售业绩首次突破1000万美元，姚桂兰的事业航船从此开始一路乘风破浪。

一个偶然的机会，在宴请日本客户时对方漫不经心的一句话刺激了姚桂兰心中的又一个梦想，他说："中国的男装和女装挺好，但童装不行。"一语点醒梦中人，做童装的想法一下子又在姚桂兰的心里生根发芽。姚桂兰是个说干就干的人。2008年，极具南通特色的童装品牌"小乖猴"横空出世，并在南通服装一条街的濠南路上开设了专卖店；2009年，她开始组织力量进行童装品牌的全品类研发、推广与销售，同时又一个童装品牌"唯路易"专卖店也在上海南京东路开业。接着，唯路易产品迅速占领全国各省市一线、二线商场。唯路易品牌也于2014年荣获"江苏省名牌产品"称号。

姚桂兰凭借"天行健，君子以自强不息"的君子魄力，不仅在针织市场，而且在童装市场稳稳占据了一片天地。但任何事物的发展都不可能一直高歌猛进，童装全品类的研发和因销售需要开了很多门店，成本直接提高了很多。针织类服装本身的获利特点是以量取胜，而彼时电商崛起，大大碾压了传统门店，如果再以这种形式继续发展下去，费用将是一笔不能承受之重。

学"知止",事不凝滞,"穷"则思变变则通

姚桂兰虽然是一位日理万机的企业家,但始终不忘学习。除了完成职称考试和日语的全部自学之外,她还是一位中国传统文化的痴迷者。"人无信不立,业无信不兴,国无信则衰""凡是人,皆须爱,天同覆,地同载"之类的先贤名言她张口就来,可以说传统文化的因子已深深渗透在她的骨髓里。她不仅以她的道德标准来修身齐家,更用她的智慧来"治国平天下"。

姚桂兰最喜欢的是《易经》。《易经》蒙卦中有一个词语:知止。姚桂兰深谙其道:"知止为学,无我为智,这是具有大智慧的。它告诉你,一个人的思路和行为必须具有前瞻性,要能放能收,'穷'则变,变则通,不能凝滞,不能为'我'所牵绊。"姚桂兰学以致用。

2015年,公司决定调整战略,着重从两个方面进行转型,一则将"唯路易"聚焦于国内儿童内衣家居细分领域,坚持自主创新,持续进行款式设计更新及新型功能面料的研发,不再进行全品类研发;二则将"唯路易"和"GIRLUCK"销售由线下各大商场主营改为线上销售,渠道全面覆盖天猫、京东、网易等各大电商平台,并着手自主研发"小V辣妈荟"微信电商平台,进行社交私域的销售尝试。

事实证明,这样的转型又一次体现出姚桂兰的前瞻、果敢与果断。2020年,突如其来的疫情导致走传统销售的门店纷纷关门歇业,损失惨重,而赛晖非但未受其累,反而迎来了一点点逆向的惊喜成绩。疫情以来,公司利用自己的微商平台"小V辣妈荟",主打结合中国传统元素的设计,先后推出"外婆包"婴幼儿系列、国潮锦鲤状元服系列、"985""211"高校系列,均大受欢迎并取得较好的销售业绩。

不仅如此,公司自关闭全品类研发而专注于儿童内衣的设计制造之后,团队强大的设计能力也给赛晖带来了国内国际ODM订单。公司为国内诸多一线的童装品牌客户及电商平台提供款式设计、选款下

单、个案品牌等特色服务，国内主要的合作客户有巴拉巴拉、七匹狼、Babycare 等，合作的电商主要有年糕妈妈、网易考拉、网易严选、小米商城、京东京造等。而国际知名服装品牌的 ODM 主要包括日本优衣库的 GU、PUP1L HOUS、PET1T MA1N；英国的 JOULES、BODEN、NEW LOOK，美国的 DELTA SAMS CLUB，泰国的 AIIZ。委托加工的服装品类则主要为休闲女装、吊带衫、T 恤衫、文化衫、家居服、婴童服装等各大类。

同时，公司之前的针织专长也开始致力于为国内外合作品牌商及中间商提供品质与效益俱佳的中间产品，比如面料研发。公司与江南大学加强产学研合作，主要进行抗菌除臭、抗紫外线、防电磁辐射、防晒、环保等方面的面料研发，前后共申报发明专利 19 项、实用新型专利 30 项，现已拥有"一种涤麻和棉混合彩条面料的生产工艺"等 6 项授权发明专利，并且还拥有"一种户外运动专用面料"和"抗菌面料"等实用新型发明 23 项。

截至目前，姚桂兰在经过 2015 年的果断转型之后，赛晖集团已形成四大产业板块，它们是自主品牌研发销售及国内国际 ODM 的"赛晖科技"、出口国际贸易业务的"赛晖国际"、面料研发生产销售的"上海赛晖"、服装生产工厂——"江苏唯路易"。2020 年 9 月 2 日，赛晖科技顺利在新三板挂牌，对于未来，姚桂兰的目标是谋求 IPO 上市。一家企业要能在证券市场上获取更多投资客户的青睐和更大的支持，就必须拥有更强大的可持续发展的能力。姚桂兰何以有这样的自信和底气？

地势坤，厚德载物，国学传诵与文化传承

"我的自信和底气就来自中国传统文化。"姚桂兰说，"'传统文化做人，科学管理做事'是我们的企业宗旨，也是我们的企业家

赛晖厂区一瞥

训。我在招聘时有个明确成文的规定，那就是你要对中国传统文化有浓厚的兴趣和悟性，尚无知者不怪，但你要愿意学习。如果你不愿意学习和传承传统文化，对不起，一票否决，不予录用。"

姚桂兰从 2009 年开始，便推行全员学习《弟子规》。每周六下午，不论生产任务有多繁重，公司都会雷打不动地组织观看《弟子规》的解读视频，并进行全员诵读。为了鼓励员工坚持学习，并学有所成，姚桂兰还推出了奖励机制，每人每次每小时补助 20 元，多学多得，好学多得。这样的举措一实行就是 7 年，账虽小不可细算，但如果累计下来，公司在学习传统文化方面还真是投入了不少成本呢。

"但一切付出都是值得的。"姚桂兰如是说，"通过反复诵读、学习传统文化，每一名员工都对其中的孝、悌、谨、信等传统思想有了更加详尽和深刻的理解，并自觉不自觉将其变成了自己平常生活和工作的行为准则。这就是传统文化潜移默化的力量。"除《弟子规》之外，这些年来，赛晖员工学习的内容更涵括了《四书五经》《吕氏春秋》《朱子家训》等经典。学习的时间也由每周一次自然演变为每日例行的晨会，真正做到了学习工作两不误，学习为工作加油充电，工作为学习提供实践的检验。

姚桂兰将传统文化孝悌仁爱的基因融入现代企业管理，铸就和形成了企业独特的灵魂。在这种文化的熏陶之下，赛晖在大踏步发展的同时，企业大爱的传承也生生不息。

　　这种大爱首先从对待自己的员工做起。赛晖在工业园内配备职工文娱活动中心，为员工提供丰富的休闲娱乐活动，如KTV、阅览室、棋牌室等；每年组织员工到各地休养旅行，开阔员工视野；每个季度举行员工集体生日会，在这个生日会上，作为寿星的员工，可享受将父母接来一起过生日的待遇。对于远道而来的员工父母，公司免费为他们提供食宿，并派专车迎接至其孩子工作的场所，参观交谈，留下吃饭，观看员工自编自导的歌舞节目，接受孩子传统礼仪的"三跪九叩"孝悌之礼。

　　除此之外，赛晖还积极组织各种外部的实践活动，将大爱传承散播到社会各界。2012年，公司在南通市三里墩小学成立了"唯路易·春蕾班"，共资助40多名学生；2014年7月开始，公司每季度参加一次江海晚报组织的"关爱一线牵"活动，满足十个家庭的平凡愿望，出资赠送电风扇等家用物品。自品牌创立之日起，"唯路易大爱在行动之依旧暖心活动"每季度举行一次，为需要帮助的贫困山区儿童捐赠衣物，让生活优越的城市儿童学会关爱他人，感恩幸福生活。"幼吾幼以及人之幼，老吾老以及人之老"，公司每年还组织一次走进养老院的活动，特别强调家教、家风及孝道文化。

　　赛晖这些年来所进行的公益活动中有的甚至已成为公司每年的保留项目，至今还在传承不息。比如，2013年就开始举行的素食光盘文化；以"旧衣回收献爱心，低碳生活创绿意"为主题的公益活动；每年春节期间对周边贫困孤寡老人的慰问活动；在南通市慈善总会设立用于资助青海洛哇村幼儿园的"唯路易基金"等。

　　"万象终将枯竭，唯有文化生生不息，我将中国传统文化中最美的部分'首孝悌，次谨信，泛爱众，而亲仁'引入企业文化，它将成为赛晖所有品质的来源，它也将是赛晖可以成为百年民族童装品牌的最核心竞争力。"

　　"天行健,君子以自强不息;地势坤,君子以厚德载物。"姚桂兰,不是男子,却是君子。她以一个女子的肉身、君子的气魄,刚柔并济织就了一个完美的人生,但她从未就此止步,她还将继续秉承中国传统文化,并计划将中国文化元素"织"入她的产品,走向全世界。

时尚风潮演绎者

——记江苏 AGSK 服装公司创业史

云 墅

在南通经济技术开发区复兴东路上,有一处网红打卡地,这里一年四季都各有风情。远远望去,园区亭台楼阁,粉墙黛瓦,古朴安详。漫步园内,叠石流水,花木扶疏,亭台楼榭,相映成趣。这里有荷花池,离岸很近,伸手就能与荷花亲密接触;这里有青葱竹林,竹林深处淡淡的清凉,糅杂着大自然与人类共同馈赠的香气;这里更有一路绿树、凉亭、小桥、湖水、青苔围绕……这里不是江南园林,却胜似江南园林,但你千万不要以为它只是一个人造的自然园林,它其实是江苏 AGSK 服装科技发展有限公司的服装智造中心创意园区。

一个服装企业的智造中心,何以会如此诗情画意?让我们一起来了解这家南通服装潮牌企业的今世蝶变。

从"ODM"到"ODM+自主潮牌"

2023 年 3 月 29 日,为期 3 天的中国国际服装服饰博览会(春季)气氛热烈,国家会展中心人气爆棚。从 2022 年年底,江苏 AGSK 服装科技发展有限公司董事长徐凯就意识到疫情之后的市场复苏已成趋

江苏 AGSK 服装科技发展有限公司董事长徐凯

势。他早早就带领公司团队定下展位,他要带着最新的产品、技术和服务,积极开拓新的市场。

"今天的服装行业强调低库存甚至零库存,我们在展会上提出'5+5'概念:客户提出需求,我们在5天内完成设计,5天完成生产,甚至帮客户试行发货,客户再根据产品的市场反馈,来决定加单或者停止该款型的生产销售,把库存的压力和风险降到最低。服装制造业并不是简单粗放的生意。能让'5+5'的商业逻辑落地,是由我们爱格斯凯公司从业多年,对面料、设计、打版、生产、销售等的丰富经验来支撑的。"

徐凯说起他挚爱的服装就开始滔滔不绝:"参加这次展会,我们投入了不小的预算,从更大铺面的展位租赁和展台的设计搭建,其背后的目的,不仅在于向客户展示我们强大的ODM(制造+设计)能力,更重要的是为下一步的商业蓝图奠定基础。服装加工是利润很少的事业,既然我们已经具备了从面料到设计加工的资源和研发能力,我们理应建立和巩固自己的品牌,走出自己的调性,争取更大的利润空间。这种国家级的服装展会会为我们新创品牌的展示提供很好的舞台,同时也会让ODM类型的客户看到我们的实力,这是一次多方共赢的机会,我们要全力以赴。"

江苏AGSK服装科技发展有限公司的前身是南通凯荣服饰有限公司,成立于2000年10月,最初只是一家小型男装ODM企业。说起凯荣服饰内贸的发展机遇,徐凯言简意赅,只用几个关键词就进行了概括:"应该说,这是一次黄金时代给我们带来的机会。2001年,随着国内经济的快速发展,国内消费能力不断提高,尤其是对于个性、时尚服装的需求被激活,国内服装品牌悄然兴起。凯荣公司利用设计优势及南通本土服装面料优势切入男装时尚衬衫的ODM经营模式,成为国内马克华菲、与狼共舞等时尚品牌的核心供应商。随后就给自己定位:做潮牌,做年轻人的时尚服装;且一经合作,就巩固了客户黏性,至今已与大多数潮牌合作20多年,并且还将继续合作下去。"

与此同时,徐凯并不满足于只做ODM。"一切事情的发展都是一个水到渠成的过程。十几年代工、设计、制造的经历给我们积累了丰富的行业经验,时机已经成熟,我们必须要创造自己的潮牌,并占据一定的市场份额。"2014年,公司更名为江苏AGSK服装科技发展有限公司,很显然,徐凯要将它发展成为一家专业从事时尚潮流男装品牌设计服务与生产的公司。

公司与南通大学等高等院校建立了长期的人才培训、校企合作关系。自营的潮流品牌THANKQUE、C2B、MIKEBOY等,也已登陆得物、必要、小米等电商平台。同时,公司紧跟时代风口,在直播电商领域也稳步前进。同时,公司与与狼共舞、波司登等品牌保持着多年稳定的合作关系。2020 年 10 月、2021 年 3 月两次参加中国国际服装服饰博览会独立品牌展区，得到了中国纺织工业联合会、中国服装协会等领导的点赞与好评，2021 年 3 月 THANKQUE 获评 CHIC AWARD 设计先锋奖。

  公司一直以产品开发作为开拓市场的主要手段，以设计品牌作为公司的发展方向，目前已经形成清晰的组织架构：公司＋工厂（江苏 AGSK 服装科技发展有限公司加南通凯荣、启东凯荣、泰州凯荣三家直属工厂）。公司以一流的产品开发能力、一流的生产品质、一流的生产效率，赢得了众多时尚、潮流人士及品牌商的喜爱，国内数个知名服装品牌、上市企业都是公司稳定的订单来源。公司在与他们良好、稳定而深入的长期合作中茁壮成长。

  但公司董事长徐凯并不满足于此，他不仅用一种前瞻性的眼光审视服装潮流市场，更具有一种开拓边界、跨界整合的勇气和能力。公司于 2020 年开始建设 AGSK 服装智造中心创意园区，决定由此实现传统服装行业从"制"造走向"智"造的转型。

从服装制造到服装"智"造

  谈起建设 AGSK 服装智造中心创意园区的初衷，徐凯这样说："传统服装行业经过数十年的高速发展，其实人口红利的低成本正在快速消失。要谋求企业继续高质量发展，创新必须成为最重要的意识和行动。这个创新是以'品牌'为中心，以重点创造品牌附加值为重要衡量标准。AGSK 创意园区就是要实现'服装行业互联网＋'，加什么？加实业创意。"

  "具体说来，就是建成新兴的服装智能智造中心、专业个性定制中心及设计创意产业中心。以工业 4.0 智能智造服装设计创意园区为主题，以智能智造、在线定制、自主研发等具有知识产权的新技术、新工艺、新智造，引进日本数码打印机、德国自动裁床、台湾自动拉布机、日本自动平缝机，以及先进的吊挂流水线、成衣绣花机、激光切割机等设备，链接新零售。同时，在园区实现办公、工业、商业一体化。园区的设计中有办公、服装奥莱店、婚宴宴会中心，未来还要引进商铺，比如文艺咖啡店、手作店之类，还有亲子DIY式的服装制作全流程体验。总之，要提供一种'工业+艺术'的新型生活美学可能，体会全沉浸式的感受和愉悦，以另一种消费的形式和能力带动后工业时代，既创造传统服装销售的利润，又创造生活美学租赁和销售所带来的新零售利润。未来可以证明，这将是AGSK抓住时代变化而进行的又一次成功转型。它将为传统服装行业的转型做出示范和借鉴。"

AGSK服装智造中心创意园区除了在本文一开始就给人带来江南园林的既视感，它更是一座有着浓郁现代创意风格的园区。一进园区，就是一台硕大的水域T台，平时没有活动时它只是一处灵动的水景，但如果进行时装表演或时装发布会，它马上摇身一变成为灯光闪烁、色彩艳丽的秀场，秀场的背景是一个巨大的凹形圆体，寓意着美妙空灵的服装宇宙。

该项目将在今明两年内完全建成，一旦落地，无疑将大大推进服装与材料技术、数据技术、信息化技术、新零售等产业链上下游关联行业技术的融合与创新，增强服装行业发展后劲，成为南通服装行业转型升级的标杆项目。

"届时，人流带来人气，经济复苏带来几何级增长，我相信AGSK服装智造中心创意园区将会真正成为网红打卡地。"徐凯充满自豪和自信地说道。

为了全面打造集智能智造、潮流孵化、文创休闲于一体的AGSK创意产业园，公司未来还会在人才培养方面与高校加深合作，培训、吸引更多的人才、机构入驻创意园区，促使企业长期稳步发展；同时发展智能制造，开发企业独立服装"云中台"系统，做好上下游企业

AGSK 美丽的厂区

　　协同、产业互联，以最好的姿态迎接未来的数字化机遇与挑战。

　　2021年11月18日，江苏AGSK服装科技发展有限公司其实已提前乔迁入驻AGSK服装智造中心创意园。董事长徐凯先生在乔迁会议上深情感谢公司员工们一如既往的支持和奉献，并同时提出了殷切希望："纵观当下的我们，系统化建设虽已开启，但还处于距离成功很遥远的路上，我们需要不断地坚持与精进！目前对于标准化、模块化、柔性化建设依然任重而道远，对消费者的洞察能力体系建设也才刚刚开始。这都需要我们撸起袖子奋力加油，需要我们大家共同去拼搏、去创造。"

　　我们有理由相信，在徐凯董事长年轻而富有活力的领导下，江苏AGSK服装科技发展有限公司一定会如朝阳般充满活力和希望，南通潮牌的今世蝶变也一定会像旭日一样光芒四射。

与时代同频共振
——刘建和他的江淮衬布

宋 捷

刘建近影

他曾是一名优秀的知识青年，返城后成为一家百年老厂的青年党员，后来又创办全国第一家纺织辅料商场……世纪之交，他开始接棒江淮衬布，引领这家企业成为同行业国标制定者、中国衬布十强企业、中国服装优秀制造商。

他是老街坊眼里人见人爱的"建侯"，他是乡亲们心目中最靠谱的城里娃，他是通棉一厂青工们拥戴的带头大哥，他是江淮衬布职工们从内心里感激的好老板……

他便是南通江淮衬布有限公司董事长兼总经理刘建。在半个多世纪的职业生涯里，他始终踩准每一个时间节点，始终与时代同步，与世界共振，创造出一系列耀眼的业绩。

一位古道热肠的企业家

10 张圆桌整齐地排开，上面铺上了红色喜庆的台布；五颜六色的气球悬挂在餐厅里，在欢乐的歌声中摇曳飘舞；餐厅大屏幕上，滚动播放着一群散发着年代感的"兄弟姐妹"照片……2019 年春天，一场书写着浓浓邻里情的特殊"家宴"在崇川区苏湘阁酒店内热闹地进行着。

这是分离了 20 多年的崇川区南大街掌印巷老邻居们一次聚会。餐厅大屏幕两侧的"忆往昔邻情浓 看今朝情依旧"标语格外显眼。"建侯、三侯、兔子……"一见到老邻居和幼时伙伴，他们就情不自禁地喊出了各自的"乳名"。

"我想办一场'家宴'，再次唤回我们那个大院子时代的记忆，一解我们的乡愁，再续彼此的邻里情。"活动牵头人正是本文的主人公刘建。这已经是他第二次组织邻里聚会了。2017 年，在掌印巷拆迁 25 周年之际，刘建策划过一场"家宴"，70 多位赴宴的老邻居至今还津津乐道。

刘家是个大户，刘建的大哥刘锬是著名文史学者，大嫂李吉林更是蜚声海内外的著名儿童教育家。小哥刘希文笔也很了得。刘妈妈在世的时候就是古道热肠，热衷于张罗类似的活动，在街坊里享有崇高威望。

刘建传承了妈妈乐善好施、乐于助人的优秀品质。本来他准备每隔两年举办一次邻里活动的，可惜 2020 年初，一场突如其来的新冠肺炎疫情打乱了刘建的节奏。2023 年春天，90 岁的刘妈妈因为新冠肺炎离世。去世前一天，她还喃喃跟孩子们说："告别那天，我要戴上建侯送给我的红围巾……"

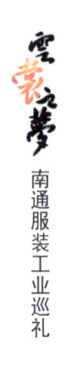

"建侯"是老街坊们对刘建的昵称。2019年的那次聚会，刘建给每一位上了年纪的老邻居送了一条红围巾，由第四代小朋友给老人们系上。那次相聚，飘动的红围巾成为一道亮丽的风景。

　　同样喜欢"建侯"的还有他50多年前插队时的启东老乡们。1970年，刘建到启东万安乡插队落户的时候才16周岁，在那里度过了5年光阴，与当地农民结下了深厚感情。新冠肺炎疫情之前，他几乎每年都会去启东看望乡亲们，给村里70岁以上的老人每人发1000元红包，每次去时后备箱里都塞满给乡亲们的伴手礼，回来时后备箱又被乡亲们送的土特产塞满。

　　1954年出生的刘建喜欢穿红色等鲜艳服装，他就像一团火，浑身充满活力。无论是长辈还是同龄人都喜欢叫他乳名"建侯"，他也喜欢人们这么叫他。其实，在岁月的磨砺中，"建侯"早已不是当年那个青春年少的后生了。

　　当了5年知青返城后，刘建去了当时还叫通棉一厂的百年大生二纺车间务工，踏踏实实在基层班组一待就是13年。其间，他在厂里光荣地加入了中国共产党，还完成了南京师范大学汉语言文学专业的学习。

江淮衬布的第16位员工

　　1984年年底，经国务院批准，中国沿海地区14个国家级开发区横空出世。幸运的是，南通经济技术开发区赶上了这趟疾驰的列车。

　　很快，开发区成为一方全球瞩目的热土。在热火朝天的招商浪潮中，来自世界各地的客商，纷纷抢滩这一块土地。

　　1987年，南通历史上第一家中外合资服装企业——中日合资南通时装有限公司在开发区揭开腾飞序幕。先进的管理理念、先进的制造设备、新型的贸易模式，激活了南通服装的一池春水。在隆重的开幕式上，一批日本商人结伴而来，他们中的许多人后来都在南通兴办了企业。

那段时光，南通服装界的"三资"企业像雨后春笋般在江海大地绽放：三友、三和、摩登、三贵、长江、华都、隆都、创作、喜而奇、新西尔克……它们争妍斗奇，构成中国服装界令人炫目的"南通板块"。

服装业的蓬勃兴起，无疑促进了上下游产业的发展，催生了一个关联行业——辅料产业。1987年年初，南通市聚酯布厂和日商合资成立了中国首家无限期合资企业——南通海盟。南通经济技术开发区管委会审时度势，也在同年创办了一家服装辅料生产企业。因为3家发起单位中有一家来自淮安，所以公司取名为"江淮衬布"。

就这样，江淮衬布在开发区一隅开始起步，一步步成为国内最早生产黏合衬布的5家企业之一。南通，也迅速成为国内较早生产衬布的基地之一。

江淮衬布还在筹建阶段，刘建和他的小哥刘希刚刚结伴完成南京师范大学汉语言文学专业的函授学习。20世纪80年代是一个烟火和诗情迸发的年代，受大哥刘铼和小哥刘希的影响，刘建也想吃文字饭。彼时南通电视台刚刚成立，正在社会上招兵买马，刘建悄悄报了名，良好的文字功底和活动能力给电视台领导留下深刻印象。

关键时刻，老岳父张敏华为犹豫不决的刘建作了抉择。这位曾经担任过南通市友谊服装厂厂长、南通服装研究所所长的服装界元老深思熟虑，否定了爱婿去电视台的想法。他非常赏识刘建的能力和人品，觉得建侯是块做企业的"好料子"，正在筹建中的江淮衬布也需要他这样年富力强的实干家。

就这样，刘建成为江淮衬布的第16位员工。

起初，公司希望刘建抓党务工作，但是他更愿意做业务，公司就让他负责项目引进并兼供应部部长。一家新创建的企业，人手不多，千头万绪。从物资采购到设备安装，刘建事无巨细，在全国各地寻找性价比高的设备。为了采购定型机，他和车间主任缪颜不舍得买飞机票，足足坐了56个小时的火车到哈尔滨。回到南通，又在昆山、武进等地反复比选，最终选定昆山的设备。他浑身充满活力，没日没夜拼命工作。安装设备那天，正是寒冬腊月，为了驱寒驱饥，他白酒蘸着馒头下肚。他终于累倒了，支气管扩张和肺结核并发，大口咯血，只好住院治疗。而和他一起并肩战斗的缪师傅，在公司开业当天，因积劳成疾病倒在黎明前，再也没能爬起来。

　　休息了半年，刘建基本康复。这段时间，刘建一直在思考一个问题：服装辅料不仅有衬布，还有其他配料，而市场上却没有一家辅料齐全的商家。他蓦然想起友谊服装厂厂长杨忠山曾告诉过他，日本东京便有一栋8层高的辅料供应大楼，从服装里料、衬料、填料，到服装垫料、线带材料、紧扣材料，再到装饰材料、标识材料，里边应有尽有。刘建便想创办一家服装辅料商店。他的这个想法得到公司领导的支持。于是，刘建在南通市区中心地带的濠阳园，创办了一家开风气之先的服装辅料商店，不仅是南通首家，在国内也首开先河。

　　凭着过人的胆识、超前的眼光和强大的市场开拓能力，刘建把服装辅料商店办得风生水起。一度以来，这家后来易名为南通服装材料联合公司的商号，不仅引领服装辅料新潮流，还营销男女时装，成为通城摩登青年争相打卡之地。

父女俩在不同赛道竞赛

　　世纪之交，因为种种原因，江淮衬布一度陷入濒临破产的困境。这家当时被改名为南通炜赋纺织实业有限公司的企业已停产多月，除了几个留守人员外，工人已被遣散，车间里一片狼藉。

　　时任江苏炜赋集团董事长吴国华等领导审时度势，经过慎重考虑，决定请刘建出山，拯救这家连年亏损的国有企业。

2000年仲夏，有将近20年党龄的刘建受命于危难之际，终于答应接手公司时，恰逢爱女刘佳高中毕业。当女儿以高分被复旦大学管理学院录取后，刘建和她约定：父女俩开展一场比赛，4年为界，在不同的赛道上竞争，看看谁的成绩更出色。

百废待兴。刘建回到上海路1号那家暌违已久的企业，看到一幕幕颓势，心里很不是滋味。他首先把企业的骨干一一请回来，再对企业进行一系列整顿。他只用了10天的时间，从厂容厂貌上让公司"旧貌换新颜"。

接手企业后，刘建大大强化了企业管理。每周一的晨会和每周六的办公会都是雷打不动的，周一要汇报一周的工作计划，周六要报告计划完成情况。

1987年公司成立时，投资的三方协商取名"江淮衬布"。改成"纺织实业"后，虽然内涵变大了，但刘建总觉得还是"江淮衬布"更接地气。在恢复原名后，刘建觉得企业不仅是名称的回归，在产品定位上也要不忘初心，在衬布领域精耕细作，做足做透。

在刘建接手之前，江淮衬布只做内销，而且产品档次不高，因此市场竞争力不强。他很快打破这种格局，双循环发展，奋力开拓国际市场。刘建三顾茅庐，招了4位英语6级或8级的外贸人才。接着，他亲自带领这些业务员到印尼等国家和中国香港做市场调研，很快开发了领衬、双点衬、西服衬等新产品，源源不断销往海内外市场。

父女俩的"4年之约"竞赛，在不同的赛道上，各自都交出一份靓丽的答卷：

父亲刘建在与女儿相约竞赛的第一年，企业就一举扭亏为盈；产品结构实现了从中低档到中高档的华丽蝶变；内外销两个市场捷报频传。

女儿刘佳以优异的成绩从复旦大学毕业。在外企工作两年后考研，她收到7所世界一流学校递来的橄榄枝，最后被美国排名前10位的西北大学录取……

与时代同步 与世界共振

世界在快速变化，市场也在快速变化。

从接掌江淮衬布的第一天起，刘建就清醒地认识到，传统制造业必须跟上时代潮流，才能立于不败之地。

世纪之交，46岁的刘建受命于危难之际，率领着他的管理团队，从"厕所革命"到全面整顿企业、实施精细化管理；从高起点技术改造到内外销并举开拓两个市场；从注重提高品牌的文化含量到360度整合营销传播，将一个濒临倒闭的企业发展成技术领先、质量过硬、品牌美誉度高、顾客满意度高、产销量和市场占有率名列前茅的江淮集团，只用了短短几年时间。

一晃20多年过去了。今天，当年近古稀的刘建和我坐在他宽大的办公室里，品着香茗，回忆一路走过来的峥嵘岁月时，风轻云淡地表示"没什么好说的"。但是我知道，21世纪的前10年，为了让一家濒危企业起死回生，他殚精竭虑，千方百计在产供销等诸多领域不断完善，辛苦耕耘，演绎了许多不为人知的精彩故事。

在刘建的视野里，产品的创新始终是一个亮点。他履新不久，就着手调整产品结构，从昔日的低端产品向中高档产品转化，从单元产品向多元产品转化。刘建深知：企业的核心竞争力是产品。他深谙唐太宗的那句经典名言"取法于上，仅得为中；取法于中，故为其下。"刘建从一开始就瞄准高端产品，信奉"人无我有，人有我新"的企业哲学。企业开发的双点高端衬布，从最初一等品合格率仅有18%，经过两年不懈努力，终于达到98%。

为了和竞争对手拉开差距，公司先后引进两条先进粉点涂层生

江淮衬布厂区

产线，包括一台瑞士引进的Villars粉点涂层设备，3条双点涂层生产线，各类织布机400台，4条先进的树脂整理生产线及德国、中国台湾地区进口的整理和质检设备，采用新技术、新工艺、新材料等国际领先的生产及质检设备，不断满足市场个性化需要，相继开发出新型环保等功能性衬布，如防辐射衬布、防紫外线衬布、竹炭衬布等产品，均达到国际先进水平。在世界时装界，各种橱窗里展示的男女时装、衬衫、西服、大衣、童装、裤子、运动服装、帽子等，内衬都是产自南通的江淮衬布。

　　写在纸面上的"工序之间道道把关"的职能，说起来简单，却是很多工厂做不到的。但在江淮衬布，各工序间紧密配合，一切为了客户的需求服务，落实在每个员工的肩头。漂布检验给跟单把关，涂层给染厂和漂布检验把关，质检给涂层把关，抽验、打包给质检把关，仓库给打包和质检把关。正是这种环环相扣、精益求精、一丝不苟的工匠精神，成就了如今的江淮衬布。

　　多年来，刘建团队起草并参与制定多个国家和行业标准，拥有多项产品和技术专利，成为一家驰名遐迩的国家高新技术企业。

　　翻开公司的大事记，几乎每年都有这方面的记录：

　　作为环保和低碳经济的忠实推崇者和践行者，从2006年起，公司通过 ISO9001 质量管理体系认证，所有产品连续 17 年通过 Oeko-Tex Standard 100 环保认证。

2018 年，为解决公司多年来前处理不配套的问题，江淮衬布与华胜公司战略合作升级，大大缩短了客户交货的周期，增强了客户的满意度。

2019 年，江淮衬布顺利通过江苏省高新技术企业的认定，获得 3 项专利成果和 5 项发明奖。

2020 年，与杭州盛荷非织造布有限公司合作，牵头起草《染色非织造粘合衬》行业标准；就在同一年，公司还作为第一起草单位，修改了《涂层面料用机织粘合衬》行业标准。

熟悉刘建的人都知道，他学生时代就敏而好学，尤其喜欢读哲学、逻辑学和政治经济学一类的书籍。他给企业取的品牌是 ACE，取 "王牌" 和 "极好" 之意。他一直对标行业里的翘楚——法国霞日、德国科德宝、美国 PCC 等世界顶尖衬布，所以才会有 "ACE" 品牌在中高档衬布领域里独树一帜，与海内外一众知名服装品牌强强联合，建立紧密合作关系，产品远销世界各地。

多年来，正因为江淮衬布一直与时代同频共振，才能稳稳地坐上 "中国衬布十强企业" 和 "中国优秀服装企业制造商" 的宝座，刘建也高票当选中国产业用纺织品行业协会衬布材料分会副会长和中国服装协会服装辅料专业委员会副主任。

与时代同步，与创新同行。对于江淮衬布来说，新的格局正在时代的 "梦工厂" 中谋划重塑。这需要一股力量，为新格局奠基，为大梦想蓄力。对刘建来说，女儿刘佳的加盟，公司内一批新人的成长，已经为企业迈上一条从传统要素驱动发展向创新驱动发展转变的新路铺平了道路。

新时代的江淮衬布，已经积蓄了足够的能量，正鼓起风帆，阔步向新的目标远航。

天作之合话俞平

——南通天合包装的"合"字今生

云 墅

一袭袭靓丽的衣裳、一件件精细的产品、一桩桩有质感的货物，最终都需要一套精美而坚固的铠甲——包装，然后以专业的仓储和物流，安全、快速、高效地送达客户的手中。

南通开发区就有这么一家为产品打造铠甲的包装公司，公司拥有国内先进的纸板流水线，4台（套）全电脑四色印刷开槽机一级模切、粘钉自动打包联动线，最先进的一整套纸箱检测设备，可以说它的生产规模和科技化程度在南通业内已是翘楚，它，就是远近闻名的南通天合包装有限公司。

俞平近影

说起"合"字，董事长俞平曾俏皮地说："你问为何起'天合'这个名字，天作之合嘛，包装与产品的天作之合。"确实，如果回顾和展望天合包装的过去、现在和未来，你会惊奇地发现，"合"字还真是天合包装公司的关键词、幸运字，无论是天意与人力的天人之"合"、父亲与女儿的齐心"合"力，还是企业发展与党建工作的水乳之"合"，"合"的哲学都体现得淋漓尽致。

天人之"合"，从拓荒到腾飞

说起天合的创业故事就不得不从创业者俞平的生平说起。俞平是"60后"。他出生那年，正是1959—1961年三年国民经济困难时期的第二年。万业凋敝，民生艰难。农村是重灾区，每一个家庭都在生死线上挣扎，此时添丁，对于一个随时都会崩溃的家庭来说无疑是雪上加霜，而对于这个生不逢时的婴孩来说，简直就是苦难。俞平两岁时，父亲背井离乡去大连打工，料理家庭的重担落在母亲肩上，可是母亲还要和男劳力一样下地挣工分，只好把幼小的俞平托付给外婆照顾。由于缺吃少穿，外婆又年事渐高，疏于照料，俞平生了一场大病，全身皮肤大面积溃烂，危及生命。那个年代，缺医少药、条件艰苦，贫穷的农村家庭又没有钱，外婆就只好求助于民间中医。老中医只提供了一味草药名称，让他们自己去找寻。功夫不负有心人，外婆终于觅得"仙草"，草药煎水，内服外敷，俞平终于病愈。用俞平自己的话说，"简直是捡回来一条命"。后来弟弟妹妹相继降生，一家有九口人，只住三间草房，一张床上兄弟四个人睡，餐桌上也永远只有稀饭和咸菜。年少的俞平除了上学之外，每天都要出去割猪草，以分担家庭压力。俞平说："这也许就是老天的意思，'天将降大任于是人也，必先苦其心志，劳其筋骨，饿其体肤'嘛！"是啊，如果没有童年这些苦难的经历，又如何能养成俞平坚毅的性格？

1975年，俞平出落成一个少年，到了该读中学的年纪。那个年代的中学都在乡里，对于一个村里的孩子，想要去乡里读书，需要由村里推荐，而且名额紧缺。俞平自小品学兼优，又能吃苦耐劳，他公平地获得了这个仅有的读书名额。更幸运的是，俞平在中学的求学过程中遇到了他人生中第一个启蒙恩师钱惠民。钱老师不仅师者仁心，慈祥可亲，还特别擅长传道解惑，他以春雨润物、循循善诱的教育教学方式启发了俞平的理想，培养了俞平各种良好的品质，比如热爱学习就是其中的一种。至今俞平仍保持着积极学习的习惯，就是再忙也要抽出时间参加各种研修，这为他不断了解和接受新信息、新技术，并保持敏锐的触角和旺盛的创新能力提供了可能。

1977年，俞平中学毕业。那个有着九口人的家依然一贫如洗，弟弟妹妹年纪尚幼，爸爸妈妈也没有更多的机会和本事。他无奈选择了辍学，白天劳动挣工分，晚上就组织起村里的文艺活动，并搞得风生水起。是金子总会发光的，无论这个环境中的土地曾是多么贫瘠、资源曾是多么匮乏。俞平的努力不仅解决了全家人填饱肚子的问题，他还获得了十里八乡的好名声。20岁那年，俞平被分配到工厂铸造车间，当上了一名清砂工。他不再是一介农民了。他有一个特点就是做任何事都特别专心，寸步不离地跟着师傅，他的钳工水平很快得到提高，不久就被调到车床车间学习技术，还当上了车间主任。俞平凭借着坚韧不拔的努力，生活的苦难正在退却，而命运也迎来了柳暗花明，天意与人力的天人之合素来就是颠扑不破的真理。

1988年，南通开发区成立南通开发区包装厂，成立的目的是安置国家征地拆迁的农改居人员。然而一年之后，包装厂却由于经营管理不善，陷入发展困境。开发区成立工作小组，进厂开展调查，对症下药。俞平担任调查组组长。半个月后，俞平撰写出一份报告，把企业存在的问题以及他对此的建议和措施都详细进行了陈述。1990年，他被任命为南通开发区包装厂厂长。此时包装厂账面上自有资金仅 443 元，而债务却有 10 万元之巨。家人和朋友都劝俞平不要接手这个吃力不讨好的事情，但临阵退缩从来都不是俞平的个性，他毅然临危受命。他的心中早有计划。第一，取得领导与上级管理部门的全力支持；第二，建立起新的管理体系，一方面进行职工主人翁意识的教育，另一方面形成严格的考核机制，增强职工责任感，并将责任落实到人；第三，想办法筹措资金，让企业尽快运转起来；第四，积极开拓市场，不仅供销人员，他也必须亲自带队，到外地联系业务；第五，也是企业生存和发展的核心部分：打造质量过硬的产品。为此，俞平制定了一系列包括分配制度、奖惩制度、设备管理制度和工艺操作流程等行之有效的管理措施，同时积极带领技术骨干走出去学习，邀请技术人员上门辅导，帮助员工学技术、学文化。经过这一系列重磅出击的组合拳和时间的积累，包装厂取得了骄人的成绩。20 世纪 90 年代初，包装厂率先获得《出口商品运输包装质量许可证》《出口危险货物包装容器质量许可证》和《瓦楞纸箱产品生产许可证》，是全省 130 多个包装厂中第一批拿到外贸商品包装许可证的企业。随着与中日合资南通时装公司、工贸联营南通帽厂等外贸企业建立了合作业务关系，包装厂的纸箱、纸板等包装载体也随之飞向了全世界各地，可以说是真正实现了包装与产品的天作之合。1996 年，包装厂创造产值 1000 万元，利税近 100 万元，同时在省、市相关部门抽查中，产品合格率达 100%。

  1996 年四季度，包装厂企业改制工作全面展开。此后一直到 2005 年，包装厂先后经历三轮改制，先是工厂全员持股，而后是只留管理层持股，再然后是完全剥离员工持股和管理层持股，实现企业全面私有化。在这近十年的改制过程中，俞平又一次体会到了人生的艰辛和人情炎凉。他在稽查局待过、办公室被砸过、被起诉过，甚至到了众叛亲离的地步。他后来诙谐地说，全中国企业改制发生的大事件在我身上都发生过，我什么也没留下，就留下了一条命。

有趣的是，在"命"这个问题上俞平的经历还真是离奇。1993年，在包装厂发展正势如破竹之际，俞平却被医院预判了"死刑"：肝肿瘤！这在其他人看来简直是天塌下来的事情，但俞平很乐观："如果上天非要我这条命，我难过与快乐都是一样的结果。"俞平果断做完肝肿瘤切除手术，然后只进行了一次化疗，就回到了厂里，像没发生任何事儿一样辛勤工作。也许因为他自小生的那场病是被中药治好的，俞平对中药非常信任。长肿瘤不是小事，不化疗了，但可以用中药治疗。说也奇怪，将中药碾成粉末装在胶囊里和水服用，一直坚持，他的肿瘤竟痊愈了。直至今天，俞平都保持着每天服用自制中药胶囊的习惯。用他自己的话说："老天不收我，既有天意，也有我的努力，我是'天人合一'的产物，我的事业也一定会因此而蓬勃发展。"

果真，在俞平永不言弃的坚持和努力之下，2005年，包装厂改制终于尘埃落定。南通市开发区包装厂正式更名为南通天合包装有限公司。然而事实正如俞平所言，原厂什么也没给他留下，只留给了他一条命，一切都要在零的基础上从头再来。但俞平不后悔，他贴切地打了一个比喻："这就好比一条冬瓜，当它50%甚至80%都已经烂掉的时候，你就必须有壮士断腕、不留尾巴的勇气将腐烂部分彻底切除，不管付出多少成本、多大的代价，哪怕只剩10%的冬瓜，我们也可以使它长出新的瓜来。"

事实证明，俞平的永不言弃是正确的。在彻底解决了内讧和负担之后，从2005年到2010年，企业以轻盈高效的姿态迎来了快速发展。2011年，俞平投资600万元进行技术改造，将原有的1.6米宽幅生产线改成1.8米的新型纸板流水线。2017年，俞平在开发区谷东路购买新地，建成新厂，占地面积40000平方米。目前，公司共有华兴路和谷东路两个厂区，员工160人。公司于2017年获得"江苏省高新技术企业"和"南通市科技型中小企业"称号；2020年被江苏省新闻出版局授予"印刷示范企业"称号；2021年获江苏省批准为"两化融合服务平台";2022年5月,成功登陆"江苏省股权交易中心成长板"。公司业务主要分为成品纸箱和半成品纸板两大板块,两者业务比例约为2:8,成品纸箱利润较高,而半成品纸板市场需求量大,两者相辅相成,共同构成了企业的收益平衡。

天合包装完成了从拓荒到腾飞的过程,也是俞平平凡人生跌宕起伏的过程。不管有多难,它的主旋律都永远是昂扬向上的,充分体现出一个中国成功者之所以成功的规律:天人合一。

父女"合"力,从传承到创新

中国自1978年实行改革开放以来诞生了很多优秀的企业,当来到21世纪,"创一代"基本都会考虑如何将企业的衣钵传承下去。天合包装也不例外。2017年,俞平已年近耳顺之年,自己早年身体并不健壮,同时公司又拿下新地,开疆拓土,除了硬件建设,软件建设也亟待进一步拓展创新。无论是从哪一方面考虑,公司传承和创新的问题都被提上了日程。

彼时,俞平的女儿俞佳丽入职南通开发区群工部已有7个年头。她在团委、妇联、商会和工会工作中均表现卓越,任职期间连续两年荣获江苏省工商业联合会颁发的"信息宣传服务先进个人"的荣誉,还先后获得南通开发区团委"青年岗位能手"、南通开发区总工会"五一巾帼标兵"等荣誉称号。可以说俞佳丽的工作成绩是卓然的,工作前景也是一片灿烂。俞平一向尊重女儿的选择。他特地召开了一次家庭会议。俞佳丽有过一瞬间的犹豫,但很快就明确了自己的心意,她选择接过父亲的接力棒,以父女之合力,将天合包装创新并传承下去。

俞佳丽自小所受的教育是严厉的。这种严厉的教育不仅来源于父亲的言传,也来源于父亲的身教。俞佳丽小升初时,正逢俞平担当起开发区包装厂厂长的重任，俞佳丽被父亲不由分说地送到了远在平潮镇的寄宿学校。一个才十三四岁的小女孩，从此要面对独立生活，俞佳丽当初是恨的，恨父亲狠心，但多年后，当俞佳丽也像父亲一样挑起企业的担子时，她却对此充满了理解与感恩。其实正是这种似乎六亲不认的严格教育培养了俞佳丽像父亲一样坚定执着的行事风格，同时俞佳丽有作为女性的细腻温婉，还有"85后"新生代的现代思维与做法，也给企业注入了不一样的风采和新的活力。

从 2017 年加入天合团队开始，俞佳丽就从基层做起，和公司所有员工一样上班作息。无论是土地挂牌领证、厂区规划设计施工到竣工验收，还是设备选购、安装调试到生产，再到开拓市场、内部管理，她都积极参与，开动脑筋出谋划策，从不叫苦。天道酬勤。天合包装新征程在父女齐心合力的打造和经营之下，一飞冲天。2017 年公司产值就达 3000 万元，利税 220 万元，除此之外还获得了"江苏省高新技术企业"和"南通市科技型中小企业"的荣誉称号。到 2020 年时，短短的三年时间，公司产值已提升到 2 亿多元，利税 1100 万元，同时在这三年间，公司在技术、管理、市场开拓等方面都进行了全面的创新，通过了多种行业质量认证，并斩获各种重量级的荣誉称号。可以毫不夸张地说，父女的倾心"合"力正展现出无比的威力，俞平自豪地说："五年前女儿开始接班，近两年已开始挑大梁，我可以安心做'太上皇'了。"从传承到创新、从创新到传承，俞平父女以实际的工作业绩做出了卓越的典范。

水乳之"合"，从企业发展到党建工作

如果说"合"是天合包装发展史中的关键字，那么企业发展与党建工作的水乳之"合"是不得不重点提及的一部分。事实上，从踏入天合总部工厂的大门开始，一股热情奔放的红色浪潮就扑面而来。

俞平（左三）陪同领导参观公司

　　厂房大楼墙上的八个大字"不忘初心、励志奋进"赫然醒目，令人肃然起敬。当来到办公大楼二层时，那种荡人心魄的红色气氛就更让人心潮澎湃，激动不已。对，那是天合包装的党建会议室、党员活动室和荣誉陈列室！

　　天合包装的红色基因其实从诞生之时就已具有。1986年，那时还是铸造厂一名车间主任的俞平被表彰为"南通县新长征突击手"，同年俞平光荣地加入了中国共产党，也在同年，俞平成为南通开发区一名消防指导员。消防员生涯虽只有两年，但这种经历打造了俞平军人一般对党和国家坚毅忠诚的品质。1990年，俞平刚开始接手开发区包装厂后，就立即成立了党支部，经过数年的发展，公司已拥有十几名党员，这对于一家民营企业来说已殊为不易。共产党员是谁？共产党员是人民的公仆，作为共产党员就要把为人民服务具体落到实地。2007年，在工商联加快推进全市商会建设的背景下，南通市包装行业商会应运而生。俞平主动承担起商会的建设工作。十多年来，商会从30人发展为近200人，还成立了木质分会、辅料分会，商会不仅共同研究行业态势，共谋发展，还着力于提升企业家的社会责任感，积极组织他们参与社会公益事业。作为商会会长的俞平说："我们经常会把企业和商会联合起来搞活动。组织大家参观红色教育基地，资助贫困学生等。"除此之外，公司本身也一直在以党员的标准不间断地回馈社会。公司近年来捐款达 200 多万元，积极响应省委、省政府"万企连万村，共走振兴路"的号召，先后与连云港市东海县安峰镇小稠村和石湖村签订帮扶协议，为推动新时代乡村全面振兴贡献民企力量。

作为"创二代"的俞佳丽，一如既往地传承了父亲的红色基因，甚至青出于蓝而胜于蓝。2020 年，她带领公司党支部响应团省委号召，和团市委一起到连云港参与了"青春四进、建功乡村"的活动，并捐助了贫困学生；新冠肺炎疫情期间，她带领党员干部克服种种困难，圆满完成市防疫指挥部下达的紧急复工任务；党的二十大以来，她多次组织党员认真学习习近平总书记重要讲话精神，实地走访张謇故居，在追忆先贤的过程中，更清晰了新时代企业家需要传承的家国情怀。

经过多年的党建工作，南通天合包装有限公司先后获得南通市"文明单位""党建工作示范点"以及南通开发区"五星党支部"等荣誉。由俞平担任会长的包装行业商会党支部、由俞佳丽担任执行会长的开发区青商会党支部也被市工商联联合党支部授予"商会党建工作先进党支部"的称号。

"初心不改，励志奋进"。南通天合，将"合"的哲学演绎到极致，在今后的征程中，它还将赋予"合"更多的意义。

一根织带两代情

——江苏金秋集团的赓续佳话

云 墅

在南通的江苏金秋集团总部大楼上，矗立着金秋公司巨大的LOGO。其造型像中国结，颜色也以中国红渲染，远远看去，醒目而喜悦。

说起这个LOGO的设计，金秋公司总经理何平娓娓道出了其中的含义："以体现织带行业特点的带子为设计元素，盘绕成金秋品牌的首字母缩写"JQ"，同时也构成了一个'∞'的符号，是为中国的吉祥数字'8'。LOGO织带的缠绕中还绕出两颗爱心，因为'金秋'之名的源头即是爱，创始人也就是我的父亲何金清名字中的'金'，加上我母亲名字中的'秋'，是爱的体现，也是爱的编'织'。而爱的编织是可以无限延伸和传承的，正如我们的企业如今已从爱家人演变到爱员工、爱客户、爱企业、爱国家，我父亲织带事业的接力棒也已交到了我的手上。金秋将不断夯基、接轨和传承。"

接班传承

江苏金秋弹性织物有限公司成立于1991年，创始人是如今金秋公司掌舵人何平的父亲何金清。何金清是名军人，他从部队退伍后，

金秋厂区一瞥

被分配到乡镇工厂工作。乡镇工厂从事的是织带生产。有一次机缘巧合，何金清去温州出差，当他走在温州的大街小巷时，温州热闹的市井人气、繁荣的市场景象深深吸引和打动了他。时值改革开放大约第十二个年头，沿海民营经济正快速发展，尤其是温州的民营经济，他们嗅觉灵敏、起步早，发展迅速，可以说是全国民营市场经济的领头羊。相较于温州，南通还有些不温不火，但无论是国有企业改制还是自我创业，也明显显露出一股股跃跃欲试的热情。在这种里外两相刺激的情境之下，何金清回通之后，毅然决定自己办厂，就从生产普通织带开始。自家两层的小楼里隔出一间做"车间"，再购买一台机器设备，金秋织带公司就这样诞生了。

　　活跃的市场充满新生力量，到处都是订单和机遇，再加上何金清潜心经营，公司发展迅速，金秋织带很快脱离了"小楼独成一统"，而是迁到办厂环境相对更宽广的南通县五接镇、平潮镇。2000年，公司由生产单一的普通织带开始发展成生产各种提花织带，成为江苏省最先生产提花织带的企业之一。2004年，公司又一次转型升级，专业生产内衣用织带及花边。2007年，公司搬迁到南通市港闸区长

何平近影

江北路388号，总面积25000平方米，进一步扩大了产能，提升了品质，实现了从量变到质变的飞跃。

此时的何平正在美国新泽西理工学院研读工商管理专业。何平是妥妥的"80后"，和绝大部分"80后"孩子一样，何平是看着《黑猫警长》和《忍者神龟》长大的。1991年，父亲白手起家创办工厂，何平才7岁，刚到上小学的年纪。在人们的常规认识中，"富二代"就是衔着金钥匙出生的。其实不然，何平作为一个"富二代"，他的学习生涯都是漂泊不定的，父亲的厂开在哪里，他的少年就在哪里。还好，何平仿佛天生就是个学霸，他也笑言他们家族里都是读书的料，像他这样的学历都很普通。果然，成功的人除了机遇与努力，天赋也是不可或缺的。他高中毕业即考入上海对外贸易学院国际贸易专业，这对于一个江苏南通的考生来说是非常优秀的，同时，所学的国际贸易专业也仿佛从一开始就注定了他将来要接过父亲的衣钵，将织带事业从国内做到全球。

2009年，何平学成归来，成为一个名副其实的"海归"。以他这样的学历背景，去任何一家跨国企业，都是前途无量的。何平也曾经有过一时的犹豫。但早在前一年，也就是2008年，父亲的企业在搬迁到新址之后，从内到外都显示出一种力不从心，发展低迷。一则2008年全球爆发金融危机，外部环境动荡不安、扑朔迷离，这对外贸企业来说是一种不安定因素；二则公司自搬入新址后，急需新鲜血液，扩充人才，改革旧的管理机制以适应新的发展需要。何平最终决定加入父亲的公司，助父亲一臂之力。"织带行业，你别看只是一根细细的带子，其实专业性非常强，它绝对是技术和经验都很密集的行业，就是到目前为止，我也只是懂了一点点皮毛，更别说刚加盟的当时，简直是一窍不通。"何平笑着说道，"我就只好一天到晚跟在父亲身后熟悉业务，同时还下到车间第一线看、听、问，向工人、车间主任和管理层员工虚心学习。如今他们和我都是亦师亦友，打成一片、肝胆相照，根本没有所谓老板和员工的鸿沟。"

开拓创新

经过3年的学习，何平已经胸有成竹。2012年，金秋成立了一家工贸公司，父亲准备去管理新公司，而把更多的历练机会和发展空间留给何平。从2012年到2015年，何平下大力气改革原有的管理机制，改变事必躬亲、责任不明的旧的管理模式，根除人才老化导致的接单、跟单局限，大胆引进新生代人才，建立一支高质量、高效益、高忠诚度的多部门管理团队。经过3年的尝试和努力，公司各部门终于有了明确的分工与合作，而且部门之间从主管到业务骨干再到优秀员工也层层分级，明确各自的责任和义务，从根本上改变了父亲"创一代"时企业老、残、旧、慢的现状，增强了企业活力。

有了一支严谨有序的管理团队之后，何平得以从繁琐的内务中脱身。他开始制订计划,拜访客户,主要着力于开拓国外市场。对此,他有自己的观察和分析:父亲起家时,基本做的是内贸,而南通本土的服装企业以生产时装为主,对弹性织物这类广泛应用于内衣和运动服装的辅料需求量并不大,相对来说,国外却有很多知名的内衣和运动装品牌,海外市场才是广阔的蓝海。何平自豪地总结说:"我觉得我给公司带来最大的一个改变就是外贸业务的增加。最早的外贸是从孟加拉国做起的。我有时带领团队,有时只身一人,从2015年开始几乎跑遍了全球我觉得会存在客户的地方。2019年,我平均每天有45分钟在飞机上,每个月都会出国。2021年10月份的时候,我一个人拜访客户,能拜访40天,身上随时带着干粮和代餐。如今日本的迪卡侬、无印良品,欧美的CK、Tommy、阿迪达斯、玛莎都是我们公司的客户。"何平在出差的过程中不仅赢得了客户,还能及时了解到行业动向,他充分利用语言和专业所长,与外商无障碍交流,久而久之,许多客户都从良好的合作伙伴变成了永久的朋友。在何平的工作相册里留存有大量珍贵的瞬间,除了与客户进行商务洽谈和浏览国外市场的工作照片之外,还有很多是在快乐地玩耍和笑谈,而这些一起玩耍和笑谈的人既是他的客户又是他的朋友。

近年来,虽然全球经济环境疲软,金秋发展势头却非常迅猛,并呈现出逆势增长,平均每年业务量按20%递增。何平犹记得在他入职公司的第二年,公司的产值是3000多万元,而到2021年的时候,产值已达到了3亿元。在大约10年的时间里,公司产值增长了10倍,这对于并不是"大鱼"的织带企业来说,不能不说是一个传奇。早在2017年,金秋就对筹建境外分公司作出了部署,这对金秋进一步走向全球具有重大的战略意义。何平透露,公司已投资了500万美元在孟加拉国动工建厂,预计会在2024年投入生产。在这之前,何平做了充分的调研工作,他曾先后十余次赴斯里兰卡、孟加拉国考察,了解当地市场行情。那里有4500家服装厂,金秋的客户可能只有不到 100 家，占比才 2.2%。保守一点说，如果金秋只想占据 5% 的市场份额，那么开拓孟加拉国的市场就有比现在多 10 倍的空间，这简直是一块巨大的蛋糕。何平在理性之余略显激动地分析道："孟加拉国劳动力非常低廉，但土地、基建、运输和税收成本都很高，在孟加拉国建厂生产还需要将所有原料从国内出口，需要派驻技术人员，比起在国内生产加工，成本其实并未降低，甚至会有很大提升。同时，孟加拉国的营商环境堪忧，交通拥堵、效率低下，贫富悬殊造成物价高企，政府腐败也比较严重。但是孟加拉国的订单太多了，而且工厂规模都很大，不少从零起步的公司，三到四年就可以发展成为有三四千名员工的大型企业。我们熟悉的比如 H&M、ZARA 等服装品牌都是在孟加拉国生产的，内衣、运动类服饰都会用到我们的织带、绳带，那里的市场需求量确实非常大。而且我去拜访他们时，可以直接开诚布公跟老板谈，避免了类似国内应酬喝酒找关系。所以权衡利弊，我们认为在孟加拉国办厂，前景非常广阔。"

如果说客户与订单是何平纵横千里收获来的"米稻"和"粮食"，那么强大的生产能力以及后勤保障则是"巧妇"，有了巧妇才能烹饪好一道道大餐。何平对生产环节的重视程度不亚于他对海外的开疆拓土。虽然他曾谦虚地说，迄今为止，他对于织带的专业认识还只是皮毛，但事实上，说他是一个织带专家毫不夸张。这从他对生产的改革和投入方面便可得到验证。

"织带行业专业性强，技术难度高，有倍捻、包覆、染纱、整经、针织、梭织、染色、检品包装等十多个环节，有的先染再织，有的先织再染，工序非常复杂，任何一个环节出现问题，都要进行全方位和全过程的倒查和筛查。这些原因其实制约了这个行业的企业数量，就像一座对生存非常具有挑战性的高峰，只有少数的勇者和智者才能生存。金秋就是这样一家勇于接受、面对甚至张开怀抱拥挑战的企业。它正是以它的坚持和独特的优势，快速崛起。如今经过这些年的发展，企业的技术力量和生产规模都面临转型升级，但除了在客户云集的孟加拉国建厂外，金秋不会盲目扩张，而是在现有的规模基础上，进行硬软件的淘汰升级，旧设备更换新设备。公司大刀阔斧，投资了1.2亿元人民币，引进瑞士、法国、意大利、德国等及中国港台地区的世界先进织造生产设备，从染整、织造到测试、包装，全面实现自动化和规范化，以此大幅度提升效率和产能，应该说今后主要的生产阵地和后方补给还是在中国，孟加拉国的工厂是作为前沿阵地，攻城掠寨。"

践行责任

作为一个企业，不管是传承上一代基业还是白手起家，"人"都是最重要的因素。何平对此有非常深切的感受，无论是在生产一线的工人，还是在办公室的管理人员，何平都和他们亦师亦友，该严格的时候严格要求，该照顾的时候温情照顾。"坚守良知、匠心品质、客户满意"是金秋对产品与客户的承诺，而"员工向往"则是金秋对员工的培养和塑造。正是在这种朴素而扎实的企业精神文化的引领下，金秋每月末都要为当月生日的员工过集体生日；每年末的企业年会也是重头戏，员工自编自排、自导自演，节目精彩纷呈，欢声笑语；平时则经常举办"技能比武""读书分享会""道德讲堂""消防演练"等既能提升工作技能，又能丰富精神娱乐的活动。同时，金秋实行合伙人与奋斗者机制，鼓励员工以金秋为平台逐步依靠自己的努力实现人生的幸福生活。

金秋还专注于为员工提供"努力工作、快乐生活"的便利条件。金秋有所特殊的幼儿园，一办就是四五年。幼儿园生源都是金秋员工的孩子。每天安排两趟幼儿园校车，接送孩子上下学。孩子人数基本在30人左右。幼儿园有2位专职教师、3位兼职教师，专门为在金秋工作的员工照顾孩子，主要时间是在孩子放学后以及漫长的寒暑假。公司每年为此花费 30 万元，对员工不收一分钱，全部免费。"'社会认可'是我们公司企业文化中对于社会责任的要求。我们要努力做一个让政府满意的企业。政府对于金秋的扶持力度很大，比如我们每年都要出国参展，费用高昂，但政府会给我们 50% 的补贴，这是非常大的支持，我们理应加倍回报社会。回报社会应从关爱员工开始。"金秋的员工一般都是外地人，还有的是少数民族，金秋专门为他们设置了清真食堂，尊重和照顾他们的信仰习惯。金秋秉承多劳多得并且立木为信：一个车间主任在金秋只要努力工作，两年后就可以在南通这块江海平原上的富庶之地置业成家，跨入真正的有产阶层，成为城市新市民。

除了对员工的激励和关怀外，金秋公司还积极履行社会责任，并形成常态。公司组建了一支志愿者服务队，从 2012 年开始，就深入困难群众家里慰问并倾听他们的呼声。公司还积极牵手南通民族中学，为青海、贵州、云南等边疆地区捐去了大量的钱物与书籍。

何平年轻激情、开拓进取。他在接过父亲的接力棒之后，进行了大胆而不乏沉稳、老到而不乏灵动的改革创新。金秋公司在他的领导之下，客户和订单源源不断，生产产能和效能也不断攀升。东南沿海的广东和福建一带生产织带的企业，虽然起步早、发展快、实力足，但近两年已经被金秋公司超越，这在长江以北是首屈一指的，在全国范围内亦已跻身前十。金秋公司在何平的带领下，一边高速平稳发展，一边积极践行社会责任。经过多年对于金秋初心的传承与创新，公司已形成了富有自己特色的企业体系。由此，公司先后获得"江苏省高新技术企业""江苏省研究生工作站""江苏省民营科技企业""南通市工程技术中心""南通市企业技术中心"等诸多称号。而何平本人也先后获得"2016 年度港闸榜样""十大年度人物提名"等荣誉。除了江苏金秋弹性织物有限公司总经理的身份之外，他还拥有了更多其他的身份：南通市政协委员、南通市工商联执委、港闸区工商联（总商会）副会长、民建南通市委委员。

何平无疑是"80后"一代中的佼佼者，他以实际的努力和聪明才智谱写了一段企业"富二代"的赓续佳话。但这一切在何平看来，不是骄傲，而是更多的责任和担当；不是满足，而是新的开始和永不停歇的新征程。金秋、何平，爱与初心，永远在路上。

踏浪赶海开大船

——"衬布大王"唐新东的商海传奇

新 云

1984年,南通被党中央、国务院列入中国第一批十四个沿海开放城市之一后,江海大地开始出现一片蓬勃生机的新景象,这里的人们一批接着一批开始经营起家庭作坊,从家庭作坊继而升级为公司,公司规模不断扩大及集聚,形成了一个又一个产业链。

南通纺织产业,就是江海大地产业链中的一艘航母,几十年来,劈波斩浪,砥砺前行,在国内外产生了积极而深远的影响。江苏衣依新材料有限公司掌门人唐新东,以其传奇的商海经历和卓越的决策头脑,开辟了高端衬布、高端服装面料新领域,并成为行业领域的领军人物,连续10年摘得"中国衬布行业十强企业"桂冠。

沧海桑田,他汲取了蓬勃向上的创业能量

唐新东的老家南通通州正场镇,濒江临海,这片土地上的人们感受到江涛涌动和大海澎湃,并不断在江海大地得到繁衍和传承,造就了一代又一代江海儿女搏击风浪、勇毅前行的优良品质。

1984年,15岁的唐新东跟着父亲来到南通农场贩卖西瓜,和大人们一样骑着脚踏车,车后座两边各外挂一只编织筐,装满了西瓜,

往返于农场到南通的路上。西瓜卖不完,就干脆睡在路边,一来可以招呼夜里买瓜的客人,二来可以节约第二天去农场的时间,就这样,他在潜移默化中养成了坚毅的性格。虽然身体很劳累,但他第一次看到城市的繁华、城里人的光鲜亮丽,第一次看到了壮阔的长江。"走出去"的梦想在少年唐新东心中埋下了种子。

初踏商浪的唐新东不再满足于贩卖西瓜。随着年龄的增长、阅历的积累,唐新东的经营思路变得越来越宽广。16岁那年,他的亲戚高中毕业后考到了机动车驾驶证,挣得了一份令人艳羡的工作,那就是他的榜样。功夫不负有心人,18岁那年,他历尽千辛万苦终于取得真经——机动车驾驶证。

这一张驾驶证,恰似唐僧西天取经的通关文牒,打通了唐新东涉江猎海走向新世界的通道,一次次的努力,一次又一次的幸运扑面而来。他的第一份工作是在兴东运输站做大货车司机,而后又争取到在兴东绣衣服装厂当小车司机的机会,在那里,无论是同事还是客户,只要有运输、搬运的活儿,他都会无条件地给予

唐新东近影

帮助。一来二去，他的人品在南通服装行业内得到了认可，这也为他日后顺利创业打下了坚实的人脉基础。同时，他经常到南通纺织品进出口公司拿资料、接送客户，与各大供应商接洽，机场提货的他也在不断地学习、思考，孕育着创业的梦想。

商海沉浮，他练就了驾驭远航的卓越胆识

胆识，是唐新东对智慧的发掘和开拓最浓墨重彩的底色。

1988年，南通家庭作坊式的纺织行业正值红火，唐新东的印刷厂也应运而生。订单大多来自唐新东过去所结交的老朋友和老东家。凭借着杰出的销售才能和在业内良好的口碑，他的生意异常火爆。这时，一家烟花厂的老板抛来了数十万张烟花纸的大订单，彼时的他并不知道烟花包装纸是属于消防安全管辖的"特殊产品"，受公安部监制，要有特殊行业生产许可证。也正是这张大订单捅了"马蜂窝"，公安局的一纸传票让唐新东一夜之间陷入了无边的黑暗。工厂被查封，这次创业的失败差点击垮了他的意志，他痛定思痛，一周时间闭门不出。

然而，商海浪潮并没有遗弃这个时代的宠儿。就在他一蹶不振的那些日子里，海门一家缝纫线厂慕名递来了橄榄枝，邀请他担任销售经理，而唐新东也竭尽所能，为该厂贡献了数千箱缝纫线的首单，企业因唐新东的助力风生水起。

一次偶然的机会，唐新东了解到一个关于服装衬布、纽扣和拉链的订单信息，敏锐的经济头脑让他感知到这是一个绝好的机会。唐新东一直奉行执行力就是第一生产力，他在毫无准备的情况下当即与客户进行商谈。随后亲自前往上海、浙江等地找货源，为了能争取更优惠的价格，与供货商签订了长期合作关系。当供货商将货送到时，唐新东苦于没有充足的现金支付货款，嘱咐家人招待好供货商，为其

争取时间奔走如东、启东等地服装厂,以薄利现款销出,这第一单辅料贸易最终三方共赢。唐新东赚取了人生真正的第一桶金,也自此开启了服装辅料贸易之旅。

在服装外贸出口业务蓬勃发展的南通,服装辅料市场供不应求,他想何不自己开办衬布工厂呢?一来可以最大限度地控制成本,二来可以更好地做好品控。做好这两点,又何愁没有客源呢?唐新东便萌生了自主生产的想法并当即付诸行动。

1990年初,他在老家正场租了厂房,以10.8万元购置了第一台生产无纺衬布的撒粉涂层机,迈开了开办衬布厂的第一步。这从0到1的起步,对大多数人来说何等艰难,却难不倒胆识过人的唐新东。他常说治大国如烹小鲜,开个衬布厂也大抵如此。真如"烹小鲜"一样,那时没有成熟的生产工艺,唐新东亲自冲到生产一线,带领员工不断地反反复复做试验,历经数月终于收获了真知。

1993年,随着生产需求的加大和业务发展的需要,唐新东将蜗居在乡镇的衬布工厂迁到南通市,同时新增衬衫衬粉点涂层设备一台,完成第一次产业升级,正式将工厂注册为南通新业衬布厂,意为新东的事业。

在接下来的3年时间里,他在全国各地招兵买马,在各大城市建立办事处。不安于现状的他又想向中高端市场迈进。他坚持以高品质、合理的价格、优质的服务赢得客户的信赖和良好的口碑。要想产品质量更上一层楼、保持稳定,还需要做产业前伸,投资前道设备、配套生产。

1996年,恰逢集体资产转型,唐新东购买了南通五一棉织厂,新增定型设备一台、织布机86台,完成了二次产业升级,自此,实现了除漂染外,自主化生产。此时的产品结构丰富、质量稳定、价格合理,他认为是时候实现"走出去"的梦想了!他亲自带队,"征战"海内外,参加了孟加拉国举办的第一届服装面辅料展会,也是唐

衣依衬布厂区一瞥

新东第一次参加展会。继而便一发不可收，他一年中前往印度、巴基斯坦、以色列、沙特阿拉伯、迪拜等国家相继参展，开拓海外市场。彼时一些海外国家的时局动荡，社会治安堪忧，但唐新东坚守信念，无畏地在海外大力开拓市场。终于，在1997年创下4000万元销售额的傲人业绩。

2002年，国家大力推广工业园区，唐新东果断在南通开发区小海镇拿下了100亩土地新建厂房，新增烧毛设备、退煮漂长机各一台，华丽完成第三次产业升级，打通了从织布开始的衬布全产业链生产，南通新业衬布厂更名为南通衣依衬布有限公司。通过多年的努力，厂容厂貌已发生了翻天覆地的变化，产品品质也达到了国际标准，外贸业务逐渐增加，同时还获得了海外客户的认可，成为买家指定的供应商。在新厂区，实现了从年产4000万元到年产8500万元产值的飞跃发展。

2004年，唐新东收购工农棉织厂，扩大了织布产业规模，向突破亿元产值进军。唐新东以锲而不舍、铿锵坚定的步伐迈上了创业的新高度。他掌舵的事业大船劈波斩浪，驶向更为广阔的商海。

商海无限,他打造了劈波斩浪的行业航母

气场是一种强大的内在动力,它更像一种磁场,有强大气场的人,从不刻意表现自己,他哪怕是静静地站着,也能显示出自己的与众不同。与此呼应的是,唐新东凭借他坚韧的性格、过硬的技术及坦诚的人格魅力,征服了全球衬布与面料界的"大腕"。"众望"成就了他事业成功的"塔尖"。

想要突破亿元产值瓶颈,必须要有核心竞争力的产品为企业的发展续航,于是,他开始调整开发客户方向,向高、精、尖客户群看齐。他首先选择的就是中国香港的两家业内顶级衬衫制造企业:溢达、联业。

2006年,衣依衬布成立了衣依衬布(香港)国际有限公司,在与溢达和联业的接洽初期,开发工作异常艰难,因这两家企业大多承接的是欧美知名衬衫品牌的代加工订单,品牌方有推荐的欧洲衬布供应商,且这两家企业对中国制造的衬布品质评价不高。经过衣依业务人员多次的真诚拜访,香港联业公司终于愿意展示他们正在使用的欧洲专利衬布产品,业务人员如获至宝地将样布转交唐新东。接下来就是唐新东的至暗时刻,他拿着这块样布仔细研究,发现特殊之处在于涂层面。他反复尝试更改涂层辊的大小,加大涂层设备的压力,调整工艺,终于外观有几分相似了。满怀期待地提交样布后,联业告知这并非他们所要的产品,他们所使用的衬布涂层不是由传统的粉点涂层设备制成的,它的涂层面是完整的膜,与底布复合而成,被称为网膜衬,而所使用的网膜也是欧洲进口的。得到这一关键信息后,唐新东立即调整开发思路,线上、线下找遍所有关于复合面辅料的国内外资料和文献,寻找突破口,强烈的求知欲可以开发一个人的无限潜能。终于,他了解到有一款特殊进口设备适用于网膜衬的生产,但售价高达千万元人民币,且交货期漫长。显然,此路不通。几经周折,他决

定自主研发、改造衬布设备！

打铁要趁热，不能让客户等太久，失去信心。唐新东带领研发部人员日夜兼程，画草图、与设备厂沟通，只要对现有涂层设备的核心部分进行改造，即可最大限度地节约时间。设备改造完毕后，如何将理论与实践完美结合？一次次地试机，一次次的挫败，唐新东顶着压力给业务人员打气，已经很接近成功了，就快要成功了！

天助自助者。在一次次试验后，在最后的关键时刻，试验真的成功了！衣依衬布实现了无漏点、永不起泡的网膜衬布中国制造的首创，并在中国获得了"网膜衬布的生产方法"发明专利，这在中国衬布发展史上树立起了一座里程碑。

有了优质的产品，如何让客户、品牌方信服，是下一个需要攻克的难题。这就需要唐新东亲自上阵，参加溢达组织的衬布供应商研讨会，参会的有溢达公司的董事长、高级管理层和研发团队。衬布供应商代表中只有唐新东一人代表中国企业，其他供应商都代表的是欧美衬布企业。在企业代表介绍产品环节，唐新东是最后一个介绍产品的，与其他企业代表运用专业术语教科书式的宣讲不同，他运用最通俗质朴的语言，言简意赅地阐明了产品的原料选择、特殊制作工艺、使用方法及使用效果。表达之流畅、言语之生动给溢达董事长留下了深刻印象，在会后，他被点名留下，单独与溢达技术团队继续深入交流。溢达杨董事长表达了对国货崛起的欣喜之情，也表达了支持国货的决心。香港溢达公司心悦诚服地向衣依衬布伸出了橄榄枝，首单千万元的合作推动衣依公司劈波斩浪……

与香港溢达公司的合作，在国内高端衬衫制造业内引起了不小的轰动，这突破了欧美品牌不使用中国制造衬布的惯例，也意味着中国制造的衬布已走向世界！衣依衬布为成为走向世界的民族企业代表而感到无上荣光！衣依衬布作为衬布界中国制造的代表而无比自豪！

当初对中国衬布企业抱有成见的香港联业服装公司也顺理成章地成为唐新东的高端合作伙伴,且支持衣依再创双面粉点衬、免烫衬中国首创的傲人成绩!

日本快销品牌优衣库全球最大衬衫生产基地设立在中国,但苦于国内无合格衬衫衬布供应商。这又激起了唐新东的斗志,他毫无悬念地成功开发了日本水溶衬,无甲醛、无荧光、低缩率衬布,做到了中国首创。

衣依在中国首创的中东大袍衬布更是一直被模仿,从未被超越。在神秘的中东国度,人人穿大袍,衣依衬布家喻户晓。衣依一个又一个的中国首创产品引领了国内衬布业的改革,带领国产衬布走向一个又一个高峰。未来,衣依即将推出压烫不变色、水洗牢度高、超低缩率、零甲醛、零起泡的衬衫衬布,这又将是全球首创,填补了全球市场的空白。

2020年,新冠肺炎疫情毫无预兆地席卷全球,大多企业几乎处于关停状态,作为非生活必需品的服装辅料业务自然也深受影响。不安分的心又让唐新东开始研究起了阿拉伯大袍面料,从研学、定设备、调试设备、打样、小批量生产共用了两年多时间,现已批量生产,品质远超日、韩。原先由日韩、瑞士、意大利等国供货商垄断中东地区58年的"阿拉伯大袍"高端衬布与面料业务,已由衣依取而代之,客商纷至沓来,"衣依航母"蓄势待发……

当前,在强国建设和民族复兴的新征程上,唐新东提出了公司高质量发展的新战略——努力实现衬衫衬布质量由"全国第一"向"世界第一"突破,"压烫不变色、水洗牢度高、产品零甲醛"已成为衣依新材料各个生产领域的工艺精髓。我们欣喜地看到,衣依公司主营产品已由衬布、服装面料、星级布草、羽绒被芯面料、建筑隔热保温防水材料的研发与生产,到目前挥师进军汇集高端衬布、面料、医疗膜、电子膜等新兴产业领域,不断填补着国内相关产业技术空白。

目前，集团公司已发展成为国内唯一拥有集产品自主研发、纺织原料加工、高端衬布制造、全球物流配送于一体，具备完整产业链的大型现代综合制造企业。

世界潮流浩浩荡荡。劈波斩浪前行在世界衬布行业的"衣依航母"正朝着既定目标奋勇前进。不难看出，公司由一个到多个协同作战的航母"战斗群"正在形成。我们完全有理由坚信，在唐新东的高屋建瓴驾驭下，这艘代表民族荣耀的"衣依航母"定会一次又一次抵达更为广阔的彼岸！

科技弄潮竞风流

——南通鸿华时装、明兴科技董事长俞明素描

梁天明

俞明近影

　　风光旖旎的通扬运河北岸，有一个地方叫秦灶。

　　秦灶是南通最西边、也是离城最近的一个盐灶。秦灶煮盐时，东边盐灶的地方还是一望无际的海水。相传，唐末有一秦姓盐商在今日秦灶所在地垒灶煮盐，是南通本地最古老的盐灶之一，时人称之为

"秦灶",流传甚广,该地因此得名。

20世纪末,一个青年人来到这里,他看中了这里的安详平静与深厚的人文底蕴,就在这繁华的秦灶老街尽头扎下了根,秦灶也接纳了他。他叫俞明。

不久,秦灶人发现,在一幢不起眼的楼房里,鸿华时装悄悄地挂牌成立,悄悄地开始生产了。

谁能想到,这个创办鸿华时装的年轻人日后会成为秦灶地区最大的企业家之一。随后,他又创办了明兴科技、江苏云道信息技术、南通汇兴源物联网技术等数家高科技企业,曾连续两届担任南通市软件协会会长,现任南通市服装协会副会长等行业领导职务。

改革踏浪"弄潮者"

春潮拍岸千帆进,借海扬帆奋者先。一代人有一代人的标签,一个时代有一个时代的精神。20世纪80年代,中国大地满目疮痍、百业待兴,但也是个改革大潮初涌的时代。1980年,全国平均每人用于购买日用品的支出为42.4元;1980年,城镇人均居住面积为3.9平方米;1980年,中国第一本时尚类杂志《时装》在北京创刊……80年代,始于这样一个并不富裕的基础上,打开了人们通向未来的改革信心。

也就是1980年,22岁的俞明考进了南通市对外经济贸易委员会(以下简称"外经委")。当时,外贸人才奇缺,能考进这样一家机关,可是人人羡慕的。1983年,领导临时决定选拔他参加江苏省外贸职工大学(南京理工大学前身)的学习统考。在没有任何准备的情况下,俞明凭着自己的知识积累,考出了较好的成绩。江苏省外贸职工大学北依紫金山,西临明城墙,环境优美,他在这里完成了3年的学习生涯。在校期间,由于成绩优秀,表现突出,他于1986年4月光荣地加入中国共产党。同年9月毕业后，他回到南通市外经委，领导对他充满了期待，期待他能在外贸系统发挥大作用。

随着改革开放的深入和市场经济的繁荣，许多人不满足于现状，选择了下海经商。而这部分人中，大多数是政府机关人员，他们放弃有保障的就业体系转而从事风险较大的商业行为，这是一种勇气，也是一种潮流。

这股改革开放的春潮强烈激荡着年轻的俞明的心，他也要弃官从商，放弃别人羡慕的大好前途，一切从头开始。他要借着这股拍岸的春潮，扬帆奋进。

1998年，俞明来到繁华的秦灶老街尽头，悄悄地创办了南通鸿华时装有限公司，开始从事外贸服装生产加工。

RFID应用工业制造业的"发明人"

鸿华时装在俞明的掌管之下办得有声有色，逐步走上了发展的正轨。这是一家专业从事各类针织、梭织服装和隔离衣、防护服的生产企业。

鸿华时装成立之初，以发展外向型经济为出发点，主要为日本、欧美等国的尤尼克斯、ROOKIE、FILA等著名品牌提供加工贸易。由于外贸订单品质和交付时间要求高，为此，俞明加强员工的业务培训，提升岗位技能，培养了一支稳定的、技术精干的管理团队和操作队伍。鸿华时装当时运动衫、文化衫等外贸品牌订单规模化生产的能力在南通市行业内名列前茅。

一次，俞明去日本考察，他发现日本部分服装企业采用吊挂系统流水作业，生产效率同比高出近20%，而且采用吊挂系统后服装企业的生产和管理变得井然有序。

俞明颇感兴趣，联想到自己服装企业的生产现状，他感慨不已。

虽然中国是服装出口和加工的世界大国，但服装生产企业普遍存在用工多、效率低、数据统计难、生产过程无法掌握、应对市场反应滞后，以及库存多、资源浪费严重等弊端，让中国服装企业如鲠在喉。

俞明敏锐地意识到，21世纪初期，互联网才刚刚兴起，创造具有先进技术的服装智能吊挂生产线正是互联网技术应用于服装生产企业的切入点，是未来实现工业信息化和生产自动化的方向。只是这种设备和技术国内还是空白，如依赖进口，则技术上受人制约，无法超越，永远落后于人，而且还要支付高昂的采购费用和维护费。如自主研发，国内某合作科研单位要求前期至少投入450万元，还不能保证成功。

几番深思熟虑，俞明决定研发中国人自己的吊挂系统，创造自己的国家民族品牌。2003年，他开始着手筹备注册了南通明兴科技开发有限公司，千头万绪、千难万难，一切从实干开始，没有技术，想办法找科研单位合作，没有人才，想办法培养和引进。尽管困难重重，他从没有退缩和动摇。

要做就做最好的，俞明下定了决心，凭借自有服装企业生产背景以及精准掌握的服装生产需要解决的痛点和难点问题，自主研发使用广泛、技术领先全球的智能吊挂生产线，为自己的服装企业，也为南通、江苏乃至全国的服装企业做成一件大事。"君子之学，不为则已。为则必要其成，故常百倍其功。"大概就是这个道理。

一个偶然的机会，在与中国科学院专家的交流中，专家们指出了当时吊挂生产线普遍采购电磁耦合或条形码技术存在无法解决的问题，提出用RFID技术应用于服装家纺生产管理的建议。专家们的意见如一把钥匙开启了俞明创新的灵感。从此，南通明兴科技开发有限公司成了全球将RFID技术应用于服装生产管理的"发明人"。

随着市场经济和信息技术的发展，服装多元化、个性化的消费需求已成为服装生产企业面临的新问题。于是，俞明率先把握服装生产的脉搏，创新了未来的发展思路，坚持国内以服装定制为主，境外以规模化大货量订单为主的内循环和外循环相结合的发展战略。订购安装了西服定制生产线，借助国内外有关电商建立网络化接单平台，采购了一整套版型算法设计、自动打版自动裁剪、智能化生产排程和智能化生产加工的软硬件设备等。所以，鸿华时装的发展规划和发展理念在行业内始终处于领先地位。

在此基础上，鸿华时装加大了"两化"融合和技改投入，安装了 MES 工业云智造平台、智能吊挂生产线智能后道管理系统、智能仓储系统和西服定制系统，增添了集自动制版与一款一裁的智能裁床等一系列现代化缝制设备，提升了数字化、智能化、自动化生产水平。

2021 年，鸿华时装在新投资安装西服定制生产线的基础上，创建了"Laneverx"西服新品牌，现已定制生产了各类西服 2000 多套。俞明告诉我们，今后，要致力于西服个性化定制生产，积极与智造、电商平台合作，把西服定制的消费链、产业链、供应链结合起来。俞明对服装市场和消费人群有着深刻的认知和理解，致力于全球服装市场的开拓和服务，公司先后通过 DISNEY、NBCU、WRAP、MIZUNO、NBCU、ISO 等官方认证，并与海内外众多知名品牌商开展深度合作。

秉承持续创新，为客户创造更多价值的理念，鸿华公司将为更多 OEM、ODM、OBM、个性化定制客户尊享高品质、低成本、高效率的数字化红利。

在深入研究国外吊挂生产线的基础上，俞明发现虽然现有吊挂线能够提升 20% 左右的生产效率，但现有吊挂系统也存在诸多缺陷。俞明认为在吊挂行业上要大有作为，前提是必须对吊挂系统进行大刀阔斧的技术革新，否则在吊挂行业难有立锥之地。不用二维码、不用条形码，还可以用什么？俞明率先提出将 RFID 识别技术（射频识别技术）应用于吊挂系统的设想。RFID 识别技术，其实就是一种无线通信技术，通过物件周围的电磁场，把数据从物件附着的标签上传送出去，从而实现自动识别与追踪物件实时动态的目的。在此之前，RFID 识别技术广泛应用于军事领域，也应用于诸如门禁卡一类的芯片卡上，但在工业领域的应用尚属空白。

目前，鸿华服饰已完成 95% 的数字化，通过自主研发的物联网信息云平台，实现了生产计划统一安排、人员管理统一协调、质量体系统一管控、供应体系统一调配，可实时追踪至每一个环节。俞明决心要将全球顶尖的 Clever Max 智能生产系统部署至生产的各个环节，满足服装界日益增强的小批量、个性化定制的客户需求。

打出漂亮"组合拳"

Clever Max 智能生产管理系统代表世界服装吊挂生产的最高水平。有了明确的发展方向后，第二步便是寻求合作伙伴。当时，恰逢南通市组织企业家赴北京开展院企合作。于是，俞明与中国科学院建立了联系。他将自己的想法和盘托出，引起了中国科学院领导的重视，中国科学院软件所、自动化所在深入剖析和反复论证俞明的观点后，最终一致认同他的想法，决定全面展开合作，为项目提供强有力的技术支持。

2003 年，南通明兴科技开发有限公司应运而生，从而揭开了俞明与中国科学院数十年的通力合作序幕。

明兴科技在中国科学院的技术指导下，经历数千次科学实验，共同开发了世界上第一款代表世界服装生产最高水平的"Clever Max 中科衣流全智能物料配送及监控系统"。

2006 年，美国某软件公司在年会上公布了一则震惊世界的消息：中国人首次将 RFID 识别技术应用到工业领域。因为这家美国公司正是其芯片供应商。而明兴科技就是世界上第一个将 RFID 识别技术应用于服装吊挂生产领域的企业，俞明就是世界 RFID 服装吊挂生产线的发明人。获知这个消息,俞明格外惊喜,同时也备受鼓舞。

2011 年,经过多次升级换代,公司成功开发了第六代"CLever Max 全智能物料配送及监控系统",其核心功能是实现生产线动态情况下工序之间的智能调度与平衡,完全满足各类针织、梭织服装自动化生产要求,并将生产效率提升到 30% 以上,高出同类产品 10 个百分点。目前,该系统被全球 5000 家服装公司引进使用。

如今,在国内诸多服装、家纺企业都能见到中科衣流全智能物料配送及监控系统的运用。应俞明邀请,我们参观了这套系统,它由主体传送轨道、分支传送轨道、传送链、吊架组成,偌大的生产车间,顶部分布着弯弯曲曲的轨道,整套系统看上去就像游乐场里盘旋曲折的过山车。而最为关键的就是传送链,具有"承上启下"的作用。当系统开启后,一件件被吊架夹住的物料慢慢地在主轨间滑动,当物料接受第一道工序加工时,它们会自动地与传送链贴合,这时,传送链就开始扮演起"搬运工"的角色,将物料配送到分支轨道中,让相应的操作员进行加工,然后再将加工好的物料由分支轨道传送到主轨道,依次流向下一道工序……

俞明在此基础上又衍生出"MES 工业云制造平台",将系统所采集的数据自动导入该平台。如此一来,企业可以将订单量、生产过程、成品库存等多方数据统一汇总到"MES 工业云制造平台",实现企业的智能化生产管理。"MES 工业云制造平台"将人体数据采集上传后,人工智能的版型算法设计系统立刻自动生成满足个性化消费需求的版型数据,一人一版,真正做到了"量体裁衣",为消费者制作出合体称心的衣服。从西服、衬衫,到领带、皮鞋,全部搭配好。俞明说,这是对过去定制服装概念的全新突破。无论高矮胖瘦,用户都能穿上最适合自己的衣服。

2015 年,为实现服装企业工业 4.0 和中国制造 2025 计划,高点定位人工智能(AI)发展方向,俞明带领他的团队开发了云道智造大数据服务平台，为用户提供上至原料供应、内部材料库存、生产仓储和人员管理，下至服务外包、物流配送、消费终端等信息，建立了部分代替人工、智能决策、科学决策机制。

2023年，2023中国国际缝制设备展览会（CISMA 2023）在上海浦东国际会展中心举行。俞明率领团队又一次高调亮相。俞明就是要向全世界宣布：中国制造迈向中国创造，中国正在走出一条以数字化、绿色化为特征的新型工业化道路。与以往不同，由于受3年新冠肺炎疫情的影响，加之国内外形势变化，全球经济遭遇重创，制约了服装的消费需求。如何继续保持我国供应链、产业链和制造业大国的地位，在困境中引领我国缝制设备行业走向世界，走出一条具有中国特色的发展道路？俞明认为，在此背景下，举办2023中国国际缝制设备展览会，具有深远的历史意义和重要的现实意义。为了参展，俞明做了充分准备，针对国内缝制设备中、低端产品逐步淡出需求的态势，他一方面加大与中国科学院的合作力度，开发高端产品，在智能化、数字化、RPA机器人和协同制造技术上取得了新的突破，充分满足国内高端服装家纺制造需求。明兴科技通过实物、图片和视频的方法，展示服装工业互联网平台、西服个性化定制生产管理系统、模块化多线同时生产，通过串并运行精准组合成品管理系统、重载家纺智能生产线等一系列高端产品。另一方面，借助2023中国国际缝制设备展览会的东风，走向高效的"一带一路"发展道路。

从传统服装制造企业跨入高科技行业，俞明先后创办了4家公司，自主研发的软件系统和生产设备为服装类企业提升约30%的能效，其RFID技术填补了国内空白。国内现有300多家大型服装企业使用俞明的产品，并且已经成功打入孟加拉国、柬埔寨、越南、阿塞拜疆等诸多共建"一带一路"国家和地区。他表示，下一步还将继续开发东南亚、南亚市场，进军南美和非洲等国外市场。

"中科衣流""MES工业云制造平台""个性化定制"……俞明

明兴科技厂区一瞥

在科技创新方面投资超亿元,打出了漂亮的"组合拳",先后获得"国家高新技术企业""高新技术产品"等称号,两次参与承担了国家"863计划"课题研究,参与起草了"RFID服装生产流水线"国家标准,共获得国家授权发明专利20项、实用新型专利28项、软件著作权34项。在世界服装机械设备领域,成就了国货之光和民族骄傲。科学技术日新月异,会不停地被俞明追赶、超越。

俞明表示,只有不断创新,才不会被淘汰。他要做一个永远在"云端"上的创新风流人物。

琴心繁花怀大略

——江苏紫昕花边线带有限公司董事长钱卫琴的创业故事

梁天明

钱卫琴无意间看到电视上正播放的电视剧中的一个弱小的女孩,在两个肥硕警察的追赶下,慌不择路地狼狈奔逃着。再看下去,知道了这个小女孩叫阿雨,以10来岁的年龄孤身在外闯荡、学习、生活;后来知道了这个小女孩因为有打黑工的嫌疑而被警察追赶;知道了这个小女孩来自中国温州,从打工起步,最终成为跨国企业老板,成为中国海外商人的代表。这部电视剧叫《温州一家人》。

钱卫琴不由得被这个小女孩的顽强、坚毅和智慧所打动、所折服。她只是为"中国""小女孩""单独闯荡"这几个名词能够连贯起来而好奇、而震惊!她的眼眶湿润了。想想自己,17岁开始闯荡天下,来叠石桥打拼也30多年了,与这个小女孩是何等相似啊……

"我一定要在叠石桥站住脚,扎下根!"

清道光年间,海门县三星横河西段拐弯处,与三星镇和川港镇交界的河边,没有桥梁,行人赶路需绕道而行,十分不便。此处向北不远处有个土窑群,由当地人杨国民创办,被称为"杨家窑"。杨家窑窑主见河上无桥,既影响群众行走,又给砖瓦运输带来困难。

于是，他筹款建了一座桥，桥墩用石条呈井字形叠起，造型别致，被当地人称为"叠石桥"。1947年，由于年久失修，桥面损坏，杨家窑窑主又组织筹资修桥。修缮后，3块桥板架在两个用石片叠起的桥墩上，被称为叠石桥既形象又贴切。修桥竣工后，当地一文人题字"民国36年修"，并请石匠镌刻在桥中央桥板外侧。

此时，刚满19岁，扎着两根小辫子的黄毛丫头钱卫琴来到叠石桥，看到这里商贾云集、车辆繁忙，激起了她经商的欲望。

钱卫琴近影

台州姑娘钱卫琴鹅蛋形标配的脸上写满了纯真和率直。她家祖上经商，后因历史原因父辈那代不能经商，家中兄弟姐妹七人都要上学，导致家境贫困。身为老幺的钱卫琴，高中毕业那年，父母已经年近60岁，已无力再支付她的学费。她的语文成绩是年级第一，她的作文经常在班上被语文老师讲评。那时她的梦想是当一名语文老师。可是，因为家里太穷了，连120元报考费都拿不出来，更不要说以后上大学的费用。懂事的钱卫琴理解父母的难处，决定放弃高考，出去学习缝纫，打工赚钱，以减轻父母的负担。那时候，知道自己进不了大学的校园，她经常躲起来偷偷地哭，老师们也替她惋惜。

不久，父母把这个稚气未脱的小姑娘托付给了一位女裁缝师傅。她被带到河南去学习缝纫和裁剪，开始了她"17岁闯荡天下"的生涯。学徒一般要学3年，可钱卫琴只用短短3个月就学会了服装的全部工艺，还学会了如何与客户打交道。师傅放心地把裁缝店交给她打理，她慢慢地发现了自己的经商潜质。一年以后，她决心要开一家服装厂。于是，她召集了一批一起玩耍的同行姑娘宣布自己的梦想，并制订了创业的计划。本来要和小伙伴们去北京打工攒创业基金的她，阴差阳错地跟姐姐来到了叠石桥。

1996年，钱卫琴站了一天一夜，挤在那辆像沙丁鱼罐头一样的大巴车上，转了几趟车，终于看到了"叠石桥绣品城"几个大字。虽然她此时已然腰酸背痛、筋疲力尽，但当看到来来往往骑着铃木、本田摩托车的商人们忙碌的身影时，她一扫满脸的疲惫，两眼放光，浙江人刻在骨子里的"做生意"的基因爆发了。她暗下决心，一定要在这里大展身手："我一定要在叠石桥站住脚，扎下根！"叠石桥的老板们无不惊讶地看着这个性格温柔、说话慢声细语的浙江妹子人小志大，心比天高。此时，她刚过19岁生日。

不久，钱卫琴的辅料小店开张了。那是一间大约12平方米的小铁皮房。为了更好地服务客户、留住客户，夏天时，尽管小铁皮房外37摄氏度烈日炙烤，房里的温度却高于40摄氏度，但是她仍然坚守。她脖子被晒得脱掉一层又一层皮，一个皮肤白皙的漂亮小姑娘变成了一个皮肤黝黑的"非洲女孩"，以至于当时的客户以为她是天生的黑皮肤。冬天时，小铁皮房内的温度只有零下几度，她每天都冻得瑟瑟发抖，但她依然从早上7点坚守到晚上7点。在叠石桥同行中，她是最早一个出摊、最晚一个收摊的人。在经营中，她努力了解客户对产品的需求，甚至客户的喜好，以及全国各地区客户对家纺颜色、配辅料的需求习惯，每每她都会用心记下来，晚上收摊后再进行回顾和总结。她躺在床上还要思考：今天哪些地方做对了，哪些还有所欠缺，明天还要如何改正和加强。就这样，她仅用了半年时间，就将销售额做到了同行第一，每天收入5万元左右。

此时，温州小伙子卢立铛闯入了钱卫琴的心扉。不久，她和这个憨厚诚实的温州小伙子相识相恋了。从此，卢立铛在温州发货，钱卫琴在叠石桥卖货。他们在坚守中收获了爱情，在苦难和创业中濡沫涸辙、守望相助。两个20岁刚出头的年轻人，以一种坚持、坚韧的生活态度和昂扬向上的精神，记录了叠石桥鲜活滚烫的创业面貌和真实的爱情故事，散发出人性的光辉。他们独特的挣扎和坚韧、特有的奋进和经历，在叠石桥家纺城被传为佳话，赢得了人们的尊敬。

1997年，两人创办了"江南花边厂"，拥有8台花边机，招了16名工人。1998年，因花边品种单一而被市场淘汰，转为生产织带，并改名"江南线带厂"。创业的挫折，酸甜苦辣，一路风雨，只有钱卫琴自己心里明白。2003年，28岁的钱卫琴和卢立铛以常人难以想象的胆识和魄力，向政府征地21.8亩，开始扩大生产规模，成立了"通州紫昕花边线带有限公司"。"紫"蕴含"蒸蒸日上"，"昕"蕴含"初升的太阳"。意味着他们的事业永远像初升的太阳一样朝气蓬勃，永不凋落。钱卫琴逐渐走向成熟，创业的心灵在勇敢的年轻人面前不会死去，她要一路走下去，走过风，走过雨，走过金光灿烂的艳阳天。

"打拼"几乎是所有成功者共有的经历和态度，而钱卫琴对于打拼的诠释，在于她的闯劲十足和上进好学。

一个有崇高目标、期望成就大业的人，总是不停地超越自我，拓宽思路，扩充知识，敞开胸怀，希望比周围的人走得更远。这句话，用在钱卫琴身上再合适不过了。

"我要上大学，我要学习企业管理！"

今天，微风正好，淡金粉色的朝阳碎花般地打在钱卫琴的脸上。

高考拉开了大幕，学子们走进考场，为青春和梦想奋力一搏，迎接人生中一场重要的战役。钱卫琴也随考生们一起进场，她与考生们互相鼓劲。老师们拿着小旗，祝他们旗开得胜、一举夺魁。她激动地上前和老师握手、击掌、拥抱。老师则亲切地回应一句"加油"鼓励她。她怀揣梦想走进考场，带着自信奔向远方。考场上，她从容面对，信心满满，不惧挑战，青春明媚的笑脸是她最动人的风景。正当她伏案奋笔疾书时，一阵狂风吹来，吹走了她的试卷，她起身追赶着试卷，试卷在空中飞舞，她也飞上了天空，但试卷离她越来越远了……

一阵狂喊，钱卫琴从梦中惊醒。这种追逐高考而后又破碎的高考梦，她不知做过多少次了。钱卫琴深谙"知识改变命运"的道理，她泪眼婆娑地依偎在卢立铠怀里："我要上大学，我要学习企业管理！"

2003年5月，她的新厂房刚建成，新公司"江苏紫昕花边线带有限公司"成立了。对于这家四五十人的小公司，她没有管理经验，管理起来相当累。她一下子萌发了要去北京大学学习企业管理的念头。于是，她报考了北京大学光华管理学院EMBA[EMBA（Executive Master of Business Administration）高级管理人员工商管理硕士，是MBA工商管理硕士专业学位教育的一种特殊形式，旨在培养高素质的中、高层管理人员]总裁班。

从追梦到圆梦，钱卫琴始终在平凡的生活中透露出不平凡的生命智慧。

2003年9月，她怀揣着49800元的学费，从创业起步的叠石桥来到了北京的未名湖畔、博雅塔下，走进北大光华管理学院探索经济管理的科学魅力。她回想起那些为心中的理想拼命学习，和同学们为一个问题彻夜探讨，为某个管理课程进行沙盘模拟演练的日子，很多管理难题经导师点拨茅塞顿开。企业界翘楚榜样的力量如炬火熠熠生辉，驱散黑暗中的迷茫，指引着她前行的方向。当时的光华管学院邀请了国内外著名的经济学家和企业家前来授课。那时，班上的学员大多也是刚创业的老板，他们在一起如饥似渴地学习战略管理、财务管理、应用经济学、营销管理、人力资源管理、供应链管理、市场预测和分析等课程。在过去，这些知识她听都没听过。后来，这些刚创业的小老板中有很多成为中国商业中的领袖和行业精英。

　　钱卫琴在取得北京大学 EMBA 的学位后，回到叠石桥，就开始对企业内部进行培训、整顿，招聘人才，建立了初步的企业管理框架，并把"打造家纺服装辅料第一品牌"作为企业的唯一愿景。在之后的几年里，他们的产品从床上用品花边延伸到服装花边，营销渠道从单一的家纺市场店面销售进入各种展会，包括华东进出口商品交易会、中国进出口商品交易会以及其他国际展会，并在石家庄、义乌等地开设了分店。与此同时，公司厂房面积增加了 20000 平方米，员工公寓增加了 10000 多平方米，引进了瑞士、德国等世界高端刺绣设备，建立了自己的定型厂和染厂，实现了紫昕花边"织造、染整、销售"一条龙，为客户提供了更高效、更便捷的服务。公司始终秉持着"树百年企业，让世界爱上中国造"的经营理念。在当下竞争激烈的环境中，细节决定成败，紫昕花边对生产的产品有着高标准和严要求，力求产品质量达到完美；对待客户热情友好，良好的服务态度使得客户群体不断延伸，逐步打造一流的产品和服务，使产品走进千家万户。同时，公司在中东和欧洲等国家和地区拥有自己的专营店和营销体系，产品遍布全国各地乃至世界多个国家和地区。

　　2008 年，紫昕花边荣获"叠石桥最具影响力的十大品牌"。2010 年，荣获南通 AAAA 级重合同守信用企业。2011 年 12 月，紫昕旗下的"江苏惟妙纺织科技有限公司"成立，以"奇思妙想"为主题的研发中心进一步为花边辅料的研究提供了更大的创新空间。优质的产品品质和良好的口碑使客户群体不断延伸。"紫昕花边"成了家纺城和服装界家喻户晓的花边品牌。

2013年，紫昕花边荣获"全国家纺服装辅料第一品牌"；2016年，荣获"南通市知名品牌"；2019年，荣获"江苏省高新技术企业"；2020年，荣获"江苏省质量管理先进企业"；2023年，荣获"市级服务型制造示范企业"……

至今，紫昕花边已拥有发明专利9项、实用新型专利2项、产品外观专利150项。

钱卫琴个人还荣获南通市妇联"巾帼建新功精英"荣誉称号，获通州区第十六届"十佳青年"、通州区"三八红旗手"称号，她还当选为南通市政协委员、通州区浙江商会会长、波兰南通商会会长等。

"世界家纺看中国，中国家纺看南通。"叠石桥国际家纺城产业园区位于长江沿海入海口北岸，与国际大都市上海隔江相望，因其沿海沿江的重要地理位置，使之成为中国沿海经济带与长江三角洲经济带的重要交会点，区位十分优越。2023年，叠石桥国际家纺城产业突破3000亿元大关。钱卫琴领导下的紫昕花边也为此作出了应有的贡献，她以"打造家纺服装辅料第一品牌"为战略目标，成为中国家纺服装花边类产业同类企业中的龙头。

"要做慈善公益带头人，爱心回馈社会！"

除了紧张的工作，钱卫琴还是一个背包徒步爱好者。她说："做企业就像徒步山野，你得迎接一程又一程的挑战。你现在正在走的一程可能是平坦的大道，却不知下一程是高山、峡谷还是冰川。当你不畏艰辛，奋力攀过高山，穿过峡谷，前面等着你的一定会是灿烂的黎明曙光。"

在徒步川藏线的过程中，钱卫琴了解到川藏线上有2063个贫困村、36万贫困人口。她亲眼看见了一拨又一拨大山里的孩子们。他们缺衣少食，每天上学都要徒步几十公里。因为大山里很穷，留守儿童和单亲家庭特别多，他们从未出过大山。这里的贫困是城里人所无法想象的。她知道，我们国家还有许许多多贫困人口需要我们去帮扶，我们必须带领他们一起艰难前行。

一路上，当一双双好奇的眼睛打量着这个外来的背包客，当这个背包客同时也惊讶地看着一张张冻红的小脸和一双双瑟瑟发抖的小手、小脚，钱卫琴暗暗发誓：我一定要做好企业，一定要尽自己所能帮助这些贫困山区的孩子们，让他们能好好读书，有安定的生活，能走出大山，去看一看外面精彩的世界。如果每个企业都愿意收留员工的孩子，那这个世界上将不会再有留守儿童。她时常语重心长地对员工说："要做慈善公益带头人，将爱心回馈社会！"从川藏线回来后，钱卫琴便默默地以个人名义资助山区的贫困儿童。几年来，她一共资助抚养了41名青海贫困学生。同时，她在自己工厂的生活区还建了100多套房子，鼓励偏远山区的员工把自己的孩子带在身边，同时还建了一所幼儿园，对员工的孩子只收成本费。在钱卫琴的善举和爱心的影响下，叠石桥商圈的多位女企业家也纷纷表示愿意资助贫困儿童。就这样，一个以"慈善、美丽、成长"为宗旨的"天使丽人俱乐部"成立了。"天使丽人"的爱心足迹不仅遍布南通当地的养老院、福利院、困境儿童家庭，还遍布安徽、四川、青海、西藏、新疆等地。这期间，"天使丽人"资助的贫困学生有100多名；资助敬老院、福利院、汶川大地震灾区、武汉新冠肺炎疫情重灾区等超过200万元；向通州区困境儿童"梦想小屋"捐赠13.2万元。除此之外，还有很多很多的善举。每年暑假，钱卫琴都要带上自己的孩子去看望养老院的老人们。她要让孩子们更多地关注贫困底层平民百姓的命运，通过他们的际遇，挖掘每个人的恻隐之心，激发孩子们的善良和爱心。

在养老院，一些七八十岁的老人拉着钱卫琴的手说："丫头，你人长得漂亮，心更善良。"多年来，钱卫琴积善成德，有一分力发一分光。

紫昕花边线带公司厂区

钱卫琴先后被授予江苏省红十字会"人道、博爱、奉献"红十字奖章,被评为江苏省少年儿童"手拉手"互动活动先进个人等荣誉称号,被通州区妇联评为"爱心妈妈"等荣誉称号……

结语

电视上仍播放着《温州一家人》,钱卫琴眼里噙着泪花,她永远记得从台州老家挤上大巴的那个清晨,看着父母送别时那越来越远的背影,她对自己说:"我一定要出人头地!"她要掌握自己的命运,用双手和汗水打拼一个未来,将自己的产品遍布全球,做一个为人称道的中国民族品牌。

这是她奋斗的方向,也是她的大略。不论创业多么困难,只要心怀勇气和坚持,保持坚韧和决心,就能战胜困难,迎接成功的曙光。每个人的梦想都有价值,只要努力去追寻,就一定能够实现。生命不息,奋斗不止。

创业真的就像一场艰难的马拉松比赛,永远在路上……

异乡创业谱新曲
——记一名新南通人的现代纺织情缘

云 墅

1997年暑假将尽,家住盐城的高中毕业生孙茂军早在7月份就收到了来自南通工学院的录取通知书。同年9月,他整理好简单的行囊,踏上了南通这块对于他来说完全是他乡异域的土地。入校第一天,他就被校园"忠实不欺、力求精进"的校训石碑所吸引,并且在校训石碑前拍下了第一张珍贵的大学照片。这张照片孙茂军一直珍藏到今天,他后来才知道这是南通的先贤儒商、实业救国的张謇先生亲笔题下的校训。这句校训最终成为孙茂军作为一个异乡人扎根南通、创业南通的最初引领,这句校训也成为孙茂军此后一生的人生箴言:"忠实不欺"教导做人要诚信、真实、童叟无欺,"力求精进"教导做事要上进、进取、精益求精。孙茂军正是以这种行事为人的笃实作风谱写了一曲异乡人在南通勇敢创业、永不懈怠的人生华章。

以拳拳之心开创实业之路

2001年,孙茂军大学毕业。在校4年间,孙茂军取得了优异的成绩,他所在的606宿舍,所有室友都是非常优秀的学生。不仅如此,孙茂军还积极向党组织靠拢,于1999年成为一名光荣的中国共产党党员。学生时代的他满腔热血、思想正直,对于社会公益活动总怀有

孙茂军近影

一颗拳拳之心。当年江苏省团委组织学生参加山西吕梁的支教活动，他是 6 名学生代表中的一员。为期一个多月的贫困地区支教生活虽然很辛苦，但也历练了他的心智和意志，同时也获得了无上的荣誉。作为代表之一，他被评为"江苏省大中学生'三下乡'社会实践活动先进个人"，这不仅是一份沉甸甸的荣誉，更是一份对未来的信心。

孙茂军一毕业便收到了来自江南和南通本地诸多名企的橄榄枝。孙茂军毅然选择了南通。一则，经过 4 年时间的求学，他对南通已产生了第二个故乡的家乡情怀；二则，南通正处于发展阶段，相对于江南地区，施展拳脚的机会可能更多；第三，他心中一直有个创业做厂长的梦想，他高中同学的父亲是开工厂的，在他的记忆中开厂是一件伟大的事，做厂长是一件光荣的事。"包容会通，敢为人先"的南通精神给他将来的创业带来了帮助。事实证明，孙茂军的选择是正确的。大学毕业后，他留在南通一家知名中日合资企业工作。在此期间，无论是人脉关系的积累，还是染整的专业知识与实践能力，他都得到了很大的提升。在此工作的短短两年多的时间里,他几乎操作过所有生产线上的设备,这也为他日后创业打下了坚实的基础。2004年3月,由于公司产业结构调整,孙茂军离开了公司。摆在他面前的有两个选择:要么找工作,要么创业。经过再三考虑,他最终选择了自己创业。说起最当初的起心动念,孙茂军言简意赅地说:"就是有一股想闯一闯的念头和激情,还有一个自始至终不曾忘记的梦想,校园里那句张謇题写的校训一直镌刻在我的脑海里。我也要学一学张謇,创办实业。"

创业的日子是非常艰难的,对于一个异乡人更是如此。如果说一个人、一件事的成功需要"天时、地利、人和"这三大要素,那么孙茂军只拥有其中一项,那就是天时。21世纪初,随着中国加入世贸组织,欣欣向荣和充满希望的市场环境为很多企业带来信心和动力,孙茂军此时创业无疑是幸运和正确的。然而光有天时并不能代表一切就绪,地利与人和的不足是首先要解决的问题。孙茂军以每年24000元的租金在南通大庆路租了一间只有108平方米的破旧房子,虽然地方小了点,但终于有了一个落地生根的地方。房子被隔出两间小办公室,其余空间用来放置生产线。当时只有一条生产线,生产鞋衬和热熔胶膜。孙茂军招聘了两个人作为内勤辅助,而他自己从跑订单到生产,再到财务结账、售后服务,负责整个过程。南通腾龙复合材料有限公司就这样诞生了。

年轻的孙茂军铆足了劲儿,年轻是他的资本,但同时也是他的短板。他的人品好,又满怀激情,有着拳拳之心,他的产品也好,质量和价格相得益彰,可是他脸上显露出来的天真和稚嫩却常常使他吃闭门羹。孙茂军后来诙谐地总结说,都是因为三"资"太少!资金少、资历浅、资源缺。但即便如此令人灰头土脸,孙茂军也不曾想过放弃。甚至7—8月这样流火的时节,他都在奔波去全国各地的路上。丹阳、江都、温州,每月坐一趟长途公交车。常言道,不给失败找理由,只给成功找方法。孙茂军在经过近一年的劳碌奔波之后总结出一条经验,就这样只凭热情和不怕吃苦的精神干下去是不行的,一定要找到方法,方法一定在某个角落等待被发现。孙茂军潜下心来注意观察和揣摩同行是怎么做的,终于发现了一个诀窍:寻找经销商!虽然直接利润会被打折,但专业的人做专业的事,经销商一定能比自己挖掘出更多的显形和隐形客户,量级的增长无疑会弥补利润的减少,甚至还能呈倍数增长。

就像一个正处于苦思冥想的学生突然开了窍,孙茂军的工厂迎来了柳暗花明。2005年初,公司才创业7个多月,就与当时的中国鞋王"森达"建立了合作关系。2005年年底,公司直接的鞋衬供货就占到了森达鞋业60%的份额,如果再加上与公司合作的两个经销商,其实公司对森达的鞋衬供货份额已达到百分之百。对于制鞋行业的下游公司来说,与品牌商合作会给自身发展带来许多好处。第一就是质量把控,长期而稳定的品牌合作会对质量提出较高要求,久而久之,下游辅料工厂的质量只会向上提升,而不会向下滑坡;第二,品牌之所以为品牌,是因为它会带来客户对品牌的信任效应,公司长期给森达供货,无论是质量还是服务,都会让人觉得放心,而这种放心会呈辐射效应。当年制鞋业连同森达在内共有十大品牌,由于同行内信息的联通,腾龙公司鞋衬的良好产品和服务自然也在其他品牌中不胫而走,他们也乐于与其合作。事实上,孙茂军带领他的腾龙公司很快就实现了与百丽、富贵鸟、百思图、奥康、金猴、亨达等"十大鞋王"的合作。

从创业初期到2008年,公司在短短三四年的时间内发展迅猛。孙茂军以拳拳之心热爱着这份皮鞋鞋衬的事业。他曾经有一个非常诗意的比喻:鞋衬虽小,但它是鞋子的灵魂与骨架。确实,如何合理配比用胶,使衬布定型,同时又要保证良好的回弹与柔软性是一门充满艺术感的技术。然而就在这门技术炉火纯青之时,嗅觉敏锐的孙茂军却感受到一股暗流正在悄然改变着方向。

以切切之志成就创新之梦

2007—2008 年，随着一批韩资与台资企业的产业转移，鞋企辅料的未来订单不可预测。同时，随着国内人群对于健康和运动生活的需要，皮鞋的需求也会渐渐让位于运动型鞋履。不管是从外部环境还是内部环境来看，着力于皮鞋鞋衬生产和制造的腾龙公司都必须进行技术和客户的开发双重转型。孙茂军本来就是技术型企业主，毕业加创业之后，也始终不忘对专业和行业的学习钻研，并且与母校南通大学（原南通工学院）一直保持着技术的深度合作。

机会总是留给有准备的人。2007 年年底，部队首批 07 式换装，公司的合作客户威海"金猴"入围军鞋供应商，这对提供鞋衬辅料的腾龙公司无疑也是一次机遇，但更是一次挑战。孙茂军带领团队又一次以极大的激情投入新材料和新技术的研发，最终取得了客户与部队的一致认可。孙茂军说："这次部队换装可以说是公司发展的分水岭，通过这一订单的完成，腾龙逐渐从单一皮鞋鞋衬的生产走向了更广更多样的产品研发和生产。客户也由普罗大众延伸到部队。" 2008 年，部队升级肩章与臂章。新的肩章改变了原有的平板呆滞，设计上带有弧度和层次，而这两者需要热熔胶胶膜固定才能实现。这可是腾龙的长项。孙茂军抓住机遇，对配方的数据和指标进行了全面的调整，并对胶体性能一次又一次进行分析和试验，以便优化到最精确、最标准的程度。在科技和制造的世界里，追求精确几乎已成为一种信仰，对于孙茂军来讲，"差之毫厘，谬以千里"的中国传统哲学更是熟稔于心。在他与团队的切切努力之下，功夫不负有心人，原先的进口胶膜需要每平方米 42 元，通过对数据的优化，孙茂军在不改变性能和质量要求的前提下将价格控制到每平方米 20 元以内。当时部队需要

孙茂军（左一）在接待海内外客户

大概100万平方米，这样算来，单这一项就为部队节约了2000多万元，孙茂军也因此正式进入军需品生产领域。而后，由他主持开发的"混合环保型热熔胶膜"在全军、武警、公安铁路肩章臂章的生产中得到广泛应用，南通腾龙公司也由此入围"中国人民武警后勤被装辅料定点单位"目录。

军需品生产要求高，技术、质量、时效都超出一般市场。从2007年开始，作为军需品生产的参与者、提供者、研发者，南通腾龙公司的着力点比过去更高，要求更严，对各部门的管理与控制也更加规范。尤其在技术研发和科技创新方面更是朝乾夕惕，容不得一刻的放松和懈怠。"制鞋领域的技术日新月异，军需品的供货资格认定标准也年年不同，十多年来，原来与我们同行的伙伴有60%已经被淘汰了，竞争很激烈，也很残酷。我们只有以切切之志，不忘初心，不断研发、创新出拳头产品，才能生存并持续发展，甚至获得行业的话语权和主导权。"对此，孙茂军回忆起一件有趣的事情，"某年有个意大利的朋友来公司做客，他脚上的皮靴立刻吸引了我的注意。我把靴子从他脚上脱了下来，然后进行全面清洗、'解剖'，细细分析那双鞋的造型、里料、填充料、面料及各种细节。"孙茂军对一切有关鞋子的物件已经到了"走火入魔"的地步。

商道酬信，天道酬勤。2009年，孙茂军在"南通腾龙"的基础上又注册了"苏中科技"，专注于新材料研发生产。到2013年，孙茂军已不只停留在热熔胶胶膜领域，他将生产线扩充到有关鞋的多种面辅料产品：帮、面、里、衬片、中底……可以毫不夸张地说，他的产品几乎囊括了一双鞋的全部面辅料。后来，他又投建了几条复合生产线，开始了复合材料的研发与生产，而这一切都要以技术创新为托底。2013年，孙茂军的"汉麻纤维与其他材料混纺并结合特殊制造工艺做成非织无纺布的技术"在解放军07A作训鞋、16武警作训鞋、19作战靴鞋里布、中底布中得到广泛应用；2017年，"先进的腹膜技术结合特殊的复合工艺在布鞋中底上研制生产"在全军17布鞋上成功运用，并成为全军首批800万双换装材料唯一供应商，还参与相关标准起草建议。2018年，他与南通大学工程中心共建"安全防护用特种纤维复合材料研发国家地方联合工程中心鞋靴防护材料研发中心"，主持"研究新型非织造复合材料在鞋靴保暖材料上的应用"，为2019年军用体能鞋、21作战靴改进方面做了很多积极的准备工作。

长期而常态的技术积累也锻炼了孙茂军快速应对突发状况的能力。2020年初，新冠肺炎疫情突如其来，市场急需防护服等各种抗疫物资，孙茂军迅速调整生产结构，以迅雷不及掩耳的速度先后增加了多功能复合生产线、全自动分条机、分切机、高速淋膜线，投入防护服面料及胶条的生产中，以日产防护服面料8万米、手术服面料10万米、压胶条50万米的产能最大限度地保障了地方防疫需求，成为南通市首批、工信部第五批防疫物资重点保障企业。

2023年初，公司根据市场需求，调整产品定位，在南通市北高新区成立新的研发中心，主要着眼于安全防护材料与医用防护材料的功能性复合面料的研发与制造；增加了多功能型宽幅复合生产线、智能高速压衬机等，并潜心研究胶体配方、复合工艺，为纺织服装行业具备功能性提供最佳解决方案。同年9月，公司被中国服装协会授予"中国服装产业链优质服务企业"称号。

以殷殷之情修养崇德之身

孙茂军的事业稳扎稳打、蒸蒸日上，他在自己的一亩三分地里兢兢业业、精耕细作。但如果说他的人生理想就只是埋头于自己的专业领域，那就是对他的了解还不够深入。孙茂军并非只是一个工科男，他其实是一个拥有殷殷深情的人。他的深情表现在他的社会情怀，具体的行动即是回报桑梓。孙茂军说："我有两个家乡，一个是生我养我的家乡——盐城，一个是培育我成长的家乡——南通。对我来说，盐城和南通都是我的桑梓之地，我自当以苏商的身份崇德重恩，回报它们。"

孙茂军的头衔有很多：南通市第十三届政协委员、江苏省工商联纺织服装商会副会长、南通市服装协会副会长、南通大学南通校友会副会长、南通市盐城商会会长兼党支部书记、南通市总商会党委委员、南通市工商联中小微企业委员会顾问，等等，不一而足。在外人看来，这些都是炫目的光环；但在内行人看来，"欲戴王冠，必承其重"，有多少头衔，就要有多少付出。孙茂军为这些属于他两个家乡的公益工作，可谓鞠躬尽瘁。就拿盐城商会来说，它是2016年年底成立于南通的异地商会。孙茂军在它成立的第二年加入，2018年他已主动担当起异地商会在盐城与南通之间的"桥梁"，2019年，孙茂军被选为会长，2022年被选为党支部书记。从此，商会的工作就成了他除去自己企业里繁忙工作之外的第二项责任与使命。

在他的带领和积极运筹之下，商会呈现出欣欣向荣的景象。孙茂军要求商会以党建引领，充分发挥党支部的战斗堡垒作用和党员的先锋模范作用，全体中国共产党员、会员都应积极参与公益慈善活动。商会自成立以来向敬老院、贫困学生、贫困地区及抗击疫情等捐款、捐物合计人民币520多万元，远远超出了商会会费的总和。他们还积极组织参与国家乡村振兴重点帮扶县结对帮扶的工作，与汉中市民政局签订扶贫消费协议，先后捐款捐物累计达200余万元。

当然，商会还有一项重要职能，那就是为会员企业搭建互通有无、资源共享的交流平台，无论是信息互通、技术探讨，还是客户服务，都可以通过这个平台进行。在这一点上，孙茂军把做企业的创新意识运用进来。商会创办"盐商大讲坛"，为会员企业建立学习平台；创建"盐商之窗"公众号、视频号、小程序等对外媒体平台，定期推送；建立"盐城商会"专业门户网站；编辑设计"盐商月刊"电子版，宣传会员企业的大事要事、创新举措、特色产品、合作项目等；建立"盐商优选"线上平台，在线上展示会员企业风采、盐城和南通的特色产品系列等，扩大优质产品线上流通，同时通过优选平台宣传盐通两地政策，为"招商引资，招才引智"出谋划策；等等。

商会成立两年即被南通市民政局评为"4A"级社会组织及南通市"四好"商会，创地方商会首例；商会成立四年半，以986.5分被江苏省民政厅评为"5A"级社会组织，创异地商会唯一；商会成立五年，被民政部评为"全国先进社会组织"，创苏中地区唯一；商会成立六年，被中华工商联评为全国"四好"商会。孙茂军说："我之商会精神受先贤张謇之'商会法'影响，而异地商会之经营是愿为桑梓作出自己绵薄的贡献。"

作为纺织服装人，孙茂军对行业充满感情，在担任中国服装协会理事、南通市服装协会副会长期间，他积极参与活动，链接盐通两地服装上下游企业，多次组织服饰供应链对接，为推动纺织服装行业健康发展作出了卓越贡献。

孙茂军，一个从盐城来到南通的异乡人，凭自己的拳拳之心、切切之志、殷殷之情，在异乡也是第二故乡的南通谱写了一曲人生华章，而且这曲人生华章还将继续书写它的灿烂与辉煌。

后　记

凝聚着许多人心血的《云裳之梦——南通服装工业巡礼》一书，经过近一年的策划、采写、编辑，终于付梓了。这是首部全景式展示改革开放以来南通服装人风采的报告文学集，忠实记录了南通服装人"坚守实体经济，落实高质量发展"的进程，对传播南通服装人独有的企业文化，弘扬企业家勇于挑战、敢于应战、善于作战的精神，激励更多的服装企业追赶超越谋发展，有着深远的历史意义和现实意义。

"云想衣裳花想容，春风拂槛露华浓。"千年前，唐代大诗人李白写下的千古绝句道尽了杨贵妃衣裳的华丽与美颜。清朝曹雪芹在《红楼梦》中对女性服饰的细致描述，承载着人们对美的极致追求。进入现代社会，服装设计更加多元，对美的诠释也更加精彩，为我们构筑了一个瑰丽的"云裳之梦"。千百年来，历经风云变幻、岁月更迭，先辈们筚路蓝缕，砥砺前行，心中始终难以割舍对美好生活的向往。

改革开放以来，作为世界最大的服装制造和出口国之一，中国的服装行业经历了翻天覆地的变化，如同破茧成蝶，经历了从闭关自守到开放进取，从跟随模仿到创新引领的历程。我们见证了中国品牌的崛起、中国设计的异军突起，以及中国市场的无穷潜力。

南通是中国民族纺织工业的摇篮。服装工业起步较早，一直是南通的支柱工业之一。即使在今天，在主城区崇川等区域板块，服装业依然在 GDP 中占较大份额。然而，南通服装人总是默默奉献，辛勤耕耘，至今尚没有较为全面展示南通服装人风采的图书或纪录片。正是本着这个想法，南通市服装协会自 2019 年成立以来，蔡建华会长一直有个心愿，想以"一本书、一部纪录片、一场表彰盛典"的形式，致敬时代，致敬为南通服装工业作出杰出贡献的人们。

蔡会长心心念念的创意，得到中国服装协会、江苏省服装协会和南通市各有关部门的呼应和支持。中国纺织工业联合会副会长、中国服装协会会长陈大鹏，江苏省服装协会会长龚慧娟亲自作序，站在放眼全国、放眼全江苏的高度，写来"热气腾腾"的文章。

南通文化界、新闻界也给予了全力支持。南通新闻界唯一的二级教授、两位江苏新闻界人才最高奖——戈公振新闻奖获得者，以及几位知名作家倾情加盟，共同组成了一支精干的写作队伍。他们冒着酷暑和严冬，从春天走到秋天，先后采访了35位企业家，平均每个人5000字，以报告文学的表现手法，讲述了企业家们艰辛创业、转型提质、开拓创新、科学管理、进军资本市场等诸多生动的故事。这些故事彰显了企业家们"脚踏实地、不畏艰险、负重前进、永不停步、勇立潮头"的企业家精神。全书精选了几十幅照片，图文并茂，内容丰富且生动感人。其中有不少资料系首次披露，甚为珍贵。

《云裳之梦》一书，不仅深度剖析了南通服装工业的历史变迁和发展轨迹，也从一个侧面映射了中国服装界亿万从业者的辛勤努力和智慧创造。

这本全景式展示南通服装界人士风采的报告文学集，在采写过程中得到了各企业的高度重视。不少企业家在百忙中主动接受采访，提供第一手资料，对文稿亲自把关，反复斟酌。采编工作也得到了各企业办公室的大力支持和配合。收官之际，编委会谨向热情提供资料、组织协调采访的朋友们表示衷心的感谢。

在本书采编过程中，我们得到南通市人民政府原副市长陈华汝，南通市政协原副主席、纺织工业局原局长张克诚，以及服装界诸多老同志和老专家的鼎力相助。他们或提供线索，或亲自撰写，或协助组

后 记

  稿，由此征集到了不少珍贵稿件和图片资料，为征编工作的顺利进行作出了重要贡献，在此表示真诚的谢意。

  百年未有之大局，也是百年未有之机遇。历史已经翻开新的篇章。站在新的起点上，我们既要回望过去，更要眺望未来。2023年以来，国际环境日趋复杂，市场增长动力不足，尤其是国际地缘政治所带来的负面效应，正在深度影响着国际贸易发展。在新的发展时期，南通市服装协会将会团结带领企业不断开拓创新，在制造强国向时尚强国的转变中，在产业转型升级、高质量发展的过程中，继续追求卓越，发挥示范和引领作用。

  新时代，新征程，引领着我们新的追梦之旅。这个更为宏大的时代背景，召唤着我们去书写南通服装人的新篇章。

《云裳之梦》编委会

2024 年 5 月

图书在版编目（CIP）数据

云裳之梦：南通服装工业巡礼/南通市服装协会编.
— 上海：东华大学出版社，2024.6
ISBN 978-7-5669-2352-3

Ⅰ.①云… Ⅱ.①南… Ⅲ.①服装工业－工业发展－南通 Ⅳ.①F426.86

中国国家版本馆CIP数据核字(2024)第061027号

云裳之梦：南通服装工业巡礼
YUN SHANG ZHI MENG: NANTONG FUZHUANG GONGYE XUNLI

南通市服装协会 编

责任编辑　李　晔
装帧设计　顾小建　岳招军

出版发行　东华大学出版社（上海市延安西路1882号 邮政编码：200051）
联系电话　021-62373511
营销中心　021-62193056　62373056
出版社网址　http://dhupress.dhu.edu.cn/
天猫旗舰店　http://dhdx.tmall.com
印　　刷　南通超力彩色印刷有限公司
开　　本　710mm×1000mm　1/16　印张　23.75　字数　532千
版　　次　2024年6月5日第1版　印次　2024年6月5日第1次印刷
书　　号　ISBN 978-7-5669-2352-3
定　　价　118.00元

·版权所有侵权必究·